U0057776

Information Literacy in Digital Genesis Information Literacy in Digital Genesis

數位時代資訊素養

黃葳威 ◎著

Information Literacy in Digital Genesis

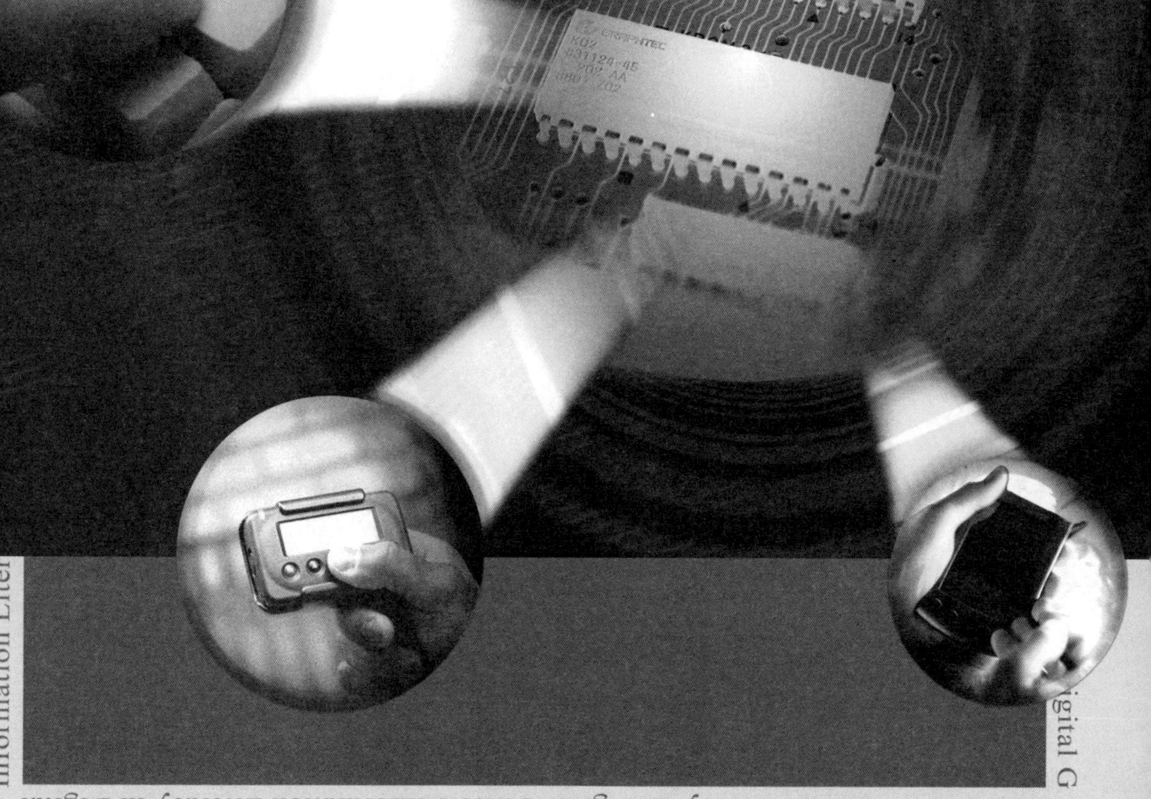

吳 序

專業最大的意義是兼重學術與實務，能夠掌握、溝通以及充分運用解決問題的知識，才是眞正的力量。

數位網路資訊不僅提供多元的對話空間，形成網友分享交流的重要平台，在溝通的同時，網路的互動對話及回饋，也帶出動員社群的行動影響力。

從事大學教育工作近三十年，深刻體認：「學生競爭力」和「知識影響力」，是大學教育最重要的指標，因此，要讓知識不只是傳播，而是持續不斷的被創造、分享、流通與加值，並對社會或文化產生影響力，才能以有價値的知識來創造競爭力，同時擴及國際化。

《數位時代資訊素養》一書作者黃葳威教授主張，數位時代資訊素養，是維護數位文化的品味行動。

數位網路的普及，象徵知識經濟時代的到來，網際網路開啓了一個溝通、貿易以及娛樂的新紀元，對各階層的影響無遠弗屆。如何協助e世代善用網路的創新特色，顯然有助於全球化的正向循環。

黃葳威教授任教於傳播學院廣播電視系，自1999年起關懷青少兒網路成癮現象，致力推動社區資訊科技倫理，2004年並在政大公企中心設立「數位文化行動研究室」（Action Research for Kids and Kinship, ARK），開始執行十五年的數位世代行動研究計畫；其間促成國內網際網路、電信產業、無店面零售業者，簽署企業社會責任自律公約。

數位文化行動研究室與中華白絲帶關懷協會（Cyber Angel's Pick, CAP），長期與公部門、第三部門進行產學合作，將青少兒數位安全議題，進行研究分析，並且透過校園劇本徵選，再拍攝爲網路安全教育文化影片。陸續已經完成關注線上遊戲成癮的「鞋子不見了」、探討網路交友陷阱的「看不見的時候」，以網路霸凌爲主題的「薔薇騎士」、闡釋部落格倫理與法律的「星空獵人」、從性別平等關心網路關係成癮的「如果天空不下雨」、及自我形象與網拍議題的「籃球隊長」等。

2010年5月，黃葳威教授開始兼任行政院跨部會WIN網路單e窗口專案辦公室執行長，專案辦公室初期即設在政大公企中心。其整合本校「社區與參與傳播」服務實踐課程，與國內37所大學院校、107所中小學結盟，並結合香港、澳門及新加坡、福建的青年志工，培訓網路觀察志工。今年初獲得社區服務實踐績優課程獎，展現大學師生運用專業知識服務社區的社會關懷。

國立政治大學致力傳承人文社會科學優良傳統，以打造國際一流人文社會學術殿堂爲願景，以培養具有「人文關懷、專業創新、國際視野」的新世紀領導人爲重要使命。爲使本校卓越研究能力發揮社會影響力，主導未來社會研究，引導社會發展方向，本校自2006年起舉辦「公共政策論壇」，對各領域之重大政策發表本校公共政策白皮書，期善盡知識人的社會關懷。

《數位時代資訊素養》這本書，分別由心理、社會、教育、傳播、倫理法律面向，關懷數位時代的資訊內容創新、選擇與品味。章節安排傳達作者作爲傳播教育工作者的省思與社會關懷行動。

創新社會要千奇百怪、百花齊放，各項創新政策最重要的是要鼓勵多元，能想像未來，看見未來，才能大幅創新；如何「定靜安穩」面對一日千里的資訊科技發展？閱讀本書，將使讀者掌握資訊核心價值，坦然迎接資訊科技變革。

政大校長

吳思華 博士

2012年1月30日

林 序

數位時代，人們生活在無所不在的資訊與媒體社會中，青少年兒童在資訊與媒體充斥的環境中長大，多數的成年人也幾乎隨時隨處都在接觸、操作、並依賴資訊與媒體中進行工作與生活，資訊與媒體操作的便利，讓資訊素養在接觸與使用的機會層次上幾乎是全面、全民的提升，但是在資訊有效的找尋、評估和利用的素養上，卻沒有等同的精進，以至於網路資訊氾濫以及不當使用所衍生的個人與社會問題層出不窮。

網路科技的出現與盛行，大量的資訊與媒體刺激，改變的不只是人們長期以來的生活習慣，連帶的生活的信念以及意識型態也受到影響，人們所面臨的是新的人際關係、新的生活模式，甚至是新的經濟、文化和政治社會環境，人們如何在這樣的變化中適應，便是資訊素養教育最重要的議題。而這議題最大的挑戰，不是資訊與媒體的本身，而是如何在資訊與媒體所帶來的全面關係的解構後，重新建構出自己的價值與開創美好的生活。

黃葳威教授長期關懷數位落差以及數位安全的議題，十多年來投入在資訊素養的研究，對於資訊素養教育的推廣更是不遺餘力，成立政治大學數位文化行動研究室，帶領「中華白絲帶關懷協會」（前身為白絲帶工作站），以世代的角度，持續觀察台灣青少兒資訊的使用，掌握青少兒資訊行為的變化與發展，從實證研究的資料看見資訊素養教育的缺口與需要，並確實的投入在基層每一個環節的資訊教育推動上，依據理論與實務的成果，極力呼籲政府、學界、業界重視資訊安全、關懷青少兒的資訊生活與環境。

《數位時代資訊素養》一書是黃葳威教授累積相關研究的結果以

及實務推動工作上的觀察，以閱聽人的自我學習與健康成長爲關注的核心，從閱聽人的角度，省思網路社會問題的根源，並從生命教育、親職教育、性別教育、品格教育、及媒介教育切入，以心理學與社會學的觀點，檢視數位時代中網際網路的角色，以及所衍生的有關自我概念、同儕關係、情緒管理以及性別態度等相關的議題，同時透過資料的收集整理以及個案的討論與分析，試圖建構數位時代資訊素養的藍圖，瞭解青少年網路社群的參與、價值觀，網路色情對於性別態度的形塑，並針對媒體呼籲自律規範，推動媒體性別友善空間，對數位時代的親子溝通，提供青少年兒童，家長、老師、數位科技業者，以及政府部門具體可行的建議。

資訊素養是全球認定爲教育、就職及社會參與的一個非常重要的能力，是現代化國家的一個重要課題。具備尋找、分析、解釋，並應用相關資訊到實際生活的能力或素養，更是現代公民所必須具備的基本學習技能之一。本書整合了作者資訊科技全人教育的關懷角度，以及希冀將資訊素養落實爲素質公民的養成，並透過資訊素養教育，達到讓資訊與媒體科技有效的增進人們學習與生活能力的期望。

這正是黃葳威教授，這幾年致力於數位傳播研究，青少兒上網安全關懷，資訊素養教育推動的心志，以及努力的目標！

國立新竹教育大學
教育系教授兼副校長
林紀慧 博士
2012年1月30日

數位文化品味行動（代序）

數位時代資訊素養，是維護數位文化的品味行動。

「素養」一詞，不限於聽、讀、寫、說，還包括對自我認知瞭解、對群我價值的分析與團體的貢獻，在日常生活中能具強烈的學習動機，獲取外在資訊及知識的能力，能明解事理、具有道德感及美感。素養，不只是一種工具上的認知，也具道德、認知、美感、社會等價值。

早在1959年11月20日，第十四屆聯合國大會便通過「兒童人權宣言」。聯合國在宣言中強調，由於兒童的身心未臻成熟階段，因此無論在出生之前或出生之後，均應受到包括法律的各種適當的特別保護。

這項對於兒童人權尊重與保護的宣告，可追溯自1924年的日內瓦兒童權利宣言，聯合國大會爲使兒童能夠有幸福的生活，重視個人與社會的福利，以及兒童能夠享受宣言所列舉的權利與自由。務期各國承認這些權利，以漸進的立法程序以及其他措施，努力使兒童的權利獲得保障。

台灣的兒童少年福利法自2003年5月28日發布，2008年8月6日再度修訂，分別依照身分、福利、與保護等面向，宣示兒童爲國家未來主人翁的價值和法律保障。其中關心的包括兒童基本人權、社會人權、健康權與教育權。

立法院2011年11月11日三讀修正通過「兒童及少年福利與權益保障法」部分條文，規定報紙不得過度描述自殺、血腥和色情的細節，違反者可處3萬到15萬元罰鍰。

近十年以來，兒童的媒體接近使用權可以被視爲社會人權的一部分，也因此，近日立法委員關切線上遊戲廣告代言的方式與效應，質疑政府的放任與卸責。

國立政治大學數位文化行動研究室自2004年起，在全台各縣市102所高國小，展開爲期十五年的數位世代長期觀察研究，長期觀察發現：台灣青少兒學生每週上網二十四小時，運動卻不到十小時，青少兒不僅是家中的網路高手，其對數位科技的黏著度可見一斑。

媒介選擇，相當於閱聽人決定選擇性的暴露與否。「選擇接觸」和「暴露」，意味著一個人的行爲至少是經過習慣的指揮而意識到（或否）媒介內容。

媒介選擇包含趨近媒介或是遠離媒介，未必僅是有意接觸媒介般明顯的選擇，相當程度也取決於環境，形成對媒介選擇的習慣，甚至是對媒介選擇的成癮；其實，閱聽使用者他／她自己如果能夠投入足夠的意志力，便能主導自己對於媒介的選擇。

隨著網路層出不窮的現象，資訊社會的青少兒與成年人是否具備選擇、或善用網路豐富資源的知能？

行政院跨部會受理不當資訊通報的白絲帶WIN網路單e窗口，自99年8月2日上線服務社區民衆，迄今每月申訴量達800件以上。2010年8月WIN網路單e窗口開始運作，第一階段參考國外四大類語彙分類；2011年8月起，白絲帶關懷協會根據台灣在地民衆通報案例，歸類爲七大類。

白絲帶WIN網路單e窗口指出，民衆最爲在意及最氾濫的問題仍爲網路上大量的色情內容，包含張貼性與裸露之圖片、影音、文字，以及販賣色情光碟、提供色情網站連結、色情視訊聊天室及性交易招攬等內容。

不僅是網路，時下最夯的智慧型手機，手機上網下載的遊戲應用程式夾帶色情，可能形成青少兒上網安全的新死角！

隨著智慧型手機的發展，網路色情有了新管道，透過程式，使用者可以任意下載色情的軟體，如色情遊戲、限制級手機桌布、限制級圖標、限制級圖集、色情影音等。當青少兒使用智慧型手機普遍的同時，

不加限制的免費色情內容極容易使青少兒接觸，甚至成爲了常使用的應用程式之一。

國家通訊傳播委員會正研擬電信法修法內容，期許未來通信服務的使用人利用電信網路，提供違反法律強制規定或有妨害公序良俗的不當內容，電信業者可依契約停止其使用網路、移除不當內容，以避免不當內容造成負面影響。

即便發現一些對青少兒身心發展有影響的網路內容，不論家長或青少兒也可發揮網路清道夫的角色，至WIN網路單e窗口（http://www.win.org.tw）通報檢舉，以行動關懷網路環保。

讓e世代不單是網路高手，更成爲慎選、善用資訊的網路贏家！

近年台灣青少兒家長的網路硬體設備接近性提高，進一步的使用觀念與行動尙須身體力行。否則會引起家長誤以爲：安裝了電腦網路防堵軟體，便是具備網路安全、網路禮儀、網路法律的能力。

泰國曾進行一項由兩大網路業者一起提的「NECTEC-TA」計畫，目的爲提供家長適宜的知識，瞭解網路建設性使用，並教育他們怎麼和小孩一同瀏覽網站。

任何形式的教育，皆以人爲主體；資訊素養尤以養成「閱聽人」的自我學習與健康成長爲核心。

如何將資訊素養知能結合親職教育、生命教育及性別教育，落實於社區公民養成，不僅貼近e世代公民社會化歷程，也是整合資訊科技與全人教育關懷的重點。

《數位時代資訊素養》一書從數位閱聽人社會化的歷程，結合生命教育、親職教育、性別教育、品格教育、及媒介教育的內涵。

本書共分爲「人我關係篇」、「社會文化篇」兩部分。「人我關係篇」涵蓋自我意像、情緒管理、同儕關係、性別態度及數位代溝。「媒介文化篇」則包含：全人發展、價值觀、網路語彙、媒介自律規範。合計十章。

萬事互相效力，感謝吳校長、紀慧副校長的寬容與鼓勵，育敏執行長、白崇亮董事長、何主任、淑祥秘書長、依玫主委、小河院長、錦華老師及鍾院長的推薦。謝謝家人長期對我投入白絲帶的支持相伴，威仕曼編輯群、校對丘其崇小姐的協助，暑假期間趁時差在華盛頓友人家敲鍵盤，本書始得完稿，在此一併致謝。

黃葳威 於 2012

目 錄

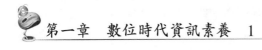

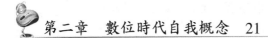

第一章

數位時代資訊素養

- 無所不在的選擇
- 媒介選擇
- 資訊素養
- 網路安全
- 本書結構

「智慧人大有能力；有知識的人力上加力。」（箴言24: 5）

 無所不在的選擇

卑南鄉的年長者在圖書館電腦教室，學習如何上傳個人照片給親友，如何用網路訂火車票。

台東太麻里數位機會中心，大王部落農民討論規劃建置推廣釋迦的網路部落格，可惜網路訊號微弱，上課進度遲緩。

北台灣國小新生家長座談會，家長分享如何在家安裝「慢速」網路，避免兒童長時間玩快速連線遊戲，卻沒耐心等候大衆交通工具。

白絲帶關懷協會接到自稱爲流浪教師的家長求助，詢問如何讓尋找教職的女兒，避免沒事就關在房間裡上網聊天。

電腦網路就像刀的兩刃，在不同的社區，因著使用選擇，形成不同的機會或危機。

「無所不在（ubiquitous）」（Kim Chang Hoon, 2005, p. 2; Hooft & Swarn, 2007）貼切傳達了數位時代閱聽人可隨時隨地接收資訊。這些資訊以文字、圖片、聲音、影像、影音、多媒體等型態呈現，且可提供互動點選服務。

根據財團法人台灣網路資訊中心（TWNIC）公布的「台灣寬頻網路使用調查」報告，截至2011年3月4日爲止，台灣地區上網人口約有1,695萬人，較2010年2月12日止公布之1,622萬人，增加約73萬人；十二歲以上曾經上網的人口有1,539萬人，曾經上網比例爲75.69%，較2010年增加了3.13個百分點。其中曾經使用寬頻網路的人數爲1,435萬人，寬頻使用普及率爲70.58%，相較於2010年增加3.37個百分點；曾經使用行動上網的人口已達382萬人，較去年增加2.61個百分點。此

外，已有3%至9%的網友將行動上網當作固定的連網方式。

政治大學數位文化行動研究室、中華白絲帶關懷協會針對八歲至十四歲青少兒學生上網與手機使用調查發現，有四成二的學生擁有手機。

政大與白絲帶公布的「台灣青少兒網路安全白皮書」發現，網路色情占白絲帶WIN網路單e窗口通報案件的六成。同時，在「網路交友」的題項上，青少兒對於聊天室中陌生網友的排斥度與警覺性逐年降低，在色情氾濫的網路上，需要再加強兒少對陌生網友的警覺性，以免落入網路陷阱。

從積極面來看，研究發現兒少在「網友身分造假同意程度」逐年提高，也就是青少兒了解網友描述的身分很有可能與眞實不符；另外青少兒對於「聊天室參與度」逐年下降；「網路侵權行為」則呈現持平狀態。另外，從危機面來看，青少兒對「父母引導上網的認同度」、「個資外洩警覺度」、「校園網路規定認知度」、「上網時間管理能力」、「網路分級的實踐度」均逐年下降，表示在網路安全的推動上仍須努力。

電腦網路如同刀的兩刃，端賴如何選擇與使用。

媒介選擇

媒介選擇，相當於閱聽人決定選擇性的暴露與否（Vandebsch, Roe, & Van den Buick, 2006）。「選擇接觸」和「暴露」，意味著一個人的行為至少是經過習慣的指揮而意識到（或否）媒介內容。

媒介選擇，無論是有意識或無意識地進行，以及無論來自於初步或高度無意識的過程（Strack & Deutsch, 2004; Strack, Werth, & Deutsch, 2006）——向來都是受反射或是衝動而影響（Biocca, 1988; Hearn, 1989;

Levy & Windahl, 1985）。因此，媒介選擇包含趨近媒介或是遠離媒介，未必僅是有意接觸媒介般明顯的選擇（Blumler, 1979），相當程度也取決於環境，形成對媒介選擇的習慣，甚至是對媒介選擇的成癮；其實，閱聽使用者他／她自己如果能夠投入足夠的意志力，便能主導自己對於媒介的選擇（Baumeister, Sparks, Stillman, & Vohs, 2008）。

分析媒介選擇

分析閱聽人的媒介選擇，可探討：人們爲什麼使用媒介內容？排斥一些媒介內容？人們又如何去使用及拒絕？甚至分析人們爲什麼發展和如何去發展、追求、規範，並驅使自己接近或是避免媒介內容。

爲什麼（why）和如何（how）密切相關。如果我們可以明白人們如何選擇媒介行爲，便可獲悉解釋人們爲什麼趨近媒介的原因，或是什麼決定因素讓人們接近使用媒介。

從分析的角度，媒介選擇的描述和解釋包含微觀與宏觀層面。宏觀層面上反映了社會和媒介系統的結構面影響媒介的選擇，微觀層面主要著眼心理層面（Dennis, Fuller, & Valacich, 2008）。

以類似的方式，媒介選擇的本身就可以描述，無論是社會群體的標準（Webster, 2006; Webster, Phalen, & Lichty, 2006）或是個人的標準（Rubin, 2002）。此外，媒介選擇可以分析單一的表現行爲（Zillmann & Bryant, 1985）或是作爲一個重複的行爲（Dimmick, Ramirez, Wang, & Lin, 2007）。

舉例來說，一般人在無聊或心情煩悶時，易選擇令自己感到興奮的媒介（Zillmann & Vorderer, 2000），有人選擇看體育賽事，有人選擇看冒險偵探片，有人則看浪漫偶像劇。這些與個人基本背景與人格特質（Finn, 1997）有關，像是人的年齡、性別、原生家庭、情緒調整等。

《N世代》（Tapscott, 1998）作者認為，網路世代有更多機會接觸來自不同領域的人，因而發展出對歧異的包容力；加上網路社群自由、平等的特性，使他們比以往任何世代都有強烈的自我主張，勇於表達己見。

另一方面，國外有關網路使用對於身心的影響發現（Ivory & Kalyanaraman, 2007），當青少年使用一般溫馨影音設計的線上遊戲時，其中的攻擊內容不致影響青少年的身心；但如果使用者在情緒不穩定或低潮時使用（即將使用電腦當作排除或宣洩情緒、憤怒的管道），則當使用有武器、血腥暴力的格鬥式遊戲，對於青少年的人際關係與情緒管理有負面影響。這意味著不同類別的線上遊戲內容（形同內容分級），會對青少兒產生不同程度的影響。

現有相關青少兒網路使用研究，分別著重同儕關係與自我意象的探索（陳怡君，2003；黃玉蘋，2003），少數分析網路或線上遊戲使用其對價值觀形成的影響（許嘉泉，2003；戴麗美，2005；馬振剛，2007），或探討網路成癮（鄭淳憶、沈怡惠，2006）、網路分級認知及網路安全素養（黃葳威、林紀慧、呂傑華，2008）。

隨著網路層出不窮的現象，資訊社會的青少兒是否具備選擇，或善用網路豐富資源的知能？

根據白絲帶WIN網路單e窗口分析，100年1月1日至100年8月31日總申訴處理件數共計4,272件，其中4,238件已完成結案，34件已分辦權責單位處理（參見**表1-1**）。

表1-1　100年1月1日至100年8月31日申訴處理件數

項目	件數
已結案數	4,238
目前已分辦權責單位處理	34
總申訴處理件數	4,272

受理申訴案件類型，以「網路色情」爲最大宗，占68%（2,915件），遠高於其他類型；其次爲「網路不當語言」，占10%；「網路暴力」占9%；「網路其他」占7%；「網路詐騙、竊盜」占5%；至於「毒品及藥物濫用」則占1%（參見圖**1-1**、表**1-2**）。由此統計結果可了解民衆最爲在意，及目前網路上最氾濫的問題爲大量的色情內容。

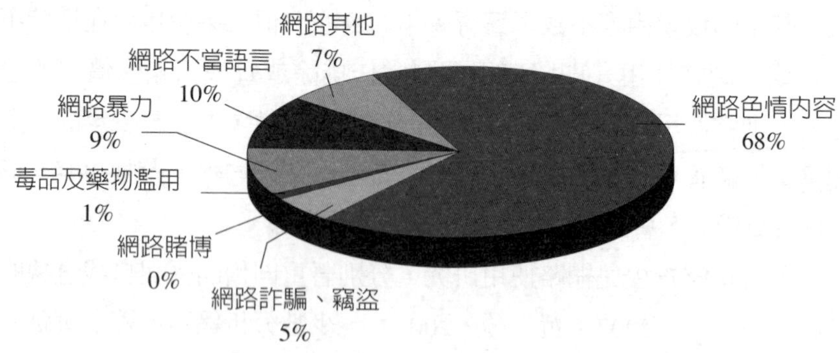

圖1-1　100年1月1日至100年8月31日申訴案件類型統計

表1-2　100年1月1日至100年8月31日申訴案件類型數量統計

分類	境內 IP	境外 IP	無法派別	合計
網路色情	828	202	45	2,915
網路詐騙、竊盜	88	129	14	231
網路賭博	7	4	1	12
毒品及藥物濫用	9	41	1	51
網路暴力	65	294	1	360
網路不當語言	309	105	8	422
網路其他	134	61	86	281
已結案數	1,440	2,676	156	4,272

資訊素養

1950年代的台灣社會，政府大力推展掃除文盲（illiterate）運動，提倡國民教育，加強一般民眾識字能力。現代社會所說的素養（literacy）便是一種讀、寫、算的能力，是日常生活的一種基本能力（倪惠玉，1995）。素養看似一種人類該具備的基本「能力」，若一個人無法具備該能力，則被視為不具素養。

素養有別於知識，知識是一種外在於你的東西，是材料、工具、可以量化的存在；必須讓知識進入人的認知本體，滲透他的生活與行為，才能稱之為素養（龍應台，1999）。

因應全球化知識經濟時代的發展需要，素養被賦予全新的意義，其內涵不再只是區辨文盲的「識讀」意涵。由於素養的形成是根據時間的累積慢慢塑形的，人的一生都在不斷的累積素養，而且素養也會根據外在的科技而有所改變其樣貌（Colgan & Giardino, 2005）。

除了從能力具備與否來看素養概念（讀、寫、說）外，「素養」一詞還包括對自我認知的了解、對群我價值的分析與團體的貢獻，或在日常生活中能具強烈的學習動機，獲取外在資訊及知識的能力，能明解事理，還要具有道德感及美感等另一深層的含義（周苡靖，2004）。素養的意涵不能只是一種工具上的認知，更該包含道德、認知、美感、社會等價值上的確定。

個人的素養能力會隨著時間不斷拓展，經過了教育、學習、經驗及社會化的過程，個人的素養能力會漸漸形成與他人不同層次上的程度區別。素養並不具優劣之分，個體存在其個體差異的素養內涵。外在的知識、資訊在為個人所接觸後，個體經過認知的作用內化到個體的知識庫中，而形成個人的素養能力。每個人都該具備自己的素養能

力，身處多元的社會與生活，才得以依照一定的程序來面對、解決。

國內教育學者周倩（2009）將素養視爲一套對生活認知有幫助的價值觀。以「網路素養」一詞爲例，在過去，網路素養大多單指認識網路、使用網路的能力等，然現今，單單只是對電腦網路的基本認識與使用已經不足構成「網路素養」這個詞的意涵，尚須加入「網路倫理」的概念，包括使用者是否明瞭在網路上該怎麼說話、該怎麼自律、怎樣才不會觸犯法條等規範等。

數位時代來臨，資訊的儲存、流通與使用，因爲傳播科技的發展便捷快速，資訊充斥在現代人的日常生活中，過去單純的讀寫能力已不足以應付目前資訊爆炸的時代，資訊素養成爲現代公民必備的知能之一（黃雅君，2000）。

參酌資訊素養內涵的演進，大致分爲運用導向、分析導向、科技導向、終身學習導向以及人本導向等五階段（黃葳威，2008）：

運用導向

美國國家圖書館與資訊科學委員會（U.S. National Commission on Libraries and Information Science）1970年在政策規劃草案中提出資訊素養概念，草案建議政府應該廣爲教育民眾與其工作相關的資訊素養，主張資訊素養是人類生活一個很重要的「知識能力」；並將資訊素養界定爲：每個人能夠知道何時需要資訊，然後能有效地去搜尋、評估、整合並加以使用所獲得的資訊，以作爲自己解決周遭問題的方法。

所謂資訊素養，應是指在獲取資訊與事實之後，能有效利用來解決問題，並能了解如何從不同途徑中取得資訊與知識；尤其，在取得的過程中，還須認知到賦予知識和個別資訊的重要性爲何。

美國圖書館學會（American Library Association, ALA）將「資訊素

養」定義爲（ALA, 2007）：一個人具有能力知道何時需要資訊，且能有效的尋得、評估與使用所需要的資訊；換句話說，在日常生活中可察覺自己的資訊需求，並且有能力去處理。

資訊素養對於個人來說是一種協助的能力，提供人們得以妥善處理因媒介與各種來源之下大增且供過於求的資訊量（Turock, 1995），並能夠妥善利用全球資訊系統的各項內容與服務。

在學習過程中，資訊素養對於學習者而言是一種潛在的力量，學習者透過這樣的能力，將能對資源產生應變的能力（Hancock, 1993）。學習資訊素養，對於增進事實知識、建構原理、人力與其他知識的妥善管理，都有一定的改善能力（Tyner, 1998）。

分析導向

資訊素養除了對資訊的評估、搜尋、使用外，更須去了解獲取與回溯性資訊的過程及系統，這樣才能熟悉蒐集與儲存所擁有之資訊的許多基本技巧（Rader, 1990）。

資訊素養在過往研究被視爲是：尋找與評鑑使用資訊。但隨著時代的變遷，新的研究者認爲不該只是這麼單純的思考；資訊素養該是一個具有批判思考的過程，從最初的資料蒐集，到最後的使用評量，都採批判思考的角度來審視（Mendrinos, 1994）。

就廣義而言，資訊素養是「有目的學習資料蒐集與處理的基本能力」；就狹義而言，資訊素養則等同於「電腦素養」。提升資訊素養必須從學校、家庭與社會三方面同時進行，才能達到預期之成效（李隆盛，2002）。李德竹（1994）則從價值的觀點來闡釋：資訊素養是在了解資訊的價值所在，找到其價值後，才能進而評估、組織並利用這樣的能力。

科技導向

關心資訊素養的研究者主張，資訊時代裡個人還必須具備資訊素養方能有效地使用資訊科技；資訊素養區分爲一般性資訊素養（general information literacy）與資訊技術素養（information technology literacy）兩種不同的層次（曾淑芬等，2002）。亦即除了運用資訊的能力與知識外，更應探討個人對於資訊技術方面的應用能力與知識，例如資訊硬體設備的操作及功能運作的理解程度，資訊軟體工具之應用和熟悉程度等資訊技能等。

資訊素養乃是指個人能找出、處理資訊，並加以有效利用資訊的能力，不論資訊所得來源爲何種「形式」，意即，或傳統印刷媒介、電子媒介或新興的網路媒介所得的資訊，都屬此一概念範圍（McClure, 1994）。

資訊素養形同一個人類素養之最大且最爲複雜的系統，資訊素養的內涵，必須加入傳統素養、媒介素養、電腦素養及網路素養的概念，才能稱之爲資訊素養，其包含四個不同的層面（McClure, 1994）：

1.傳統素養（traditional literacy）：亦即個人的聽說讀寫等語文能力以及數理計算的能力。
2.媒介素養（media literacy）：意指運用、解讀、評估、分析，甚製作不同形式的傳播媒介及內容素材的能力。
3.電腦素養（computer literacy）：意指電腦及各項資訊科技設備的使用能力。
4.網路素養（network literacy）：意指運用網路搜尋資訊的能力、對於網路資源的價值及運作規範的理解等。

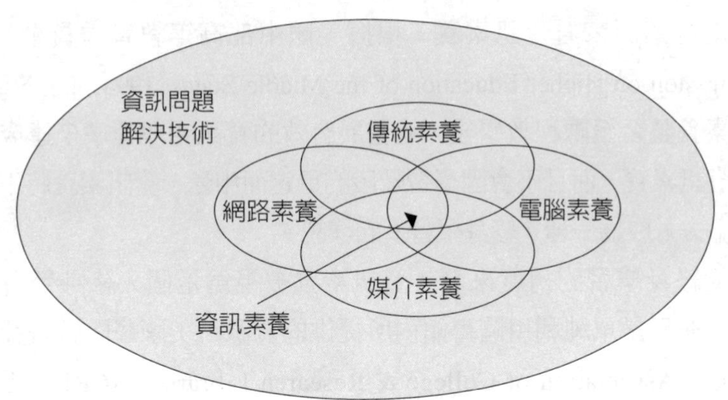

圖1-2　McClure的資訊素養概念圖

資訊學者（McClure, 1994）提出資訊素養的意涵後，學者們便開始將資訊素養的概念延伸，納入過往並未討論的科技範疇。研究者比較資訊與數位素養的概念主張（Bawden, 2001），資訊素養是個人具有解決問題的能力，願意花費心力跟時間，適當地運用「電腦素養」的科技與知識整合，這些技能包括資訊的檢索策略、資訊評鑑；知識包括工具及資源。

終身學習導向

審視資訊素養的領域，可從廣義及狹義兩種層面觀察。廣義而言，是將資訊識讀素養視爲一組綜合性的、與資訊歷程相關的識讀素養，爲終身學習的基礎（Bruce, 2001）；另一較爲限縮的層次，著重在狹義的資訊意涵，以全球化科技、網路、大型電子化資訊之運用相關能力及過程的探討，屬於電子化時代圖書及資訊利用的關懷所發展的研究領域，將資訊素養視爲新型態與電腦應用多元資訊有關的博雅藝術與能力（Webber & Johnston, 2000）。

從行動面來看資訊素養，根據美國中部高等教育委員會（The Commission on Higher Education of the Middle States, 1994）的分析，將資訊素養整合至課程教學後，能發展有效的資訊處理程序來達成受教者的資訊素養，而且不會因學習階段的更迭而中斷，資訊素養將不斷地持續下去，成為一種「終身學習」的樣貌。

從終身學習的角度來看，資訊素養被視為是個人終身學習的過程，而非只是單純利用圖書館內所提供的資源。美國學院暨研究圖書館學會（Association of College & Research Libraries, ACRL）更提出有關「高等教育資訊素養能力標準」的修正草案，其內容中提到個人在大環境中所受到的影響，會改變每個人資訊素養的程度與看法；資訊素養超越任何一種素養的意涵，是一種多元化的素養概念（曾淑芬等，2002）。

具備資訊素養的人，將能獲取對資訊的批判能力，進而提升對於資訊的鑑別能力，使其能自覺發現問題，確立其問題主旨，來尋求所需之資訊、組織及綜合資訊，進而評估及判斷資訊。

人本導向

美國學院暨研究圖書館學會說明（ACRL, 2000），資訊素養是指個人具備的一種能力，這種能力為使人了解何時需要資訊後，能找尋、評估及有效地使用所需資訊的能力。資訊素養使得學習者能通曉知識，擴張他們的研究範圍，使其更為自主及能有效地控制學習。

一個具有資訊素養的人須能夠決定所需資訊的內容，有效率地處理所需的資訊，批判性地去評估資訊及其來源，將所選擇的資訊納入個人的知識庫中，有效運用資訊來完成特定的目的，了解在資訊使用上有關經濟、法律及社會相關議題，並以合法的程序及合乎道德的方式來處理、使用資訊。

個體在養成資訊素養的過程，從學習了解資訊的所需，能有效處理資訊的評價，最後整合爲自己的知識庫來加以運用，這都是一種連續的過程。隨著科技發展，整合現今科技與資訊素養誠屬必要。

資訊素養的養成，研究者提出六項核心能力：即資訊能力、媒介識讀素養、電腦識讀素養、視覺識讀素養、終身學習及資源本位學習等（Plotnick, 2000）：

1.資訊能力（information competence）：具備尋找、評估及使用以各種型態呈現資訊之能力，或整合電腦知能、科技知能、媒介識讀、批判思考及溝通的綜合能力。

2.媒介識讀素養（media literacy）：具備以多元型態進行、溝通相關過程，及對內容的解讀、分析、評估形成溝通的能力。

3.電腦識讀素養（computer literacy）：具使用電腦及軟體完成任務的能力。

4.視覺識讀素養（visual literacy）：一種對視覺要素的知識，能理解圖象意義及構成要素的能力。

5.終身學習（lifelong learning）：由學習者自發、有企圖的計畫、基於自我內在動機趨動、對自我能力的評估，以及對學習機會資源的評估，透過自我管理程序所進行的自主性學習能力展現的活動歷程。

6.資源本位學習（resource-based learning）：置身分化式資源中，而能透過資訊辨識，以整合形成特定主題學習的能力。

經過歷年來對資訊素養的探討，布魯斯（Bruce, 2001）發現，資訊素養能力包括：「確認主要資訊資源」、「架構可研究問題」、「尋找評估管理使用知識」、「挖掘資訊」、「解析資訊」、「資訊的批判與評估」；透過這樣的能力行使，資訊素養則可從資訊技術、資訊來源、資訊處理、資訊控制、知識建構、知識擴展及智慧經驗等七大面向來了解其所涵蓋的範圍與作用（引自吳青宜，2004）。

網路安全

爲打造健康安全的家庭上網環境，響應網路環保理念，行政院新聞局依據「兒童及少年福利法」第27條第3項規定，於2004年4月26日訂定發布「電腦網路內容分級處理辦法」，該辦法特別要求電腦網路服務提供者應自本辦法施行之日起十八個月內（即2005年10月25日前），完成電腦網路內容分級之相關準備措施，並進行分級。

除了在資訊高速公路上設置交通號誌，提醒使用者自行選擇是普級或限級區域外，治本之道在於網路安全素養的宣導。如何教導兒童正確了解及分辨網頁內容，避免不當及危險的使用行爲，減少網路對兒童的負面價值觀影響，有必要結合政府及非政府組織（Non-Governmental Organization, NGO）第三部門，以及社區民間力量共同努力來推動網路安全教育（O'Briain, Borne, & Noten, 2004）。

台灣在網路安全權責單位有行政院新聞局、教育部、內政部警政署刑事警察局、兒童局、經濟部、交通部、國家通訊傳播委員會（NCC）、衛生署、縣市政府相關權責單位；推動網路安全教育宣導的有台灣網站分級推廣基金會、民間公益團體如中華白絲帶關懷協會、台灣展翅協會、勵馨社會福利基金會等（新聞局廣播電視事業處，2004）。

參考全球性非政府組織第三部門對於兒少上網安全（internet safety）的關懷重點（Home Office, 2003；黃葳威、林紀慧、呂傑華，2008），「資訊素養」被界定爲數位社會公民應具備的知能：像是可以順應資訊社會發展需求，具備資訊內容分辨知能，並可善用資訊科技。

台灣竭力推展e化的努力行動，使社區上網普及率有逐漸升高的趨勢，網路的使用者年齡亦有逐年下降的現象；社區青少兒家長接觸數位媒介現況與所具備的資訊素養如何，乃本文擬探討的課題。

蕭佑梅（2003）和謝佩純（1997）的研究結果顯示，男學生在使用家庭資訊科技的機會上得分優於女學生；李京珍（2004）的研究結果則顯示並無差異。朱美惠（1999）的研究發現，大學生男性使用者比女性多，在宿舍或家中上網的比例也最高，平均每天上網時數以四小時以上爲多數。

地理區位與個人電腦擁有率有關，陳百齡（2004）以行政院主計處1996年底公布的「年度家庭收支調查」報告爲例指出：都市地區個人電腦的普及率是24.1部，城鎮地區只有13.07部，鄉村地區更只剩下5.94部。由此可知，出生或成長在都會地區的孩子們，使用電腦的機會超過鄉村地區的孩子們。

戴麗美（2005）對國小青少兒學生的調查結果，居住縣市不同、家裡是否使用網路，與青少兒是否知道實施電腦網路分級制度有顯著差異；青少兒學生父親學歷不同，與其父母是否會在家設定電腦網路分級制度有顯著差異。

有關大台北青少年網路使用研究顯示（黃葳威，2006），隨著就讀年級、年齡或居住地區的不同，青少年網路安全素養有顯著差異。

研究證實，父母之教育程度愈高，其子女愈享有在家中使用電腦之機會；父母職業不同，子女資訊素養與網路安全素養亦有差異（李京珍，2004；戴麗美，2005）。青少年網路分級認知的不同，其網路安全素養有顯著差異（黃葳威，2006）。

青少兒學生上網時間與網路安全素養有顯著關聯（戴麗美，2005；黃葳威，2006）；台南市國中生上網頻率與網路素養相關（謝佩純，1997）。由於網路的匿名性與多元的樣貌，青少年可輕易在網路世界中贏得友誼、尋求歸屬感，更可除去現實生活中不愉快經驗與

自我保護，並與他人建立親密關係。國內許多研究均顯示網路使用與人際關係有顯著關聯（黃玉蘋，2003）。青少年參與不同的網路家族類型，其網路安全素養有顯著差異（黃葳威，2006）。

台灣學童的資訊素養如何？研究發現（黃葳威，2009），台灣國小三年級至國一青少兒學生的資訊素養分爲資訊分辨、資訊使用、資訊需求三構面。整體來看，以資訊分辨素養的平均得分較高，其次是資訊使用素養，再者爲資訊需求素養。

儘管有六成四以上的受訪學童表示在生活中使用數位科技很重要或重要，僅有近三成的學童表示數位科技在家庭生活中扮演重要角色，顯示親職之間存有資訊使用素養的數位落差。

近兩成受訪學童非常不同意或不同意「我會計劃使用網路或停止上網」，兩成以上表示不知道計畫性上網。

三成以上學童不知道「網路聊天室沒有見過面的陌生人，經常和她們描述的身分不一樣」；兩成以上受訪者表示非常不同意或不同意前述題項。這代表學童在陌生網友身分的辨識能力需要提升。

願意遵守網路分級的受訪者，有將近七成高的比例，網路使用者會願意配合遵守網路分級規定來進行網路使用的行爲。可以樂觀其成的是網路分級規定的實施，可以發揮其成效所在。

Pew網際網路暨美國生活計畫（The Pew Internet & American Life Project；玉磊譯，2007）公布美國民眾與網路活動關係研究顯示，68%擁有桌上型電腦、30%擁有筆記型電腦、73%可連上網際網路，但會善用Web 2.0做公開表達的人卻有限；此研究將Web 2.0用戶定義爲：會善用科技在網路上表達自我，並參與網路活動。

資訊網路工程師翟德門（Jeffrey Zeldman）在2006年又提出Web 3.0概念，泛指網際網路發展過程中可能出現的各種不同的方向和特徵，包括將網際網路本身轉化爲一個泛型資料庫（跨瀏覽器、超瀏覽器的內容投遞和請求機制）、人工智慧技術的運用、運用3D技術搭建

的網站，甚至虛擬世界或網路國家等。

台灣在面對多元化、跨國際的網路資訊時，如何因應數位社會變遷，縮短城鄉、家庭親職間的數位落差，培養社區青少兒和家長資訊素養，值得繼續耕耘。

本書結構

任何形式的教育，皆以人爲主體；資訊素養尤以養成「閱聽人」的自我學習與健康成長爲核心。

如何將資訊素養知能結合親職教育、生命教育及性別教育，落實於社區公民養成，不僅貼近e世代公民社會化歷程，也是整合資訊科技與全人教育關懷的重點。

國立政治大學數位文化行動研究室，1999年分別和內政部、教育部、新聞局、國家通訊傳播委員會、縣市政府合作，將資訊與網路安全教育融入社區公民的家庭教育、生命教育、性別教育，編製手冊和培訓種子師資教師，推動e世代社會公民全人關懷與資訊素養的社區行動。

《數位時代資訊素養》一書從數位閱聽人社會化的歷程，結合生命教育、親職教育、性別教育、品格教育及媒介教育的內涵。

第一章數位時代資訊素養，先後關注偏鄉地區數位機會中心，至都會城市青少兒網路成癮現象，呈現網際網路爲一刀的兩刃，端賴閱聽人如何進行媒介選擇。本章檢視從素養到資訊素養的概念演變，提出台灣青少兒資訊素養的觀察分析。

本書共分爲「人我關係篇」、「社會文化篇」兩部分。「人我關係篇」涵蓋自我意像、情緒管理、同儕關係、性別態度及數位代溝。

其中第二章數位時代自我概念，關照數位時代的網路族，大量以網路爲生活重心的人，的確可以由網路習得自我概念。本章探索人格理論、心理防衛機制、分析心理學，並印證網際網路空間，陳述數位科技和現代人的相處密度，從生活、工作、學習、休閒等樣態，可見一斑。數位科技形同人們的貼身伙伴。

數位網路如同人的延伸與代理，人類一方面參與使用數位網路，一方面心理會發生微妙的影響，這種影響並非如我們所想像的急劇變化，而是潛移默化的。情緒調整便是其中的一種過程。情緒調整或管理涉及每個人的情感產生的機制，像是行爲、經驗與生理反應系統（Cacioppio, 2000）。情緒調整能力的形塑，可透過直接或間接的社會化歷程習得（Watkins, 2009；江文慈，2004）。如果線上遊戲成爲青少年生活的一部分，則線上遊戲對於高中生情緒調整的影響如何？第三章數位時代情緒管理將進行探索。

同儕關係在青少年成長過程中扮演重要的角色，而網路同儕關係也成爲青少兒成長中重要的一環。然而，青少兒在加入網路社群時，是否知道社群網站中可能隱藏著潛在風險，如網路霸凌、怪叔叔從中魚目混珠，以及個人資料遭人誤用等。網路日益普及，網路霸凌、垃圾郵件、兒少不宜網站仍不時浮現，e世代社區家庭青少兒上網安全，値得持續關注。到底青少兒學生上網做些什麼？又參加哪些網路社群呢？這些將在第四章數位時代同儕互動中爬梳。

過去以社會學習理論與涵化理論爲基礎的媒介效果研究，大多以電視及與電視相似的媒介（如錄影帶、影片等）爲主要的研究媒介，對平面媒介如報紙、雜誌著墨較少。對網路此一資訊科技發達下的新傳播媒介，將帶來哪些效果的細節，則至今尙未見探討。

探究青少兒的身心發展與行爲，需要觀察網路媒介在家庭、學校、同儕共構下的涵化效果。第五章數位時代性別態度將討論：色情網站使用者接觸色情資訊的原因是哪些？色情資訊對其兩性態度形塑有無影響？如果有，是哪些？

數位落差在台灣社區家庭的定義，不再是父母對數位科技用品過於陌生。社區青少兒家長未必是不會使用數位科技，相對地，青少兒家長對於數位科技的依賴程度未必輸給家中的青少兒學生。

使用數位科技產品能否增進親子關係？青少兒學生及青少兒家長抱持不同觀點。家長較青少兒學生抱持正面評價，青少兒學生的看法較保留。第六章數位時代親職代溝將從資料、資訊、知識、智慧、知溝、數位落差，談到數位代溝現象。

「媒介文化篇」則包含：全人發展、價值觀、網路語彙、媒介自律規範。其中第七章數位時代全人發展，參考優質世界公民全人發展的架構，從以下全人發展層面探索社區宗教電台節目走向：個人的心智、情緒、心理、心靈；人與家庭、學校；人與社會、文化；人與政治、國家；人與宇宙、未知世界；人與自然環境。很明顯地，佳音電台偏重社會我、精神我的全人發展，在物質我的部分較少觸及。

台灣青少兒學生的價值觀爲何？第八章數位時代價值觀分析青少兒學生的價值觀，其中內控導向價值觀較凸顯，反映這一階段的青少兒學生較從個人自我想法看待周遭人事物，其心理衛生與態度也影響其生活態度與行爲。網路社群參與或否，的確影響青少兒的價值觀。無疑地，網路社群形同青少兒的網路同儕關係，但對於青少兒的影響卻與面對面相處的同儕關係有別。

2010年8月WIN網路單e窗口開始運作，第一階段參考國外四大類語彙分類；2011年8月起，中華白絲帶關懷協會根據台灣在地民眾通報案例，歸類爲七大類。

第九章數位時代限制級語彙變遷將探討台灣現有網站環境，出現不適宜青少兒接觸的限制級語彙與類別。文中對於未成年（the minor）的定義是年齡未滿十八歲的青少兒。其中將網路分級中的非普級語彙界定爲「未成年者不宜的內容關鍵字」。

公共利益是否落實於傳播媒介，可由媒介在結構和表現來檢視。

第十章數位時代媒介自律規範，將分別檢視英國、加拿大、澳洲、日本、美國，以及台灣媒介性別議題法律規範、自律原則。除了加拿大、澳洲、美國有與族群、信仰、身心障礙等多元價值結合相關規範條文，其他國家以媒介自律居多；台灣目前推動媒介性別友善空間，建議分不同執行成效，評估是否立法推展。

第二章

數位時代自我概念

- 前言
- 自我概念發展
- 榮格分析心理學
- 自我概念的演變及審視
- 數位時代自我意像
- 結語

「因為聽道而不行道的，就像人對著鏡子看自己本來的面目。」（雅各書1: 23）

前言

人們如何看自己？如何認識自己？似乎是從有意識以來，一直尋覓、反省與印證的經歷與過程。

人們從牙牙學語開始，便從家庭主要照顧者、家人及周邊的親友，甚至媒體觀摩學習如何成長。成長的另一面，便是反覆摸索自己、表現自己、挑戰自我或超越自我。直到成熟老練了，終於學會接納自己。

自我摸索的階段，未必只限於學齡前階段。

不信的話，看一下媒體傳遞的人物與其造型，或其行爲舉止的表現對社會風潮的影響。所謂媒介眞實和社會眞實，乃至個人眞實的三角習題，在大衆傳播媒體時代，已毋庸置疑。

自我概念顧名思義是個人對自我的觀感，個人對自己的整體認知與想法；雖說是個人，卻又受到周圍習得的信仰、態度、意見等複雜且有機整體的左右（Huitt, 2009）。也就是說，每個人隨著成長歷程的不同，其自我概念的形成也有所差異。自我概念受到個人所處環境人、事、物的牽動，這是因爲我們會從中習得如何適應和生存。

自我概念與自尊有別，自尊是個人感受自我的價値、自我滿意的程度，或自我陳述（Purkey, 1988）。

自我概念和自尊都有個人適應、關照他人與自己的過程，可說是一體兩面，互相影響，卻未必呈正相關。自我概念從心思索個人，自尊爲外顯形式。自我概念低落的人，其自尊心可能外顯較高姿態，也

可能外顯較爲低姿態。

自我概念發展

自我概念的發展，可追溯自1644年笛卡爾（René Descartes, 1596-1650）主張的所謂「身心二元論」（the non-physical inner self）。

笛卡爾在其著作《第一哲學沉思》（*Meditations on First Philosophy*）提及，意識和肉體爲全然不同的存在，這也是二元論的基本主張。笛卡爾將人體比喻爲機器，人心比喻爲電源；由人內心驅動，促使人體運作（功能），電源會消耗，但可補充；機器壞了必須修復，太老舊腐朽，則無法再用（肉體死亡），電源則仍可啓動其他機器，維持運作。

從笛卡爾的思想脈絡可得知意識形同一種思考的狀態，因此，所有意識的性質都是思考的，如感覺、情緒、理解等。物質的本質可以延伸，如形狀、大小、位置、顏色等，物質占有空間。意識和物質是兩種各自獨立的存在。

身心二元論被質疑之處，在於其預設立場是：人活著的確可以擁有獨立思考的能力，但忽略人兼具理性與感情，當身體不適，或周遭環境有巨變，人們往往容易受到干擾，未必可以全然獨立思考，也難怪後期笛卡爾再提出身心結合（the union of mind and body）的概念。

人格理論

人格是一種穩定的性格傾向，心理學者孔士達（Paul T. Costa, Jr.）與馬克雷（Robert R. McCrae）認爲：一個人內在相當持久的特質、性格或特徵，使得這個人的行爲顯示一致性（McCrae & Costa,

1997），即爲人格。

依照弗洛伊德（Sigmund Freud, 1856-1939）1900年提出的觀點，人格爲一整體，包括本我（id）、自我（ego）、超我（superego）等三部分。人格中的三個部分，彼此牽連，在不同階段，對個體產生作用。

本我

本我是人格結構中最原始部分，人們從出生襁褓起即已存在。構成本我的成分是人類的基本需求，如飲食、呼吸、冷熱反應。本我中之需求產生時，個體要求立即滿足，故從支配人性的原則而言，支配本我的是唯樂原則。例如嬰兒每感飢餓時即要求立刻餵奶，絕不考慮母親有無困難。

自我

自我是個體出生後，在現實環境由本我中分化發展而產生，由本我而來的各種需求，如不能在現實中立即獲得滿足，就必須遷就與適應現實，並學習如何在現實中獲得需求的滿足。從支配人性的原則看，支配自我的是現實人、事、物。

明顯的例子，是工作中從屬的倫理處理，當更換一位新主管或一項新決策時，人們會因爲任務執行需要，盡快調整適應；或擠在擁擠的捷運車廂，即使身體疲累，當看到年幼或年長者仍會起身讓座。此外，自我介於本我與超我之間，對本我的衝動與超我的管制具有緩衝與調節的功能。

超我

超我處於人格結構最高決策角色。個體在生活中，接受社會文化道德規範的教養逐漸養成。超我包含兩個重要部分：一爲自我理想，是要求自己行爲符合自己理想的標準；二爲良心，是規定自己行爲免

於犯錯的限制。因此，超我是人格結構中的道德部分，從支配人性的原則看，支配超我的是完美與良善。例如：拾金不昧或助人為快樂之本的觀念與行動。

人格發展

人格發展歷程，依次分為五個階段，前三個時期是以身體的部位命名。原因是六歲以前的個體，在本我中的基本需求，係由身體上的部位獲得滿足。因此這些部位稱性感帶區。

性心理發展期

弗洛伊德的人格發展理論，從性的觀點出發，因而其發展階段，稱為性心理發展期。

口腔期（oral stage，零歲至一歲）

原始慾的滿足，靠口腔部位的吸吮、咀嚼、吞嚥等動作獲得滿足。嬰兒的喜怒哭鬧多受口腔活動左右，口腔若受限制，可能留下不良後遺症。

如所謂口腔性格，可能就是口腔期發展不健全所致。在行為上表現貪吃、酗酒、吸菸、咬指甲等，甚至在性格上表現出悲觀、依賴、潔癖者，都被認為是口腔性格的特徵。

肛門期（anal stage，一歲至三歲）

原始慾的滿足，主要靠身體代謝、排泄時所產生的刺激快感獲得滿足。此時期衛生習慣的訓練，對幼兒而言是重要關鍵，如管制過嚴，可能會留下不良影響。所謂的肛門性格，往往從其行為上表現冷酷、頑固、剛愎、吝嗇等，類似肛門性格的特徵辨識。

性器期（phallic stage，三歲至六歲）

原始慾的需求，主要靠性器官的部位獲得滿足。此時幼兒喜歡觸摸自己的性器官，已算是「手淫」的開始。幼兒在此時期已能辨識男女性別，或以父母中之異性爲「性愛」的對象。於是出現了男童以父親爲競爭對手而愛母親的現象，這現象稱爲戀母情結；同理女童以母親爲競爭對手而愛戀父親的對象，稱爲戀父情結。

潛伏期（latent stage，七歲至青春期）

七歲以後的兒童，觀察力、興趣延伸，從自我中心逐漸留意周遭親密人際網絡與生活環境。由對自己的身體和父母感情，轉變到周圍的事物，故而從原始的慾力來看，呈現出潛伏狀態。這一階段的男童與女童間，在情感上較前疏遠，團體性活動多呈男女分離型態。

兩性期（genital stage，青春期以後）

兩性期階段，男生約在十三歲，女生約在十二歲，此時期個體性器官成熟，生理上與心理上所顯示的特徵，兩性差異開始顯著。自此以後，性的需求轉向相似年齡的異性，開始有了兩性生活的理想，有了婚姻家庭的意識；這一階段性心理的發展逐漸步向成熟。

心理防衛機制

出生於奧地利的猶太裔兒童心理學者安娜・弗洛伊德（Anna Freud, 1895-1982），1936 年出版《自我與防衛機制》（*Ego and the Mechanisms of Defense*）一書，系統總結和拓展了其父西蒙・弗洛伊德對自我防禦機制的研究。她主張人類最重要的防衛機制是壓抑。

所謂防禦機制（defense mechanism）是指個體習慣性帶有潛意識的反應方式，其目的在於防止自我因挫折、衝突引起焦慮的壓力。

安娜・弗洛伊德承襲父親的衣缽，繼弗洛伊德提出否定、轉移、理性、幻想、補償、投射、合理化、反向、壓抑、退縮、昇華，又加以發揚光大，提出以下見解：

否定（denial）

否定或否認係指當對外部事件的知覺象徵性地與有威脅的衝動相聯繫時，人們會潛意識地排拒外部事件進入意識；否認就是藉由排拒而把危險排除在外。

最常見的例子，是家長希望孩子吃完正餐再吃點心或零食，但有時小孩忍不住偷吃點心，被發現時卻極力否認。

歷史上最有名的例子，是新約聖經提及耶穌被門徒猶大出賣時，門徒彼得三次被路人詢問是否同夥都極力否認。所謂的彼得三次不認主，便是當下感到不安全時的一種否定防衛機制。

轉移（displacement）

當人們察覺某一對象的情感帶有危險（或其他原因）或感到不安，而無法直接向該對象表達時，人們有時會把這種情感或衝動轉移到其他對象，使自己的情感得到宣洩，平衡心理。

分析網路之所以吸引人們佇足，除因可以蒐集各式內容或資源，當人們對眞實生活感受不確定或有壓力時，上網不論蒐集資料、遊戲休閒或與網友聊天，都有轉移情緒的效果。

理性（intellectualisation）

指個人利用抽象而理性的方式，來分析或描述情緒受到威脅的情境，使個人抽離於當下情境，以逃避情境所帶來的焦慮。

所謂生於憂患、愈挫愈勇，便是最佳寫照。當人們面對挑戰或壓力時，如果善用這股危機或挑戰，藉機檢視自我、思考評估，反而會促使人們跨越危機，走向轉機，進而開啓新契機。

幻想（fantasy）

當一個人遇到現實上之挫折或困難時，無法以實際的現實方法來處理這些挫折或困難的問題，就利用想像的方法，將自己與現實世界脫離，存在於幻想之境界中，用想像的情感、希望與策略處理及因應心理上的挫折與困難，以得到內心之滿足與降低焦慮的歷程。

因爲是使用想像的方法，所以幻想作用的歷程不必依照現實原則，也不必遵循衍生性思考程序（secondary thinking process）來處理心理的挫折或困難，而是使用原始性思考程序（primary thinking process）來因應問題（周文欽，2006）。

時下青少兒及一些上班族熱衷的線上交友，其中相簿、對話和網路慰語，讓使用者在線上交談過程中，雖未必眞正熟識對方，卻具備類似支持、撫慰，甚至聯誼作用，讓部分使用者有過多聯想，幻想對方是最了解自己的親密友人。

補償（compensation）

當人們對自己的身體、生理或心理感到不滿足或不如意，而導致疑慮或不適應感時，嘗試以可被接受的方法以彌補缺陷，降低焦慮或不適應感的過程，稱之爲補償。

筆者曾針對美加地區小留學生進行深度訪談，部分在中學階段隻身前往美加地區求學的青少年學生，如果在新文化環境適應上感到吃力，往往選擇到網路上覓得理想情境，從交友聊天、線上遊戲到瀏覽影音檔案等，這些上網過程提供適應過程中的補償功能，只要時間管理得當，都有機會跨越暫時的挑戰；但也有少數小留學生稍有不慎，便影響作息，網路成癮。

投射（projection）

人們將個人所不能接受的衝動，或無法達成的慾望和思想轉移到

人或其他對象身上，使這些衝動或慾望脫離自我，好像它們不是自我的一部分。人們經常用這種方法來避免意識到那些自己不能接受的慾望、感情或想法。

偶像劇吸引不少觀眾群按時觀看，其中的男女角色，劇情枝節，當被閱聽人投射其中時，便不斷藉由觀看、和他人分享、關切角色發展，或對其中互動關係評頭論足、預測劇情走向等，都屬於角色投射。

合理化（rationalization）

人們解釋或說明特定行為、現象或事件時，採取眞實角度發言，擔心導致不良的後果，因而選擇採取被社會認可的正當性發言，以規避不必要的困擾或難堪。類似用社會認可的「正當原因」，取代個人心中的眞實原因，藉以減少現實情境之困擾或不被接納、認可的歷程，稱為合理化。

例如青少兒熬夜上網，無暇吃飯、睡覺，家長詢問或提醒其關機休息，青少兒可能以在寫學校作業為規避，合理化其熬夜上網玩遊戲的原因。

一些主張網路色情合法化的人士，也常常以言論自由為訴求，忽略社區家長、老師、民間團體質疑其對青少兒身心健康的誤導或傷害。

反向（reaction-formation）

將他人或社會所不能接受的衝動或慾望，轉移到反向，成為可被接受或容忍的方式。

例如許多家長關心的媒體暴力、色情氾濫，可能誤導青少兒的人際互動與觀念，製播團隊或一些評論者，便主張「暴力美學」的藝術價值，甚至誇大詮釋人性和情慾觀點，或伸張情色文化研究的存在意義，這些似是而非的說詞，嘗試說服大衆，讓本質是暴力、色情的內容，有其存在的堂皇藉口。

壓抑（repression）

壓抑較常用於面對面溝通過程，爲採取其他防禦機制的先決方式，是指將一些不能被意識所接受的衝動、觀念或回憶、情感等，隱忍到潛意識。這是最慣常使用及最危險的防禦機制之一。

當網際網路逐漸成爲人們溝通的主要平台，在一般聊天室、部落格的交流過程，網友間的互動較爲直接、不經修飾，採取壓抑防禦機制的機會相對較少。

退縮（regression）

當人們在遭遇挫折或面臨焦慮、危機等狀態時，放棄已經學到的比較成熟的適應技巧或方式，而採行早期生活階段的某種行爲方式，以迴避危險或不安全感，或滿足個人的一些私慾。

例如一些機構的人事變動，按常理應進行正式交接及職務交辦，使業務可以持續推行。但是，如果原有相關人員採取相應不理，刻意失去聯繫，延宕業務交接，形同採取不成熟、缺乏擔當的退縮防衛機制。

昇華（sublimation）

相對於退縮，昇華被視爲一種高貴的情操。即透過特定崇高的行爲，將本能的衝動與慾望，轉變爲社會大衆所認可的方式；這是一種「本能目的替換作用」。

舊約聖經有一段所羅門王判斷的典故：兩位婦女搶一個嬰兒，各稱自己爲嬰兒的生母，所羅門王機智處理，請她們搶奪嬰兒，誰搶到就判給誰。嬰兒生母因擔心孩子受傷，選擇不搶；另一位婦女甚至主張將嬰兒分爲一半，公平分給兩人。生母面臨親生孩子被搶奪過程，因爲愛孩子的緣故，自願放棄不搶取，這是昇華的一種表現。

禁慾（asceticism）

指青春期表現出來的一種心理特徵。安娜．弗洛伊德以爲，青春初期的青少年常常會對出現的性衝動感到不安，爲了使自己不至於因此而做出越軌行爲，他們便通過放棄一切慾望和快樂來保護自己。

禁慾如果出於不傷害他人，爲一種節制的表現；如果出於刻意壓抑與拒絕面對，可能影響身心的健康成長。

例如青春期的第二性徵出現，對個人身體與異性均產生好奇，如能健康面對性別的差異，以及如何處理情緒、慾望，便不代表禁慾，而是節制。

但是，如果一味否定身心的感受，迴避面對且否定個人各樣的疑惑與感受，或刻意隱瞞、無法談論與釐清，連解惑與了解個體都被禁止或否定，便如同禁慾。

利他（altruism）

安娜．弗洛伊德認爲，利他主義是一種投射作用。她認爲，人們通過採取某種行動，一方面滿足了自己的需要，一方面又幫助了別人；在某些極端情況下，人們可能會不惜放棄自己的需要來滿足別人的願望。

從華人觀點來看，利他主義形同人飢己飢、人溺己溺的表現，同理他人的需求，並抱持無私的態度，採取助人行爲，甚至以犧牲奉獻的方式，達成特定理想與使命。

攻擊自我（turning-against-self）

將衝動向內轉向自我，而不是向外轉向某一對象。這種攻擊自我或自我約束，通常會導致心理不適、罪疚感、抑鬱以及受害者情節。

一些長期受到家暴的婦女或兒童，如果沒有他人正確的輔導與關懷，在長期受虐的過程中，往往被加害者惡意的中傷藉口，誤以爲是自己的不完美、惹對方生氣，才導致自己被惡意對待。

一些不健康的兩性互動，一方過於委曲求全，另一方仍頤指氣使，其中弱勢的一方往往傾向攻擊自我，誤以爲是個人原因導致關係不良。

反轉（reversal）

類似於反向作用的防禦機制，它可以把衝動從積極主動的方式變成消極被動的方式。由於原先採取行爲的方式係社會所不容許，爲求得心理平衡，人們便選擇這種反向作用的防禦手法。

人們在擔心事情變得更棘手或複雜時，會以反轉方式自保。例如在一些近親家族企業或半熟不熟的朋友組成的團體，如果雙方直接溝通無效，但又必須面對處理的公務，恐怕面質不僅無效且造成無謂的困擾與負面效應，這時常採取反轉防衛機制，將衝動從積極轉爲消極，靜觀其變。

內向投射（introjection）

將特定對象或自己所賞識的特定人士的特徵，整合到個人行爲和信仰的一種防禦機制。

一些觀衆觀看偶像劇、綜藝節目或使用媒體內容，不自覺欣賞、嚮往、認同特定人物的裝扮、言行舉止，且將對方的生活經驗與反應，套用於個人生活方式中。

也有一些內向投射出自巧合，彼此正好有些許共同經驗或興趣嗜好，甚至特殊的共同經歷，逐漸參考、模仿對方的應對進退模式，自我預言可能有的相似發展，也是內向投射的樣態。

認同攻擊者（identification with the aggressor）

安娜·弗洛伊德將之視爲一種內向投射的防禦機制。即對自己所恐懼的人或對象的行爲進行模仿和學習，使個人在心理上感到自己就

是那個令人有壓力的人或對象，以此來降低自己的恐懼心理。

認同攻擊者的主因來自對方擁有特定權力或影響力，可以左右個人的生存方式。例如一些學生不自覺認同要求嚴格的老師，或人們不自覺認同其他嚴厲且冷酷的伙伴，希望獲取對方的青睞，降低壓力與恐懼。

隔離（isolation）

爲一種典型的強迫性官能症。亦即人們將社會所無法接受的衝動或慾望在意識中保留、按捺，同時也輕忽、剝奪了個人的眞實感受、感官和認知，達成一種理智型情緒隔離，規避可能引發精神上的不自在。

當人們在關係上產生巨變，如喪失親人，或與異性朋友分手，或突然被迫離職，有時會採取暫時隔離的方式，調整個人情緒，也規避周遭人士過度關切所引發的困擾。

抵消（undoing）

是指以象徵性的動作或儀式，處理因應一些令人無法接受或不愉快的經驗，藉此抵消其中可能造成的心理不安。

例如當人們溝通不良或有誤解時，其中一方可能以請另一方吃飯或送禮等方式示好，藉此表達希望雙方盡釋前嫌，重新修好。

榮格分析心理學

榮格（Carl Jung, 1985-1961）的人格理論，最主要是針對弗洛伊德理論中五種理念的批評與修正。榮格在他的分析理論中提出五大論點（Rogers, 1961）：

自我的功能

榮格所指的自我，不是從原始性本我分化出來，也不是夾在本我與超我之間產生作用。自我有其獨立性、連續性和統合性；此三種特性是個體自幼在生活經驗中逐漸發展而形成的。自我之內雖然也有意識與潛意識之分，但兩者並不是衝突而是調和的。一個自我發展正常的人，也就是人格健康的人。

以時下風行的「臉書」（Facebook）為例，「臉書」可自行決定是否加入朋友之列，也可以自主選擇發言，留言後所連結的親友團也陸續參與討論，不需要因為長幼有序、男尊女卑等社會習俗，而無法發言。

這種讓使用者有些自主，可暢所欲言的園地，雖然仍有需要留心的原則，但對於嘗試展現自我、探索自我、建立自我，有其一定價值。

自我潛意識

個體的自我發展，有兩個本源；其中之一即為個人潛意識，其與弗洛伊德理論所指相同，有的是從意識境界中被壓抑下去而不復記憶者，有的是出自本我而強度不夠，不為個體所知覺。無論屬於何種情形，潛意識的不愉快經驗，積壓多了就會形成情結。

網際網路資訊繽紛多樣，各式創意和言論展現遍布其中，當使用者經自主點選觀看其中內容，這一階段有某種程度的自主性；然而，一旦佇足特定網頁，聲光俱佳的快節奏，在抓住使用者目光的同時，使用者也不自覺地逐漸被動接收其中訊息，這時網路內容便有一定的主宰影響。

一些暴力內容與平日生活經驗未必相符，在大量進入使用者眼瞼的過程中，使用者稍不留神便不自覺被動照單全收。日復一日，這些訊息就像涵化理論所言，達成潛移默化、滴水穿石的效果，潛伏於閱聽人的潛意識中。

集體潛意識

自我發展的另一本源，被定義爲集體潛意識。其不屬於個人所有，是人類在種族演化過程中，長期留下的一種普遍存在的原始心像與觀念。榮格稱此種原始心像與觀念爲原型（archetype）。原型代代相傳，成爲人類累積的經驗，此類種族性的經驗，留存在同族人的潛意識中，成爲每一個體人格結構的基礎。

集體潛意識受到歷代遺傳、傳承的影響，例如在襁褓階段，已經知道喜、怒、哀、樂的表達，知道如何傳遞個人需要飲食、降低身體不舒適、趨吉避凶；當感到飢餓或不適，嬰兒便發出聲音，如果沒有被理會，則會放大聲量，用哭鬧傳遞等。

人格內動力

榮格將人格結構視爲由很多兩極相對的內動力所形成，諸如意識與前意識相對、昇華與壓抑相對、理性與非理性相對、個性內向與個性外向相對。既有相對，自然就會產生緊張、不安定、不平衡的情形。此即榮格人格結構的內在動力觀念。人格結構內相對力量係來自慾力，慾力促動的結果，自然會使個體人格結構中有失衡。在兩性相對的很多人格傾向中，榮格特別重視內向與外向兩極相對的性格傾向。

例如一些創新與發明，往往基於需要不被滿足，因而激發人企圖

改革或改變的動力。又如華人所說的「激將法」，便是利用人性不服輸，或不服氣的好勝心或意志力，相對由危機激發為轉機，或反敗為勝。也因跨越階段性壓力產生的內動力，當事人克服挑戰的毅力與韌性增強。

當然，如果當事人的壓抑或負向力量過強而無法昇華，則可能自我放棄或自我壓抑。所謂「做父母的不要惹子女的氣，以免他們失了志氣」，即一切家長要求超過孩子內動力調整的極限，形成緊張過度，反生負面效應，導致自暴自棄。

人格的發展

榮格認為，人格發展是連續化、統合化、個別化的成長歷程，在成長發展歷程中，最重要的是將兩極相對的內在動力，逐漸趨於調和，並偏向較成熟的一方；個體發展由內在的兩極相對達到兩種融合的地步，即表示人格發展已臻於成熟。榮格認為，人格發展臻於成熟的年齡，不在兒童期與青年期，而在三十歲以後的成年期。

三十歲成年階段，人們對於外在刺激或壓力的適應，較青春期圓熟，內在動力不再像過往那般激烈；同時，也因為逐漸認識自我，較能分辨個人特質與所擅長。更重要的是，也懂得如何選擇，或拒絕，以致對於外在人事物的訊息改變，承受度與抗壓性較青春期高，從衆或隨之起舞的外在牽引力，比過往降低，身心狀態一般而言，相對沈穩、圓融。

自我概念的演變及審視

已故哥倫比亞大學心理系講師賴基（Prescott Lecky, 1951）提出「自我一致論」（self-consistency theory），主張個人對自己的看法往往形成一致的態度，是人類行爲的主要驅動力。雷宓（V. C. Raimy, 1948）介紹諮商訪談過程自我概念的測量方式，並指出心理治療是改變個人自我概念的基礎過程。

榮格提出建立自我的助人系統，並以爲自我是人格和個人調適的核心。他形容自我爲社會的產物，發展自人際關係與力求一致性。榮格主張，人們有一基本需求，即主動在他人與自我之間尋求平衡。他相信每個人都趨向需要在一個被接納、鼓勵的環境中，自我實現與發展（Purkey & Schmidt, 1996）。

自我概念理論風行於1970年代與1980年代間，近年則逐漸被人本教育所取代。派特森（Patterson, 1961）從個體心理學的角度說明原因有四：

1.一些遊戲技術逐漸由業餘人士提供。
2.教育領域開始關注「回到基礎」，關心啓發學生在邁向學術卓越的情感需求。
3.一些諮商人員和老師對於價值澄清教案的錯誤選擇，導致公衆反對在校園介紹價值觀的任何嘗試。
4.最強烈的是反對人士排斥從過於世俗化人本主義的角度，引導學生發展。

社會大衆與專業人士最近察覺到自我概念的重要性，特別當面對學生酗酒、吸毒、中輟、家庭功能失調等問題。例如一些認知學派的

研究提出（McAdam, 1986; Ryan, Short & Weed, 1986; Hardy, 2006），負面自我對話與思考，對於個人和世界會產生破壞力，正向目標導向自我對話則形成一定的動力。

自我概念在人們生命經驗中，或成功，或失意，多少與其生活圈和人際關係密切相關。心理諮商專家會從以下三個角度審視自我概念：

1. **自我概念是學習得來的**：人們建立自我概念的過程，會由生活周遭人、事、物的觀察、從重要他人的影響中，經歷或習得各式角色扮演，這些碰觸過程提供我們認識自己、挑戰自己、調整自己、形塑與建立自我的養分，有正向的，也有負向的。
2. **自我概念是整合形成的**：自我概念除由學習而來，也因應我們與他人的互動、實踐自我中整合組成。往往有時候人們主觀以為自己的人格特質，會在和他人相處中重新檢視，由他我中重新認識眞實的自己。
3. **自我概念是有機變動的**：在生活環境的變化中不斷因應、調適、磨合而成，人們無法離群索居，自我概念也在個人和生態互動過程中，形成修飾、改變，或激發自我實現。有機變動所帶來的階段性影響，正反兼具。

數位時代自我意像

根據「台灣民衆數位音訊服務DAB需求與自我意像探討」報告（黃葳威，2006）發現，台灣民衆的自我意像，偏重外貌導向及成就導向的自我意像，社會導向的自我意像相對略低（**表2-1**）：

表2-1　台灣民眾自我意像分布

	不一定		非常不同意		不同意		同意		非常同意		總計	
	樣本數	百分比	樣本數	百分比	樣本數	百分比	樣本數	百分比	樣本數	百分比	樣本數	百分比
好看對我來說很重要	235	21.34	18	1.63	300	27.25	454	41.24	94	8.54	1101	100.00
我的外貌對我來說很重要	238	21.62	17	1.54	277	25.16	467	42.42	102	9.26	1101	100.00
我很關心自己的外表	185	16.80	12	1.09	215	19.53	588	53.41	101	9.17	1101	100.00
我需要他人看到我的成就	174	15.80	28	2.54	268	24.34	545	49.50	86	7.81	1101	100.00
我的成就需要他人來評斷	203	18.44	74	6.72	441	40.05	350	31.79	33	3.00	1101	100.00
在專業成就上超越同一輩分的人很重要	190	17.26	26	2.36	187	16.98	533	48.41	165	14.99	1101	100.00
其他人希望像我一樣的成功	262	23.80	26	2.36	349	31.70	414	37.60	50	4.54	1101	100.00
我重視自己專業的表現	96	8.72	6	0.54	104	9.45	668	60.67	227	20.62	1101	100.00
人們會忌妒我有好的外貌	259	23.52	48	4.36	576	52.32	193	17.53	25	2.27	1101	100.00
我的身材非常吸引人	241	21.89	8	0.73	573	52.04	258	23.43	21	1.91	1101	100.00
人們會注意我是否具吸引力	289	26.25	24	2.18	373	33.88	382	34.70	33	3.00	1101	100.00
我是在專業上表現成功的代表之一	262	23.80	26	2.36	349	31.70	414	37.60	50	4.54	1101	100.00

外貌導向自我意像

外貌導向意味著看重外表，例如好看對我來說很重要、我的外貌對我來說很重要、我很關心自己的外表。

台灣民眾多半重視外貌導向自我意像，六成以上台灣民眾同意或非常同意「我很關心自己的外表」的陳述；五成以上台灣民眾同意或非常同意「我的外貌對我來說很重要」；近五成台灣民眾同意或非常同意「好看對我來說很重要」。

成就導向自我意像

成就導向表示比較重視個人成就感的建立，像是我需要他人看到我的成就、我的成就需要他人來評斷、在專業成就上超越同一輩分的人很重要、其他人希望像我一樣的成功、我重視自己專業的表現。

分析台灣民眾的成就導向自我意像，八成多台灣民眾同意或非常同意「我重視自己專業的表現」的陳述；六成多台灣民眾同意或非常同意「在專業成就上超越同一輩分的人很重要」；近六成台灣民眾同意或非常同意「我需要他人看到我的成就」；近六成台灣民眾同意或非常同意「我的成就需要他人來評斷」。

社會導向自我意像

社會導向自我意像代表重視他人如何看自己，包括人們會忌妒我有好的外貌、我的身材非常吸引人、人們會注意我是否具吸引力、我是在專業上表現成功的代表之一。

普遍來看，台灣民眾的社會導向自我意像較低。例如四成多台灣民眾同意或非常同意「其他人希望像我一樣的成功」的陳述；四成二的台灣民眾同意或非常同意「我是在專業上表現成功的代表之一」；五成六的受訪民眾不同意或非常不同意「人們會忌妒我有好的外貌」；五成以上表示不同意或非常不同意「我的身材非常吸引人」；三成七的台灣民眾同意或非常同意「人們會注意我是否具吸引力」。

由此可見，台灣民眾比較重視個人的外貌及專業表現，一方面以自我期許或自我要求為基礎，也在乎旁人或社會的期待與眼光。不過，謙虛爲懷、不自滿，以及維持低調，也成爲台灣民眾自我意像的一面。這多少接近華人傳統以來維繫的勤奮上進、鍥而不捨的觀念。

追溯台灣民眾自我意像的形塑，進一步分析證實（黃葳威，2006），性別會影響受訪者對外貌導向自我意像的陳述，台灣女性較男性注重外表；在成就導向或社會導向自我意像方面，則沒有差異；這顯示台灣民眾在社會我的部分男女沒有差別。台灣民眾的年齡大小，不會造成自我意像的差異。從台灣近年不乏美容瘦身廣告，或類似產品的資訊性節目不難理解，台灣女性在外貌導向自我意像的重視高於男性。

台灣民眾的學歷高低，會影響社會導向自我意象的形成。相對於中等學歷的民眾，台灣民眾中教育程度較高者，對於個人生涯與表現的企圖心較高，像是教育程度爲研究所以上的民眾，就較高中學歷者重視他人對個人的看法。

而台灣民眾職業的不同，也對自我意像的重視程度有差別。其中以企管人員最重視成就導向，家庭管理較不重視成就導向，其中軍公教、企管人員、專業人員、技術員、無業、學生重視成就導向的程度都顯著高於家庭管理人員。

在重視管理的當代社會，績效與成就指標往往成爲衡量進步與否的參考，雖然這樣的評估方式有待商榷，也備受質疑，卻一再衝擊及主導台灣社會組織或企業，乃至學校學習的評鑑思維。如此看來，從事企業管理相關行業的民眾，其最重視成就導向自我意像的表現，其來有自。

結語

將上述主張用以關照數位時代的網路族，不難發現大量以網路爲生活重心的人，的確可以由網路習得自我概念。

自我概念不免受到童年經驗的影響，也是一種隨個別經驗發展的社會產物，可左右人們發展與自我實現。以性別角色扮演與性別氣質爲例，如果過度以網路世界爲生活重心，在眞實生活尚未體驗的經驗，網路的片面之詞或浮光掠影，網路上爆紅的一些影片，其中人物的穿著、裝扮、言行舉止，經由分享、討論，往往在參考經驗中成爲習慣比照的版本或印象。

隨著數位時代的來臨，即時互動的網路介面，透過電腦、手機和使用者進行近距離、貼身的相處。

數位科技和現代人的相處密度，從生活、工作、學習、休閒等樣態可見一斑。數位科技形同人們的貼身伙伴。

一旦網路世界成爲現代人自我系統（self-system）的核心，人們對自己的理想、信念、情感與態度的總和，也即個人對自己的整體看法。如同Dusek（1996）主張：自我概念是我們看待自己的方法，以及我們形容自己的方式。那麼，網際網路也成爲現代人看待自己的途徑，或表現自己的管道。

問題與討論

1.請舉例陳述本我、自我與超我的差異？

2.請問弗洛伊德提出的人格發展理論有哪些主張？

3.請舉例說明人們會出現的心理防衛機制有哪些？

4.請問自我概念如何形成？試舉例說明。

第三章
數位時代情緒管理

- 前言
- 線上遊戲
- 情緒與個人傳播
- 疑慮消除策略
- 情緒調整內涵
- 社會文化與情緒調整
- 案例分析討論

「你要保守你心，勝過保守一切，因為一生的果效，是由心發出。」（箴言4: 23）

前言

玩過商店或賣場的夾娃娃機嗎？早期的電玩遊戲機便是在市集餐飲店開始的。

當時以投幣方式一次玩三回合；之後，電視遊樂器當家，家中安裝了遊樂器，不再擔心零錢不夠！除了小孩、大人，連爺爺奶奶也可和家人一起比賽過關。

電腦遊戲盛行後，電玩遊戲似乎成為青少兒、年輕人的專屬休閒活動；年長者一起打怪的情形也有，但仍是年輕人的天下。

自從任天堂推出Wii以來，過去電視遊樂器全家參與的盛況再現。

而微軟（Microsoft）Xbox 360的Kinect體感電玩，日前在紐約正式上市。這款遊戲藉由3D立體攝影機與動態辨識軟體，讓玩家用身體自然動作與語音指令取代搖桿，盛況不下於2006年日本任天堂（Nintendo Co.）推出的體感電玩主機Wii（許雅筑，2010）。

自從網際網路興起，人們得以享受上網的樂趣與便利，舉凡瀏覽新聞、組織讀書會、部落格創作、搜尋各國經典、與人聊天聯絡，或閱聽接收網路影音內容，隨著上網人口數量漸增、年齡漸低的趨勢，上網早已成為現代人日常生活的一部分。

然而，部分使用者上網行為與眞實生活作息發生「衝突」，令人憂心！

媒體報導（李宗祐，2010），嘉義縣太保市一名家中經營瓦斯行的男子，因沉迷網咖，不認眞工作，母親叫他出門送瓦斯，不爽母親

數落，兩人口角，竟持蝴蝶刀砍殺母親的背肩部九刀，幸好家人及時發現，送醫並報警，才保住性命。警訊後兒子依中華民國刑法第272條「殺直系血親尊親屬罪」移送法辦。

根據財團法人台灣網路資訊中心公布的2010年「台灣寬頻網路使用調查」報告，截至2010年2月12日爲止，台灣地區上網人口約有1,622萬，共計有16,217,009人曾上網，比2009年1,582萬人，增加約40萬人。

調查顯示，十二歲以上且曾經有上網的受訪者中，有玩過線上遊戲之比例爲50.28%，三十四歲以下的各年齡層是線上遊戲的主要使用族群，三十四歲以下各年齡層有玩過線上遊戲之比例介於57.77%至90.91%之間，其中以十二至十九歲使用者比例83.08%至90.91%最高。

根據「2010台灣青少兒上網安全長期觀察報告」（黃葳威，2010）顯示，台灣八到十八歲青少兒在學學生，約90%是在家中上網，46.5%最常獨自上網，其次與兄弟姊妹一同上網占27.5%。青少兒以玩線上遊戲爲主，占20.3%；其次是使用即時通訊，占16.8%；再者是查詢資料，占15.7%。

這項由政大和白絲帶關懷協會公布的報告指出，台灣八到十八歲學生，每週上網時間二十四小時，每週運動時間低於十小時，顯示上網成爲e世代青少兒重要的人際互動管道。

網路使用者在網路可以發展出新的互動關係，不論是在電子布告欄系統（bulletin board system, BBS）上建立新的人際關係，或是透過連線與他們的朋友聯繫，他們將電腦視爲一個社區，也將電腦當作社會關係的基礎（Howard & Jones, 2004; Waktins, 2009）。

一旦有較長時間的接觸，如資訊互換行爲，網路社群間的成員就可以發展出良好的互動關係，彼此間的情感、信任感等都會增加（Chidambaram, 1996; Watkins, 2009）。

如此看來，數位網路也如同人的延伸與代理，人類一方面參與使用數位網路，一方面心理會發生微妙的影響，這種影響並非如我們所想像的急遽變化，而是潛移默化的，情緒調整便是其中一種過程。

情緒調整係一種隨著外在訊息刺激與內在心理表徵（mental representation）形成機制與反應的過程（Ochsner & Gross, 2005）。文獻指出（Eisenberg & Moore, 1997; Losoya, Eisenberg, & Fabes, 1998），情緒管理或調適能力對於人格發展與社會功能有重要影響。

情緒調整或管理涉及每個人的情感產生的機制，像是行為、經驗與生理反應系統（Cacioppio, 2000）。情緒調整能力的形塑，可透過直接或間接的社會化歷程習得（Watkins, 2009；江文慈，2004）。如果線上遊戲成為青少年生活的一部分，線上遊戲對於高中生情緒調整的影響如何？本章將進行探索。

線上遊戲

線上遊戲是指經由上網連線玩的電玩遊戲，也就是網路遊戲。線上遊戲初始於1970年末的「泥巴」（multi-user dungeon or dimension, MUD）、「多人地下城堡」，由英國艾賽克斯大學學生杜布宵（Roy Trubshaw）所創造的冒險性遊戲，是一種文字化的線上遊戲。

當時MUD是「多人地下城堡」（ multi-user dungeon ）、「多人世界」（multi-user dungeon dimension）或「多人對話」（ multi-user dialogue）的簡稱；也就是一個存在於網路、多人參與、使用者可擴張的虛擬實境，其介面是以文字為主（陳怡安，2003）。

發展至今，線上遊戲的操作介面可包含文字、圖像、聲音、流動影音等；如同一種電腦軟體系統，可供多名使用者（玩家）同時進入系統中去探險，每個進入的玩家可以扮演或控制一個角色，透過這個

角色，玩家可以在系統中任意遊走探險，也可以與其他玩家對話與交往，經由頻繁互動，一同作戰或交談，產生社群的連結，進而發展出一個新的層級式社會結構。

線上遊戲發展之初以大衆爲訴求，目前呈現分衆化取向，有針對男性、女性、輕重玩家，或不同年齡層設計。

根據台北市電腦公會及巴哈姆特線上遊戲的分類，大致分爲九種：

1.**動作**：顧名思義，著重操作介面的展現，如龍之谷、黑貓Online。

2.**角色扮演**：其以劇情發展搭配過關升級，如魔獸世界、瑪奇、赤壁。

3.**射擊**：這類遊戲文本人物都會使用槍、砲、彈、火箭，時空背景以現代居多，但也有以動畫呈現的畫面，如反恐行動、戰鬥領域、天生槍手。

4.**競速**：注重玩家的競爭與速度感，如跑跑卡丁車、海洋騎士團、光速城市。

5.**冒險**：以滿足玩家冒險犯難的刺激與緊張感爲訴求，如萬歲戰士、名將三國、英勇戰記。

6.**策略模擬**：除一般線上遊戲的娛樂效果，也提供玩家思考、建構如何與他人合作、規劃的想像空間，如三國策、幸福五角、黃金牧場。

7.**益智**：大致以下棋、玩撲克牌等居多，但目前遊戲業者嘗試將含機率計算的部分博奕類遊戲歸爲益智，這點是否涉及運氣或賭博等仍有爭議與討論空間，如寶石幻想、麻將學園、水果星球。

8.**運動**：遊戲以虛擬各式運動爲主，如高爾夫之星、勁爆籃球、熱力排球。

9.音樂：目前業者將舞蹈歸類爲音樂類，如勁舞團、唯舞獨尊。

線上遊戲的情節文本，或著重一般人熟悉的生活經驗，或穿鑿附會歷史典故，甚至科幻想像時空，兼顧不同訴求對象，而偏重冒險刺激、輕鬆休閒、緊張感或耐玩度等。

線上遊戲特色

線上遊戲對於玩家而言，其重要性不僅僅是娛樂休閒而已，還有許多吸引玩家之處，諸如角色扮演、社會層級、虛擬社群、遠距臨場感，以及即時多人互動的特色。

角色扮演：線上面具

角色扮演遊戲（role-playing game, RPG）是在遊戲中，玩家扮演虛擬世界中的一個或各式角色，在特定場景回合下進行遊戲。自心理學家莫雷諾（J. D. Moreno）於西元1920年創設心理劇後，角色扮演也就成爲團體輔導、諮商，以及教學上的重要技術（吳秀碧，2001）。角色扮演可提供個人學習角色扮演的機會，使個人能設身處地去扮演一個在實際生活中不屬於自己的角色。

身分實驗室

每個人都可以在線上扮演著各式角色，裝扮成與現實生活完全不同的自我。

心理劇場

可以具體表現出玩家心理狀態的反應，並可透過不斷的演練，而學得更多的角色模式，以便自己在應對各種環境時，更具有彈性。

自我認定的重建以及理想我的追尋

玩線上遊戲透過闖關、升級或更換角色，提供玩家無限的可能，玩家在遊戲過程也可體會某些程度的主權；更重要的是，一旦失誤，可以不斷重來，這與眞實生活只有一次的考試或特定人生經驗迥然有別。

社會層級

玩家可以在系統中任意遊走探險，也可以與其他玩家對話與交往，經由頻繁的互動，一同作戰或交談，產生社群的連結，進而發展出一個新的層級式社會結構。

虛擬社群

線上遊戲的「社群效果」與人際互動，玩家與玩家之間，關係是既競爭又聯合，彼此的人際互動與社群發展非常的密切。藉由線上遊戲，產生了強而有力的虛擬社群。

遠距臨場感

藉由線上遊戲的眞實臨場感，讓每位玩家都能夠藉由遠距模式，模擬戰鬥，或參與模擬遊戲情節。

即時多人互動性

由於線上遊戲可以同時提供數以千萬計的玩家同時參與遊戲，其進行方式是一種即時且多人互動的模式。

情緒與個人傳播

經過車站或擁擠的街頭，人們摩肩擦踵穿梭，每個人都忙著走到他的目的地，偶爾也聽到有人因他人碰撞而開罵，甚至起了爭執。

爲何有些人的情緒反應明顯？有些人卻若無其事呢？

又好像天氣轉入溼冷，有人以爲充滿詩意，有人則感到悲觀，想法負面，甚至罹患憂鬱症。

情緒

情緒到底是什麼？爲何自古至今，情緒影響許多人的生命經歷，嚴重甚或朝代的更迭。

以下將從狀態、智能、起因、反應及個人等取向審視情緒。

1. **狀態取向**：心理學者約翰．杜瑞斯基（John Dworetzky, 1985）認爲情緒是一種複雜的感受狀態，包括意識的經驗、內在明顯的生理反應，以及促進或抑制的動機性行爲傾向。
2. **智能取向**：哈佛大學教授丹尼爾．高曼（Daniel Goleman），在其著作《情緒智商》（*Emotional Intelligence*）一書中，以emotional intelligence （簡稱EQ）代表情緒智商，包含提高自覺能力（self-awareness）、有效處理情緒低潮 （mood management）、在逆境中維持樂觀與毅力（self-motivation）、培養同理心（empathy）、建立良好的人際關係 （people skills）等五大能力。
3. **起因取向**：情緒是個體受到某種刺激所產生的一種身心激動狀

態，情緒狀態發生雖爲個體所體驗，但對其所引起的生理變化與行爲反應，卻不易爲個體本身控制，故對個體的生活產生極大的影響。由美國心理家詹姆斯（Williams James）採丹麥生理學家藍吉（Carl Lange）的觀點，認爲情緒起於三個連續發生的因素：(1)影響個體的刺激；(2)因刺激而引起生理動作或反應；(3)因爲生理反應而導致的情緒（張春興，1995）。

4.**反應取向**：美國生理學家坎農氏（W. B. Canon）與其弟子巴德（Philip Bard）。由坎農先於1927年提出對詹藍二氏論在理論上的質疑，後經巴德於1938年加以實驗驗證，主張情緒是一種應急反應，這種反應使身體指向需要源，以便應付這種應急。坎農把下視丘（hypothalamus）定義爲情緒行動。

5.**個人取向**：每個人的承受度不同，斯辛（Schachter-Singer）二氏解釋情緒乃是由個人對刺激情境與身體變化認知而產生的，斯辛二氏情緒論亦稱情緒二因論。情緒是指個體所經歷的事物所產生的自我指示情感（self-referential feelings）（Van Maanen & Kunda, 1989），通常是指一種個人的、主觀的情感（Strongman, 1987），可以作爲心理康適及愉快狀態的指標（Rafaeli & Sutoon, 1987）。

社會學者侯柴德（Arlie Russell Hochschild, 1983）認爲情緒（emotion）與情感（feeling）的觀念是可以互通的（徐瑞珠，1992）；許多心理學家對情感與情緒不加區分，在同等意義上使用這兩個概念（袁之琦、游恒山，1990）。

情緒體驗則爲個人在主觀上所感受到、意識到的情緒狀態（Strongman, 1987），爲個人知覺到自己的情緒片段（Russell & Snodgrass, 1987）。面對情緒最好的方法就是敢於去面對，將之轉換成最好的方式，稱之情緒智商。

情緒是一個複雜的想法，例如：對現有的工作不感興趣？因為生長背景有不同的痛苦來源，如果能夠經過一個調整，情緒就會調整下來。

每個人的承受度不同，有時候付諸行動與原來想法以及情緒成為等邊三條，光有想法去行動也會出現一個尷尬的危險性，你覺得這種人是對的多，還是錯的多？真的有一種人完全無情緒，從出生就少了跟人接觸這塊，稱之為亞斯伯格症（Asperger syndrome）。

又如與他人溝通，當面對情緒激動的一方，要去聽得懂對方情緒的部分，才可以緩緩地讓人平靜下來，回應給別人的就是同理心。

個人傳播

俗話說：話不投機半句多。對於彼此有默契的人，透過察言觀色，便可覺察對方當下的情緒如何。

從個人傳播觀點審視，情緒是一種涉及主觀經歷、行為與生理機能改變的多面向現象（Mauss, Bunge, & Gross, 2007）。

夏農與韋伯（Shannon & Weaver, 1949）認為，傳播包括每個能夠影響他人心意的程序，牽涉的範疇有寫作、演講、音樂、戲劇等；事實上，所有的人類行為皆可視為傳播。

關於人際傳播的概念取向，大致有以下兩方面：它可被定義為兩人與多人間的互動（McKay & Gaw, 1975），或兩人之間面對面的接觸（Reardon & Rogers, 1988）。李爾登與羅傑斯（Reardon & Rogers, 1988）將人際傳播限制為兩人之間面對面的傳播。馬凱等（McKay & Gaw, 1975）學者將小組傳播視為人際傳播的一種，他們不認為面對面是人際傳播的必要條件。

面對面接觸是直接的個人接觸，它需要接觸雙方處同一環境且可看到彼此的肢體語言。間接接觸則不然，溝通雙方可藉由電話、電

子書信、傳眞機、留言等進行接觸。間接接觸可能成爲間接的「面對面」接觸，譬如經由電子會議、影像通話，但溝通雙方只能以有限的「肢體語言」進行互動。

人際傳播與大衆傳播在傳播的管道形式、訊息傳遞的潛在接收者數目、回饋的潛力等三種基礎有所區別（Reardon & Rogers, 1988; Huang, 2009）。李爾登等認爲人際傳播和大衆傳播不應該被區分，而應進行整合。

事實上，不同形式的傳播有時可同時並存。例如，任何形式的傳播都須經過個人傳播（intrapersonal communication），即個人本身製碼與譯碼的過程。個人情感與思考的過程，包含編碼（encoding）、儲存（storage）、回讀（retrieve），三者同時發生（Lang, 2006）。個人傳播也被視爲內在傳播，形同個人內在思維與情感調適。

疑慮消除策略

當人們置身於陌生環境，往往需要一段適應時間，這段從陌生漸轉熟悉的適應過程，便稱爲疑慮消除。

疑慮消除理論原屬於人際傳播的理論範疇，來自資訊學說中傳遞者和接收者的概念（Shannon & Weaver, 1949），由伯格與凱樂伯斯（Berger & Calabrese, 1975）提出，後經顧棣剛等許多跨文化和語藝傳播學者（Berger, 1995; Gudykunst & Hammer, 1988; Gudykunst, 2004）延伸擴大驗證。

個體爲了適應一個不同情境或不同的人際關係，會嘗試消除各方面的疑慮、不安或不確定感。伯格（Berger, 1987）同時強調，人們交換訊息的質比量對疑慮消除與否，有更大的影響。心理學者Caston和Mauss（2009）以爲，人們面對壓力時會產生不確定感，情緒調整的過程可以降低壓力所帶來的疑慮。

疑慮消除（即知識獲取或資訊尋求）策略先後由伯格等學者（Berger, 1987, 1988, 1995; Berger & Bradac, 1982; Gudykunst & Hammer, 1988）驗證發展而來。他們提出三種個體消除疑慮的策略：被動（消極）、主動（積極）與互動。

被動策略的研究取向有：(1)不打擾的觀察對方（Berger, 1988），即觀察所處情境人們的互動；(2)閱讀有關所處環境人們的書籍、觀賞相關電視及電影（Gudykunst & Hammer, 1988; Huang, 2002, 2009）。

主動策略的研究取向如下：(1)向其他同爲陌生人打聽對象（Berger, 1979, 1982, 1987; Gudykunst & Hammer, 1988）；(2)從第三團體間接獲知對象的相關資訊（Berger, 1995; Huang, 2002, 2009）。此種策略進行過程中，資訊尋求者與所尋求對象之間並無直接接觸。

互動策略的研究取向包括：(1)詰問、表達自我、分辨溝通眞僞；(2)資訊尋求者與對象面對面、直接的溝通。互動策略在本文中也包含間接的人際互動。

在直接面對面的互動策略方面，詰問係資訊尋求者直接詢問對象有關的問題；自我表達指向對方交換、透露個人自我的經驗；分辨溝通眞僞則牽涉到資訊尋求者，區別對象意見眞僞的能力（Berger & Bradac, 1982）。

正如同被動、主動策略的取向，互動策略也有直接、間接的方式。後者未必是面對面的接觸，例如資訊尋求者與所觀察對象可經由電話及電子書信互相溝通；線上遊戲的網友在連線上網時，也可彼此聯絡溝通。

當高中生面對與家人爭執，或因線上遊戲產生衝突時，國小高中生的情緒調整如何？

傳播學者史陶瑞（Storey, 1991）談及詰問與表達自我時，將詰問視爲一種尋求資訊的方式，自我表達則是提供資訊。

情緒或情感的研究關照個體「心理狀態」（psychological states）的心理研究，亦或個體「情感處理歷程」（affective processing）的社會心理學習或說服研究（Andersen & Guerrero, 1998）。心理學家Lang（2006）將人類的維持動機與保護動機分別概念化為「趨近系統」以及「避開系統」，長期且固定的系統驅動模式會累積成經驗，這些即形成情緒（emotion）。情緒的存在與意義，是個體與其社會情境網絡互動建構而成。

情感的產生在於個體嘗試且評估達到與其目標相關的一種狀態或情境（Gross & Thompson, 2007）。情緒調整係一種隨著外在訊息刺激與內在心理表徵（mental representation）形成機制與反應的過程（Ochsner & Gross, 2005）。情緒調整來自有意或無意改變情感的回應，包括釐清狀態、覺察、評估、主觀經歷、行為及生理機能（Bargh & Williams, 2007; Gross & Thompson, 2007）。

情緒調整不僅是個體用來監控、評估和修正個人情緒的能力，情緒調整也是個體用來面對情緒情境有效管理與控制的歷程。透過情緒調整的歷程，可以使個體能以社會所允許的方式，緩和個體的自身情緒，並達成個人目的。

情緒調整的主要目的在於處理負向的情緒，避免造成不良的情緒結果。Gross和Thompson（2007）認為：情緒調整就是個體透過運用替代、轉換、減弱、抑制等方式處理自我負向情緒，以達成個人目標的內、外在歷程。亦即透過情緒調整策略的運用，使個體在面對困難或挫折情境時，能有效的調和本身主觀的經驗與行為，並且在社會規範中達成良好的適應。

 情緒調整內涵

情緒不佳時，我們會做什麼？有人會透過運動、看小說、散步、找人聊天、大聲吼叫或哭一場等方式來排遣情緒。當然，不少人會從看電視或上網，轉換心情。

當煩人的情境一再重複出現，我們能夠從中記取經驗嗎？還是以不變應萬變，重複進行同樣幾近失控的模式？

對於熱中線上遊戲的玩家，當其被迫離線時，情緒如何調整？是否都向社會新聞中出現的損人、傷己方式呢？

情緒調整是個體對內、外在情境的主客觀條件進行評估後，對情緒加以控制、修正，進而能在情緒產生的過程，做出適切反應的心理歷程。心理學者將情緒調整分為成就（achievement）與過程（process）兩個取向（Lazarus, 1999；陳世芳，2001）：

視情緒調整為成就

當情緒調整成為成就取向，其調整可分成三種方式：

消極的

消極的情緒調整將「好」的調整視為對不良的結果的規避。這種調整方式主張，一個良好的情緒調整者，必須接受符合其所處社會文化的機制，不能脫離社會規範。

積極的

積極的情緒調整重視努力與成效，未必顧及可能產生的壓力現象或症狀為何。其主要論點在於：壓力是健康正常生活的一部分。情緒

調整的目的既要滿足個人心理需求，也要符合社會他者的要求，以達到心理與行為的協調和平衡。

統計性的

統計性的調整則是客觀評估在調整之後會得到多少的支持與時間，而不是依據價值判斷做決定。在此觀點中，行為規範是依據客觀對照其他個人可測量的調整行為所做的判斷。

視情緒調整為過程

從歷程取向看情緒調整，個人的調整方式需要進行價值判斷選擇，每一項選擇是為針對需要調整的現象進行實用的決定，實用的決定則以「被理解的情緒調整歷程是什麼」為依據。過程取向所關注的焦點是：調整本身的過程，其中包括：探索個人的情緒調整如何呈現？有哪些影響情緒調整的條件？及任何特定的情緒調整方式所導致的結果。

當人們面臨威脅與挫折情境時，其處理情緒的方式（forms of coping），還可分為「直接行動導向」（direct-action tendencies）與「防衛性調整」（defensive adjustments）兩類（Lazarus, 1999；陳世芳，2001）。

直接行動導向

對抗傷害的準備狀態（preparing against harm）

面對外在危險，人們常會採取行動去消除或降低自身所處情境的威脅。隨著對威脅的評估，其判斷後所做成的行動，也關注到是否適合所對抗的危險。

對加害者進行反擊（attack on the agent of harm）

反擊是自我保護的常見方法。一個身陷危險的人，會考慮採取破壞、傷害、移動，以及抵抗他人或動物的方式，來使自身脫離險境。促使進行反擊的原因可能來自於生氣（anger），或是被誤導。

傷害的避免（avoidance of harm）

就如同反擊一般，避免傷害被發現是所有動物（包括人類）面臨威脅時的一種處理方式；因爲這是調整的基本形式。當一個威脅性的原因被認爲具有壓倒性的力量與危險時，如果沒有其他直接的方法或行動可以提供個體安全的保護，避免傷害及逃跑則是一種最直接的解決方式。

忽略或對傷害漠不關心（inaction or apathy toward harm）

忽略或無爲而治屬於消極的處理方式，即當人們面臨威脅情境時，對於改變或克服傷害表現出毫無能力與希望，或對傷害漠不關心。在面對被視爲無力改變的威脅情境時，個體可能無法以反擊或逃避方式來處理自己面臨的困難或障礙，相對的會採取無爲、漠不關心的態度面對所處困境。

防衛性調整

防禦機制與心理歷程中的意識有關。這種防禦方式透過心理的策略，來掩飾個人威脅的刺激。這些防禦方式包括：認同（identification）、取代（displacement）、壓抑（repression）、否認（denial）、反向作用（reaction formation or reversal）、投射（projection）以及理性思考（intellectualization）等。

社會文化與情緒調整

每個人情緒調整的方式，多少受到所處環境的影響。例如：來自時常溝通，甚至據理力爭成長背景的人，其情緒表達與調整方式，與來自於含蓄、壓抑背景的人，有所分別。

青少年階段的言行舉止，尤其易受到同儕的耳濡目染。當網路同儕關係已經和現實生活不相上下，甚或超越現實生活的經歷，網路同儕所處的氛圍與情境（線上遊戲打怪、闖關），便值得關注。

無論情緒調整屬於過程導向、成就導向，抑或個體遇到挫折威脅所採取的因應手段爲直接行動或防衛性的傾向，其最終目標，在於協助當事人達成其所認爲的心理與生理安全狀態。

學者還從反應導向或先前導向來探討情緒調整。反應導向意味著在情緒產生後進行情緒調整；先前導向則是在情緒未出現之前，進行情緒調整（江文慈，2004）。情緒調整能力的養成，可透過直接或間接的社會化歷程習得。

從社會文化層面觀察，不論反應導向、先前導向的情緒調整，都包含情緒過程（emotional process）、調整策略機制（regulatory mechanisms）、情感結果（affective consequences）。

以**圖3-1**爲例，先前導向情緒調整能力的情緒過程來自情境線索，情境線索有情境、覺察及辨識，並導致情緒反應。情緒反應諸如主觀經歷、行爲與生理機制。調整策略機制像是：情境選擇與調整、覺察力、評估調整，及是否產生認知或行爲調整。情感結果指是否減緩負面情緒或經歷調適後的生理反應，亦即產生的情緒調整效能。

參酌情緒調整與社會文化的文獻，均主張情緒調整能力與所處情境相關。學者薩霓（Saarni, 1999）在其著作《情緒能力的發展》（*The*

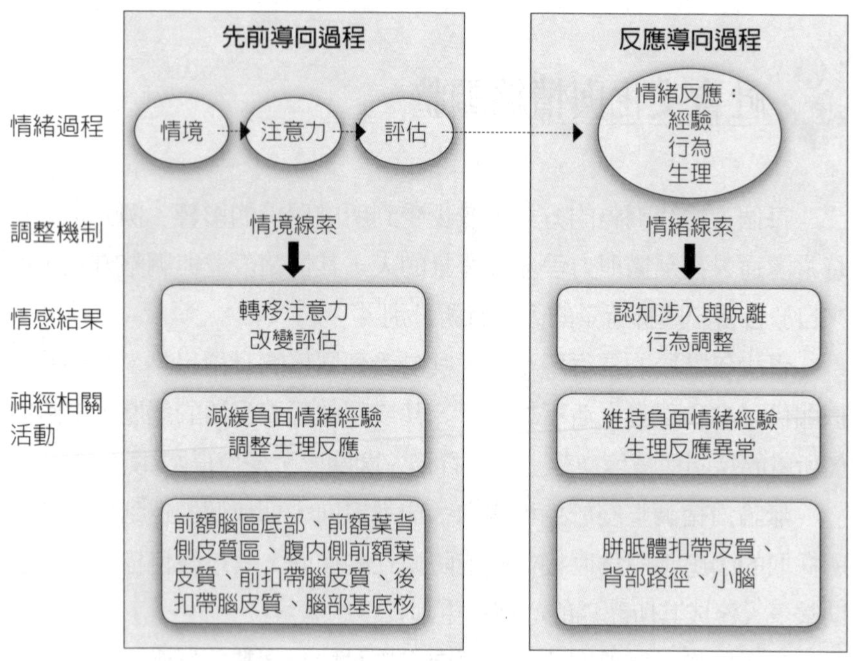

圖3-1　先前導向與反應導向情緒調整

資料來源：Mauss, I. B., Bunge, S. A., & Gross, J. J.（2007）；黃葳威（2009）。

Development of Emotional Competence）說明情緒調整所具備的情緒能力：

1.**情緒覺察**：隨著身心健康發展，個體有能力察覺個人情緒或潛意識情感，甚至未留意的情緒選擇。

2.**辨識外界情緒**：有能力參考情境發展、情緒表達的線索，理解周遭他人的情感意義。

3.**情緒知識**：有能力使用各種情緒語彙表達個人情緒，理解情境與個人角色的形成，也就是明白所處社會文化的情緒腳本。

4.**理解他人情緒**：具備同理心或可以明白他人情緒經驗的能力。

5.**情緒表達**：辨識出內在情緒經驗未必與外在表達行爲相同，明

白情緒外在表達形成的影響，選擇合宜的情緒表達策略。

6.**情緒調整策略**：察覺情境角色的個人情緒，使用調整策略機制，改善溝通情境。

7.**情緒溝通**：依據不同程度的情緒表達經驗，分辨人際間相處之道。

8.**情緒效能**：可以接納與省察個人的情緒經驗，具備處理情緒的能力。

傳播心理學者Andersen和Guerrero（1998）認為情緒是人類對外在環境的辨識與認知評估（appraisal）後的反應，且具兩種呈現的形式：情緒體驗（emotional experience）為外在刺激所激起的個體內在反應；情緒表達（emotional expression）則為伴隨情緒相繼產生的行為，如過度憤怒外顯於嘴角顫抖等。因此，情緒為生存適應法則（adaptation）下的機制。情緒經驗知識的累積反映人類演化（evolution）的經驗，情緒歷經社會化的過程，建立、維持個體與環境互動的關係。

情緒調整的目的之一，在於管理與調適問題情境及問題情境中伴隨而來的情緒。一項「情緒調整方式的因素與實例的調查表」（Folkman & Lazarus, 1988），說明個體面臨情緒時的調整方式：

1.**正視因應方式**（confrontive）：在心情低落時，能否找到情緒受干擾的主因。

2.**遠離**（distancing）：當察覺特定人事物會干擾我們的情緒，能否在情緒未被引爆前，先避開可能的起因。

3.**自我控制**（self-controlling）：是情緒控制我們？或我們控制情緒？

4.**尋求社會支持**（seeking social support）：是否可以從旁人或親友等途徑，發抒心情？

5.**接受責任**（accepting responsiblity）：情緒受干擾的當事人能否

面對困擾，進行調整。

6.逃避－迴避（escape-avoidance）：究竟是逃避問題？或避開困擾？

7.有計畫解決問題（planful problem solving）：當事人能否有條理地處理問題？

8.積極重新評估（positive reappraisal）：在解決問題後，能否記取教訓，作爲往後面對的參與模式。

整體來看，情緒調整歷程大致歸類爲（江文慈，2004）：情緒覺察與辨識、情緒反應表達、調整策略機制、情緒調整效能及情緒評估反省。

 案例分析討論

線上遊戲闖關的過程與結果，往往牽引著玩家的心思意念，情緒也隨之起伏。情緒是一種涉及主觀經歷、行爲與生理機能改變的多面向現象（Mauss, Bunge, & Gross, 2007）。情緒是一種個人內在傳播，其外顯方式涉及與他人的人際溝通；對於線上遊戲玩家而言，還涉及線上與線下生活的轉換與因應之道。

一項有關國小學童玩網路遊戲的情緒調整策略發現（黃葳威，2009），學童依賴線上遊戲的程度會影響其情緒調整策略，像是高度依賴線上遊戲學童的後設情緒表現，在面對由分擔家務引發的衝突所形成的情緒調整效能，比寶物被盜的情緒調整效能低。

至於高中生在面對家人衝突、被迫中止玩線上遊戲，以及線上遊戲寶物遺失情境中的情緒調整與人際互動反應，因人格發展與自我管理能力的培養，有所差異。

根據訪談七位高中職學生的分析發現，僅管情緒覺察的程度差異不大，高中生在與家人意見不同、被迫中止玩線上遊戲，或遊戲寶物被盜，的確會因為對所處環境與人際關係的認知不同或因依賴網路的程度，而採取各式人際溝通策略與情緒調整。

比較高中生在人際互動所採取的疑慮消除策略，當家長被青少年視為可溝通的對象時，青少年會嘗試以互動策略向家人溝通表達，唯一的女性受訪者最常使用互動策略。或許因研究對象為高中生且訪談以男性居多，結果有別於文獻主張：男性大學生比女性大學生在人際互動，更會採協調解決並說服對方的方式（方紫薇，2002）。

在被迫停止連線時，少數學生會嘗試以互動策略向家人溝通爭取。面對連線遊戲寶物被盜，少數男生傾向採取消極策略為多。這有別於國外相關發現，女性會以積極方式調整負面情緒（McRae, Ochsner, Mauss, Gabrieli, & Gross, 2008）。

高中生處理與家人面對面的衝突情境時，嘗試採取溝通、尋求支持情緒調整策略的學生居多。中度或重度上網的男學生較傾向以間接排遣或逃避隱忍方式處理負面情緒。高中生與家人意見不同時，多出現自我隔離，卻又期待家人的關心或安慰；高中生的生氣反應，意味著男生感受到被責備，需要家人給予尊重。

高中生深度訪談呈現，四位高度依賴線上遊戲的高中生，在面對與家人衝突時，皆會主動反省個人情緒，前提是家長也給予一定的寬容。這應證實驗研究文獻（方紫薇，2002），高度網路沉迷者在情緒調整方面，比低度網路沉迷者在生活中較採壓抑逃避。

被迫中止連線遊戲的高中生的情緒表達，女生傾向以外顯方式表達，男生則傾向以控制方式處理情緒。相較於與家人之間的衝突，男學生在被迫中止連線時，傾向自行排遣負面情緒；女學生則尋求手足協助。這呼應國小學生玩線上遊戲的情緒調整發現（黃葳威，2009）。

在進行與家人溝通衝突的情緒反省時，多數高中生希望以適切的反應與溝通，表達個人被誤解的感受。

當玩線上遊戲闖關到一半，被家人打斷中止連線，受訪高中生會在衝突發生後主動反省情緒，且抱持自己當時的處理是不適切的回應，其中有兩位希望家長先低頭。學生認爲，當在玩電玩過程中被迫中斷遊戲，是家長不夠體諒所致，因而採取相應不理的態度，繼續玩線上遊戲，而不是反省是否因爲受制於線上遊戲而與家人起衝突。

高中生玩線上遊戲遭遇寶物被盜，七位受訪者中有四位會主動進行個人情緒評估，他們不否認會有憤怒的情緒，也會怪罪家人、朋友或警察辦案不力；但經由事後評估反省，覺得沒那麼嚴重，便繼續玩。不過，除報警外，受訪高中生沒有其他積極方式，而是採取換玩新遊戲的因應之道。

兩位採取怪罪他人方式的高中生，分別屬中度或高度依賴線上遊戲者。由於寶物被盜的確損及個人權益，但高中生都不會向家長求助，頂多報警處理或換玩新遊戲。

多數受訪高中生在面對家人衝突時，後設情緒表現傾向記取經驗，將初始的反應導向，反省於先前導向情緒調整（Mauss, I. B., Bunge, S. A., & Gross, J. J., 2007），部分受訪高中生也覺察到家人的用心與立場。這表示高中生面對上述情境時，逐漸有能力參考情境發展、情緒表達的線索，理解周遭他人的情感意義；也有能力運用相關情緒知識（Saarni, 1999），理解情境與個人角色的形成，所處社會文化的情緒腳本。

然而，在玩連線遊戲被要求協助家務、或寶物被盜時，高中生的後設情緒表現相對薄弱。根據訪談意見，高中生的情緒調整策略在面對面溝通時，多以玩遊戲爲主要思考，並未顧及所處環境及周邊成員（如家人或被遷怒的他人）。參酌學者薩霓（Saarni, 1999）說明情緒調整所具備的情緒能力，其中在辨識外界情緒與理解他人情緒方面顯然不足。這與線上遊戲的其他玩家，皆透過虛擬空間互動有關，加上玩家注意力與情緒完全被遊戲情境占據，對於所處虛擬環境的辨識力，也存有不確定感和疑慮。

從疑慮消除策略角度觀察，高中生面對與家人的溝通失調、被迫中斷玩連線遊戲，會採取互動策略處理與家人的溝通；當遊戲寶物被盜，多數學生皆以被動策略處理與家人的互動。

整體來看，高中生在面臨面對面的人際衝突的疑慮消除策略以主動及互動策略居多；但互動的前提是當家人也抱持寬容方式時。反倒是當發生與連線遊戲使用的糾紛時，傾向個人面對處理，採取被動或主動策略（參見**表3-1**）。

呼應相關國小、國中玩家的情緒調整（黃葳威，2009，2010），高中生在人際面對面溝通的處理成熟度較高。在面對遊戲寶物被盜時，多數高中生玩家關注重點已不限於找回寶物或更改帳號密碼因應，而是選擇另起爐灶，相對也體認到遊戲寶物與實體生活有別。

站在遊戲玩家家人的角度，玩連線遊戲前的約法三章及先前溝通，誠屬必要，顯然比玩家正熱中於打怪時，再從旁或「曉以大義」或「溝通」協助家務，甚至產生爭執，來得有意義。

表3-1　高中生疑慮消除策略及後設情緒效能檢核表

疑慮消除策略	被動策略	主動策略	互動策略
與家人溝通失調		X	X
中斷連線協助家務		X	X
遊戲寶物被盜	X	X	
後設情緒效能	低情緒效能	中情緒效能	高情緒效能
與家人溝通失調		X	X
中斷連線協助家務		X	
遊戲寶物被盜	X	X	

其次，高中生玩家的情緒調整能力雖然略勝於中小學生玩家，然而高中生玩家對於帳號密碼等個資保護觀念明顯不足，亦即相關網路安全、網路法律仍待加強。

後續可進一步追蹤家長面臨因線上遊戲引發的家庭衝突，所採取的情緒調整模式？甚至不同年齡層的青少兒因線上遊戲引發的衝突，所可能採行的情緒調整與疑慮消除策略？線上遊戲對於青少年同理心的建立與影響？值得持續關心探討。

問題與討論

1.請問情緒、情緒調整的定義為何？

2.請問線上遊戲有哪些特色？

3.請舉例說明線上遊戲玩家可能有的疑慮消除策略？

4.請問情緒調整有哪些歷程？

附錄：研究設計

研究者經由高中教師轉介，徵得校方與學生同意，以深度訪談方式訪問七位高中生，每位高中生的訪談時間四十分鐘至八十分鐘不等。七位受訪高中生背景（SM表示國中男生，SF表示高中女生）如**表3-2**。

表3-2　七位受訪高中生的背景資料

編號	年齡	年資	遊戲依賴程度	家庭成員
SM1	十七歲	四年	中度／重度	父母一妹
SM2	十七歲	四年		父母一姊
SM3	十七歲	四年		父母一妹
SM4	十六歲	一年多	輕度	父母一妹
SM5	十七歲	兩年	中度	父母一兄
SM6	十六歲	四年		父母一兄一姊
SF1	十七歲	兩個月		父母一弟

深度訪談問題：

1.請問你和家人相處的經驗
　(1)你和手足（兄姊弟妹）的關係如何？
　(2)你和父母的關係如何？
　(3)在和家人相處的經驗中，除了父母親、兄姊弟妹之外，還和誰常常相處、比較熟悉？
2.如果你和家人意見不同，家人不聽你講話，既不顧你的說明又責備你，這時候
　(1)你會有怎樣的情緒（感覺）呢？還有沒有其他的情緒（感覺）呢？

(2)爲什麼會有這樣的情緒（感覺）呢？

(3)當你有這種情緒（感覺）時，你會怎樣表達呢？

(4)你會用什麼方式來處理這種情緒（感覺）呢？

(5)你會不會主動想一想自己處理情緒（感覺）的方式恰不恰當？爲什麼？

(6)整體來說，你認爲自己在處理這種情緒（感覺）時有沒有困難？如果有，困難在哪裡？

3.談談你自己，你覺得自己有哪些特質（優缺點）？

4.你玩過連線遊戲嗎？第一次玩連線遊戲的情形與原因？如何得知？

5.一般來說

(1)你每次花多少時間玩連線遊戲？每週會在什麼時候玩連線遊戲？

(2)會和家人或朋友交換連線的心得嗎？

(3)請舉例說明：你喜歡玩連線遊戲的內容型態是？

6.如果你正在玩連線遊戲，就快闖關成功時，家人叫你停止連線，去幫忙買醬油，家人叫你幫忙的口氣也不好，邊叫你幫忙邊責備你，這時候

(1)你會有怎樣的情緒（感覺）呢？還有沒有其他的情緒（感覺）呢？

(2)爲什麼會有這樣的情緒（感覺）呢？

(3)當你有這種情緒（感覺）時，你會怎樣表達呢？

(4)你會用什麼方式來處理這種情緒（感覺）呢？

(5)你會不會主動想想自己處理情緒（感覺）的方式恰不恰當？爲什麼？

(6)整體來說，你認爲自己在處理這種情緒（感覺）時有沒有困難？如果有，困難在哪裡？

7.如果你玩線上遊戲一直闖關成功，存了大筆天幣與寶物。有一天，你再次上網連線卻發現天幣和寶物全消失了，那

(1)你會有怎樣的情緒（感覺）呢？還有沒有其他的情緒（感覺）呢？

(2)爲什麼會有這樣的情緒（感覺）呢？

(3)當你有這種情緒（感覺）時，你會怎樣表達呢？

(4)你會用什麼方式來處理這種情緒（感覺）呢？

(5)你會不會主動想想自己處理情緒（感覺）的方式恰不恰當？爲什麼？

(6)整體來說，你認爲自己在處理這種情緒（感覺）有沒有困難？如果有，困難在哪裡？

8.請問你還有其他要補充的意見嗎？請說明。

第四章

數位時代同儕互動

「膏油與香料使人心喜悅；朋友誠實的勸教也是如此甘美。」（箴言27: 9）

前言

社群網站如臉書（Facebook）、噗浪（Plurk），席捲全球，連八、九歲的兒童都會上社群網站，一方面可以聯絡親友，也可上傳影音檔案、照片、音樂，與人分享交流。

根據財團法人台灣網路資訊中心公布的2010年「台灣寬頻網路使用調查」報告，截至2010年2月12日止，台灣地區上網人口約有1,622萬，共計有16,217,009人曾上網，比2009年1,582萬人，增加約40萬人。

調查顯示，十二歲以上且曾經有上網的受訪者，上網主要目的在：瀏覽資訊、網頁，搜尋資訊、收發電子郵件；有玩過線上遊戲之比例爲50.28%，三十四歲以下的各年齡層是線上遊戲的主要使用族群，三十四歲以下各年齡層有玩過線上遊戲之比例介於57.77%至90.91%之間，其中以十二至十九歲使用者比例83.08至90.91%最高。

台灣地區十二歲以上且曾經有上網的民眾，有使用過網路社群服務的比例爲48.88%，三十四歲以下的各年齡層是爲網路社群的主要使用族群，有使用過網路社群服務之比例介於63.45%至75.33%之間，其中以二十至二十四歲使用者比例（75.33%）最高。

根據「2010台灣青少兒上網安全長期觀察報告」（黃葳威，2010）顯示，台灣八到十八歲青少兒在學學生，約90%是在家中上網，46.5% 最常獨自上網，其次與兄弟姊妹一同上網占27.5%。青少兒以玩線上遊戲爲主，占20.3%；其次是使用即時通訊，占16.8%；再者

是查詢資料，占15.7%。

這項由政大和白絲帶關懷協會公布的報告指出，台灣八到十八歲學生，每週上網時間二十四小時，每週運動時間低於十小時，顯示上網成爲e世代青少兒重要的人際互動與社會化管道。

網友在網路可以發展出新的互動關係，不論是在電子布告欄系統（bulletin board system, BBS）上建立新的人際關係，或是透過連線與他們的朋友聯繫，他們將電腦視爲一個社區，也將電腦當作社會關係的基礎（Howard & Jones, 2004; Watkins, 2009）。

人們自我概念的形成，不同性別各有差異。青少兒成長階段，同儕對於態度、思考與行爲的影響，一直備受關注（Makgosa & Mohube, 2007）。近年網際網路成爲現代人生活重要的一環，社群網站或一般遊戲網站形成的網路同儕關係，往往成爲青少兒人際關係的重要部分。

然而，青少兒在加入網路社群時，是否知道社群網站中可能藏著潛在風險，如網路霸凌、怪叔叔從中魚目混珠，以及個人資料遭人誤用等。

網路日益普及，網路霸凌、垃圾郵件、兒少不宜網站仍不時浮現，e世代社區家庭青少兒上網安全，值得持續關注。到底青少兒學生上網做些什麼？又參加哪些網路社群呢？

網路與社群

網際網路

文獻將網際網路特性歸納（Tapscott, 1998; Rayport & Sviokia, 1995；黃葳威，2008）爲：

1.**閱聽主體性**：網路閱聽人可以主動選擇所需或過濾不必要的訊息。

2.**即時性**：使用者取得資訊的時間較短，效率較高。

3.**匿名性**：使用者之間沒有身分、性別或社會階層之分，也較無守門人過濾，是故可能導致在某種程度上溝通行爲的坦白，但是也有可能因爲匿名性而使得網路溝通的可信度受到質疑。

4.**多媒體形式**：WWW 結合了文字、聲音、圖形與影像，以多元、豐富的方式呈現資訊。

5.**互動性**：包含了人與電腦之間、使用者彼此間的對談、信件往來及資料傳輸等。網路使用者可隨時隨地在網路上進行互動。

6.**跨文化特性**：網路上資訊的流動並不受到地理疆界的限制。

7.**小眾化特質**：某類特定訊息可以在大團體中的個人間互相流通。

8.**異步性**：網路溝通能讓個人在較適宜的時間裡收發訊息，參與者不須同時處在溝通的情境中，可彈性分配自己的時間。

9.**媒體接近性**：網路媒體的可近用性（accessibility）較傳統媒體爲高。透過網路的連結，訊息接收者在資訊權力的掌控上，既是接收者也可以是製造者。

10.**超文本資訊**：網路提供超文本（hypertext）內容，超文本的鍊結範圍不只是網站文字，也可以擴及圖像及影音，使溝通的呈現方式有更多的選擇。

11.**監控性低**：網路上的守門人控制過程不像傳統媒體嚴密。

12.**回饋性**：透過數位網路可在上網搜尋推拉之間，蒐集累積使用者的過程資料。

13.**逃避性**：人們很容易在網際網路上流連忘返，造成對眞實世界各項生活原有行爲模式的排擠，例如從網路中資訊取得而言，現在的年輕人愈來愈依賴網路，由網際網路上取得所需的新聞

及娛樂，進而減少了看電視、報紙、書籍及收聽廣播的時間；一些人從網路上獲得成就感，甚至與現實生活人際相處脫節，出現網路成癮現象。

網際網路上，能爲最終使用者帶來效用的，無非是資訊的提供。經過蒐集、整理、分析、過濾、索引的資訊創造了極高的附加價值，或進一步發展爲智慧網路（net intelligence），因而網路價值的根源即是來自資訊。

網路使用者成爲實際生產過程的參與者與設計者，使得生產與消費者漸趨合一。由於網路上溝通與交易成本的降低，介於生產者與消費者間扮演傳遞與溝通角色的中介人，其功能與重要性日漸式微。由於生產者、消費者、中介人的角色變化，價值鍊隨之重組。

社群

網路社群的形成，肇始於網路有縮短時空距離以及互動性的特質，具有共同興趣的網友常彼此主動建立關係，而形成社群，強化了網友對某一網站或產品的忠誠度與凝聚力；也藉由此社群，使得網站得以長期的經營與發展。

探討網路社群的定義前，須了解何謂「社群」。英文community一詞，如果是指人類的居住情境，則中文大多譯爲「社區」或「社群」；也有人使用日本譯法稱之爲「共同體」。若就其詞源拉丁字communis來看，其原意是指「同胞」或「共同的關係與感覺」。具體而言，社群具有以下三種概念（社會發展季刊，1995）：

1.重視地理或結構的概念，爲居民共同生活的地區。

2.關注心理或互動的概念，爲居民生活中相互關聯與依賴的共同體。

3.看重行動或功能的概念，是居民互相保衛與共謀福利的集體行動。

社群是人們建立關係的地方，是一種動態、持續不斷的且非僵化的建構過程（Cohen, 1985）。莊道明（1998）也指出，多數國外文獻定義的社群是指：「一群人於特定區域內，彼此相互交流與共用設施，其成員感受到彼此相互依賴與歸屬的認同感。」也就是說，所謂的社群是一個與其他群體之間在活動範圍上有所區隔，心理層次的歸屬也有所區分的一種群體，在此有形、無形的界線都被強調。

一般而言，社群組成的要件通常有以下五種：共同的空間、共同的價值、共同的語言、共同的經驗、共同的目的（Todd, 1999）；此外，還要有能凝聚向心力的維繫力量，才能構成完整的社群。

社群也代表一種歸屬感。社群如同在一個團體中產生連結與歸屬感，而這樣的關係形成來自以下因素：成員認同、產生影響、滿足需求及連結情感（McMillan & Chavis, 1986；轉引自張元力，2005）。

網路社群

隨著全球上網人口的急速增加，網路空間已逐漸被建構爲僅次於實體社會之另一龐大虛擬世界，也開始出現諸如虛擬社群、線上社群、電子社群與網路學習社群等名異實同的「網路社群」。

電腦網路所形成的網路社群，打破了傳統以地域性爲核心的社群構想，形成一種基於資訊分享與情感支持的專屬網路社群文化。網路社群是由人們與其他具有共同興趣或來自同樣團體的人們，因爲互動的需求所凝聚而成的，空間的限制在網路上不存在，因爲網路社群在網路上的虛擬空間中溝通與活動，所以也稱爲虛擬社群（virtual

community）。

網路社群與人們在傳統日常生活中的眞實社群一般，同樣具有溝通情感與傳遞訊息的功能。網路社群聚集人們在線上連結持續互動，並從互動中發展出彼此的信任及了解，成功的社群常能使成員產生歸屬感。

網路社群由學術界開始發展，當1971年美國尖端研究計畫局網路（Advanced Research Project Agency Network, ARPANET，也稱爲阿帕網路）的使用者開始透過網路來互相傳送私人訊息，並藉著電子郵件的大量使用，讓共用資訊的目的增加了傳送訊息的功能後，便開始形成了初期的網路社群。

網路社群早期的研究者在分析The Well線上會議室的運作時，定義網路社群即虛擬社群（virtual community）爲「在網路上，一群足夠多的人以充分的情感（sufficient humanfeeling）透過一段時間的公開討論，以發展在網路空間中的人際關係。」（Rheingold, 2000），此爲網路社群討論的濫觴。當時認爲，網路社群是源自於電腦仲介傳播所建構而成的虛擬空間（cyberspace，又稱網際空間），它的發生來自於虛擬空間上有足夠的人、足夠的情感與人際關係在網路上長期發展。

網路社群爲一群人由電子媒體相互溝通所形成的一種新的社會現象，他將網路社群也定義爲：「一群主要藉著電腦網路彼此交流的人們，彼此有某種程度的認識、分享某種程度的知識與資訊，相當程度如同對待友人般彼此關懷，所形成的團體。」（Rommel, 1997）。因此，一個社群成員滿意度高的網路社群是一個匯集資訊、資源以及成員夥伴關係的虛擬社會。

英國通訊傳播局（Office of Communication, Ofcom）2008年公布的「網路社群研究報告」（Social Networking: A Quantitative and Qualitative Research Report into Attitudes, Behaviours and Use），將網路社群界定爲：人們透過電腦網路、手機上網等管道溝通、交流或展現

個人創意檔案，聯絡的對象可能是一般友人或未曾聯絡過的網友，可能是一對一的溝通，或公開張貼的形式。

本文將網路社群的定義如下：網路社群是讓有共同經驗或興趣的使用者，跨越時空藩籬，聚集在網際網路共同的虛擬空間，社群成員在此空間中，得以進行互動、分享彼此的資訊或經驗、建立人際關係，進而形塑出個人意見及觀點。

網路社群發展方興未艾，有跡可尋（Office of Communication, 2008），諸如：家庭網路覆蓋率及傳輸速度成長；資訊科技信賴度提高；使用者友善程式；以社交關係爲基礎的溝通；網路社群爲web 2.0情境之一；網路社群多樣應用。

網路社群組成

形成網路社群，一般具備以下要件（阮紹薇，2000）：

1. **一定程度的人際互動**：藉由電腦仲介傳播進行持續及多向度的互動，是社群組成的第一要件；在一對多、多對一或多對多的互動過程中，人們進行長時間有意義的討論與交談。
2. **社群成員的積極參與度**：網路社群的組成要靠成員積極參與社群活動並貢獻內容，彼此進行多向度的互動。
3. **固定的虛擬空間**：網路社群如同現實社區一般，需求生存與成長的空間，可以讓社群的成員在網際空間特定的地方聚集。
4. **足夠數量的穩定成員**：網路社群若想要持續性地生存並成長，必須要靠一定數量的穩定成員作爲人力資源。

網路社群讓有共同興趣的使用者聚集在網際網路的一個虛擬空間，成員彼此互動、交流感情、分享資訊、建立人際關係。架設網路空間固然必須投入人力物力，但網路社群的價值存在於成員互動過程

所建立的資料庫，並非取決於硬體設施。這些互動資料庫的功能在於能隨時讓參與者存取閱讀與他人互動的訊息，並得以立即回應、發表自己的看法。這種動態參與的行為，讓社群內部的資源不斷累積，成為吸引更多使用者參與的價值所在。

全球上網人口的急速增加，網路空間已逐漸被建構為僅次於實體社會之另一龐大虛擬世界，也開始出現諸如虛擬社群、線上社群、電子社群與網路學習社群等名異實同的「網路社群」。

網路社群與人們在傳統日常生活中的眞實社群一般，同樣具有溝通情感與傳遞訊息的功能。網路社群聚集人們在線上連結、持續互動，並從互動中發展出彼此的信任及了解，成功的社群常能使成員產生歸屬感（Hagel & Armstrong, 1997）。社群互動的基礎就在於網路社群滿足人類基本需求。

網路社群類型

網路社群的眞正意義在於聚集人們，人們在網路社群內，藉由互動溝通，彼此之間創造出一種互相依賴和了解的氣氛，而互動溝通的基礎，主要是基於人類的四大基本需求：興趣、關係、幻想及交易（Hagel & Armstrong, 1997；黃葳威，2009）。因不同需求形成以下四類網路社群：

興趣型社群（communities of interest）

早期的線上社群將網路經營聚焦在興趣的需求，將一個特定主題上具有相同興趣或專業知識的人們聚集在一起。這種社群強調高度的人際溝通與互動，例如：資訊科技用品評價、自行車隊旅遊、文學藝術等；很多人則具有強烈的專業興趣，如科技趨勢、產業趨勢、專業公會等。社群經由網站分享、交流彼此的心得與看法，社群成員互動

頻繁，甚至定期見面，舉辦觀影會、單車環島等具體行動。

關係型社群（communities of relationship）

人生際遇各有不同，網路社群為這些具有共同特定生命經驗的人們製造相遇相知的機會，使他們能夠超越時空的限制而建立有意義的人際關係。社群將人生體驗形成一種深刻的人際連結，得以在人生相似經歷中互相扶持。

如單爸俱樂部、罕見疾病家屬、新手爸媽等，都有各自的網路社群，交流第一手的經歷，彼此互相打氣與鼓勵。

幻想型社群（communities of fantasy）

幻想社群像是線上遊戲角色扮演，或奇幻文學電影成員，共同創造了一個新的環境、人格特質或故事。網友自創其個性的環境、園地、遊戲或故事情境，允許到訪者張貼其意見、創意構想或線上交談，以達其娛樂的目的。

像滿足人們幻想需求的網路遊戲，可在網際網路中扮演不同的角色，參與精采的遊戲，可以讓人們暫時離開他們的現實生活，置身於網路社群中，MUD即是一例。

幻想社群的網友，參與者眞實身分並不重要，但其顯現出來的「互動」才是社群的核心。有些網友也因為這些互動，循環回其眞實生活的態度與觀念。

交易型社群（communities of transaction）

交易社群包含參與網拍、網賣的網友或組織。在交易型社群中，網友可以買賣產品，也可以諮詢產品的資訊。社群成員是互動的，相互提供彼此所需的資訊或者產品。

最明顯的例子，是當拍賣網站不小心標錯價格，網友趁勢下單，拍賣業者事後仍須依照消保法及網友的聲援，依照低於原訂價格的方

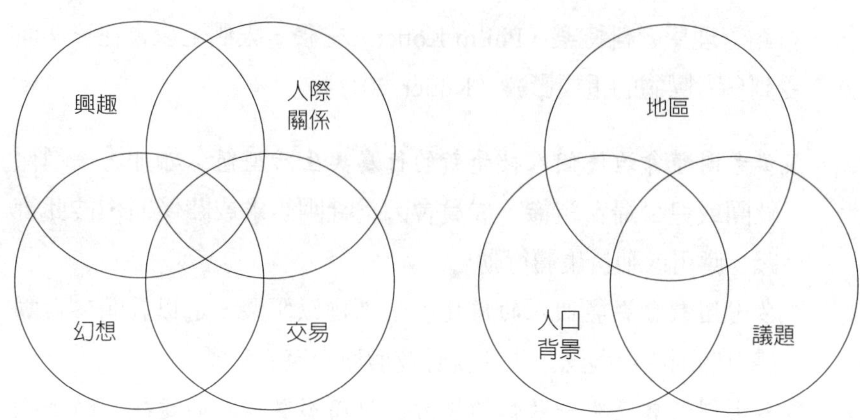

圖4-1　虛擬社群分類面向

資料來源：Armstrong & Hagel (1998)。

式出貨。

值得留意的是，每個網路社群對於四個基本需求的程度皆不相同，有些社群會重視其中一個而忽視其他三個。若社群只能滿足其中一個需求而完全忽視其他需求，其增大影響力的機會將微乎其微，因爲，網路社群的生命力來自它同時滿足多種需求的能力。

與網路社群相同涵義的名詞還有線上社群（online community/ Internet community）、電子社群（electronic community）等。

本文將統一使用「網路社群」來表示，並將網路社群的定義如下：網路社群是聚集在網際網路的一個特定議題的虛擬空間，社群成員在其中得以進行互動、分享彼此的資訊或經驗、發展與維繫同儕關係，進而創造出屬於自己的文化。

網路社群將原本互不相識的網際網路使用者結合在一起，透過網路所提供的虛擬空間，分享彼此專業知識與經驗，增進團體認同和人際關係互動，有效的整合了溝通、資訊傳遞、娛樂，以及交易等線上功能（王維鳴，2001）。

行銷管理學者科特樂（Philip Kotler）主張，人們至少會在三個面向上受到參考團體的重要影響（Kotler, 2011）：

1.**參考團體會迫使個人接受新的行為與生活型態**：如加入一環保社團或兒少婦女組織，成員會因為社團訴求或關懷面，彼此實踐、應用或動員集體行動。
2.**參考團體會影響個人的態度**：所謂物以類聚，足以說明參考團體對個別成員觀念、生活視野或價值交流的影響。
3.**參考團體會產生一致性的壓力，進而影響個人的選擇**：時下的產業公會或相關媒體自律組織，彼此建立組織的章程與推動目標，成員按照組織章程推展相關事務，不遵守章程者會受到其他成員的質疑或抵制。

常見的參考團體包括親友、鄰舍、同學或同事等初級群體，以及社團、組織、公會等次級群體。隨著上網人口和時數的增加，網路社群儼然已成為人們行為的參考架構。新世代的網友不僅懂得透過網路分享個人經驗，亦利用網路蒐集資訊與情報，連電視新聞都常在網路上尋找新聞題材作為報導主題。

曾佩珊（2008）分析部落格使用者的資訊尋求與知識分享，將BabyHome親子網使用動機分為五個構面，分別為人己互動、資訊使用、工具介面、追隨潮流與娛樂放鬆等五項。發現親子網的網路社群以資訊使用為最主要的使用動機。由此可見，網路社群的意見與留言，對於社群成員有相當的意義。

網路社群成員價值，可由資訊與心理兩個面向審視。這些價值，來自於社群成員的互動，及社群經營者所提供的服務（林信恆，2002；曾佩珊，2008）：

1.**「資訊面向」的價值**：包含即時資訊的取得、降低資訊不對

稱、資訊品質不穩定。

2.「心理面向」的價值：有創造歸屬感、提供情感表現的空間。

網路社群可視為一種社會化學習機制。研究顯示，國小學童價值觀有相當程度的影響和預測能力。例如：「特立獨行」價值觀得分較高的學童，是網路的重度使用者；「成熟自信」價值觀得分較高的學童，則是網路使用時數最少的一群（馬振剛，2007）。足見「特立獨行」者的人際需求，在真實社會被歸類為「特立獨行」，但在上網過程獲得滿足，結果呼應作家泰伯斯康（Don Tapscot, 1998）在其著作所主張：網路世代在人際、娛樂與學習皆強烈依賴網路。

同儕在青少兒態度、思考與行為造成的影響，備受關注（Makgosa & Mohube, 2007），如今，網路社群亦然（黃葳威，2011a）。因而，本文想探索青少兒網路社群的參與以及相關影響的因素。

青少兒網路社群參與

台灣青少兒網路社群參與分析結果

社群網站或部落格，可上傳檔案、聊天、分享，介於公領域和私領域的模糊地帶。網路社群儼然形成青少兒成長的重要同儕關係。筆者依據親身面訪問卷調查，分析結果摘述如下：

台灣青少兒學生的網路社群參與如何？

近兩成青少兒學生表示有參加網路家族／社群（19.6%），五成三表示沒有參加（53.2%），近三成表示不知道網路家族／社群（27.2%）。

青少兒學生表示較常參與的網路社群類型分別有：娛樂流行（14.7%）、電腦通訊（11.4%）、運動休閒（9.4%）、聯誼交友（7.4%）、親友學校（6.1%）、星座命理（5.3%）、藝文學術（3.8%）、醫療保健（1.3%）、商業金融（0.8%）及其他（1.3%）。

近一成五的青少兒學生會出席網聚，和陌生網友見面。六成九受訪學生表示從不出席，不知道者有927人（16.1%）。

台灣青少兒學生的網路社群參與受到哪些因素的影響？如何影響？

台灣青少兒成長階段價值觀養成與自我概念形塑，受到同儕、網路社群，以及家長的互動與引導（黃葳威，2011a）。就讀年級、性別、家長學歷、家長職業、上網頻率、上網時間多寡、信仰、家庭型態的不同，青少兒學生網路參與也有差異。

社群參與

根據學生的年紀，年級愈高，參加網路社群的比例愈高，年級愈低參加的比例愈低；另外，低年級回答不知道的比例也較高。

而在父母的學歷部分：父親學歷爲大學大專的學生，有參加網路社群的比例較高；父親學歷爲國中以下和高中職者，沒有參加網路社群的比例較高；回答不知道者以不知道父親學歷者居多。母親學歷爲碩士的學生，有參加網路社群的比例較高；母親學歷爲博士者，沒有參加網路社群的比例較高；回答不知道者以不知道母親學歷者居多。

另外在雙親職業部分，父親職業爲商業的學生，有參加網路社群的比例較高；父親職業爲農業的學生，沒有參加網路社群的比例較高；回答不知道者以父親職業爲其他者居多。而母親職業爲專業者，參加網路社群的比例較高；母親職業爲農業的學生，沒參加網路社群

的比例較高；母親職業為農業和其他職業者，回答不知道比較高。

最後，關於學生使用網路的頻率與時間部分，每天都上網的學生，參加網路社群的比例較高；一星期使用五、六天的學生，沒有參加網路社群的比例較高；不上網的學生，回答不知道的比例較高。上網兩小時以上的學生，有參加網路社群的比例較高；沒上網的學生，沒有參加網路社群的比例較高。

出席網聚

在出席網聚活動方面，男學生經常出席網聚比例比女學生高；女生從不出席網聚比例比男生高。

八年級學生經常出席、偶爾出席和不常出席的比例均較高；七年級學生從不出席的比例較高；五年級學生回答不知道的比例較高。

單親家庭學生經常出席的比例較高；隔代教養和寄養或寄宿家庭的學生，偶爾出席的比例較高；單親家庭的學生不常出席的比例較高；從不出席以其他家庭型態居多；回答不知道者以寄養或寄宿家庭學生為主。

信仰一貫道的學生，經常出席的比例較高；信仰天主教和一貫道的學生，偶爾出席的比例較高；信仰基督教的學生，不常出席的比例較高；信仰回教的學生，從不出席的比例較高；信仰其他宗教者，回答不知道的比例較高。

父親學歷為博士者，經常出席的比例較高；父親學歷為高中職的學生，偶爾出席的比例較高；父親學歷為國中以下的學生，不常出席網聚比例較高；父親學歷為碩士的學生，從不出席比例較高；不知道父親學歷者回答不知道者比例較高。

母親學歷為碩士的學生，經常出席的比例較高；母親學歷為高中職和大學大專的學生，偶爾出席網聚的比例較高；母親學歷為國中以下和高中職者，不常出席的比例較高；母親學歷為碩士的學生，從不出席網聚的比例較高；不知道母親學歷者回答不知道網聚情形的比較高。

父親職業為無業的學生，經常出席的比例較高；父親職業為專業的學生，偶爾出席的比例較高；父親為農業者，不常出席及回答不知道的比例較高；父親職業為專業和其他的學生，從不出席的比較高。

母親職業為商業的學生，經常出席的比例較高；母親職業為專業的學生，偶爾出席的比例較高；母親職業為農業的學生，不常出席及回答不知道的比例較高；母親職業為其他的學生，從不出席的比例較高。

每天都上網的學生，經常出席和偶爾出席的比例較高；週末上網兩小時以上的學生，經常和偶爾出席網聚的比例較高；不上網的學生，從不出席的比例較高。

週間上網兩小時以上的學生，經常出席和偶爾出席的比較高；不上網的學生，從不出席的比例較高。

網聚類型

關於填答者所參與的網聚類型，女生參加星座命理網路、藝文學術社群比例較高；男生參加運動休閒、電腦通訊網路社群比例較高。

國二學生參加娛樂流行、運動休閒網路社群比例較其他年級高；小三學生沒有參加上述網路社群比例較高。

國一學生參加星座命理、藝文學術、商業金融網路社群比例較高；小三學生沒有參加星座命理、藝文學術網路社群比例較高；小六學生沒有參加商業金融網路社群比例較高。

小六學生參加親友學校、聯絡交友網路社群比例較高，小四學生沒參加的比較高。

高年級學生較低年級學生常參加網路社群。的確，青少兒成長階段，同儕對於態度、思考與行為的影響，備受關注（Makgosa &

Mohube, 2007）。近年網際網路成為現代人生活重要的一環，社群網站或一般遊戲網站形成的網路同儕關係，往往成為青少兒人際關係的重要部分。

文獻指出（Chidambaram, 1996），只要有較長時間接觸，如資訊互換行為，網路社群間的成員就可以發展良好的互動關係，彼此間的情感、信任感隨之增加。對於台灣青少兒未必如此，這或許肇因於台灣青少兒上網動機以遊戲、交友聯絡為主，資訊交換的方式較少（黃葳威，2010）。這也呼應文獻驗證發現（馬振剛，2007）：「成熟自信」價值觀得分較高的學童，其實是網路使用時數最少的一群。

隔代教養和寄養或寄宿家庭的學生，偶爾出席的比例較高；這意味著網路社群對於上述家庭背景的青少兒，形同一個從網路到真實生活的家族。由此可見，網路同儕對網路使用者的重要性（曾佩珊，2008），也呼應林信恆（2002）的發現：網路社群可創造歸屬感，提供情感表現的空間。

結論與討論

網路社群如同實體社群，其互動的個體即為社群中的成員，發生在這個虛擬空間中的一切活動，都是由這些成員的行為所產生。網路社群依照其參與社群的程度和其價值可分為：

1.瀏覽者（browser）：剛進入社群的會員，通常是隨意瀏覽，有些人可能會留下，但大部分會離開社群，是價值最低的社群成員。

2.潛伏者（lurker）：這些成員在社群中花的時間比瀏覽者長，但卻不像貢獻者般積極貢獻創作內容，但由於其停留時間長，仍可在其身上蒐集到有用資訊（如瀏覽路徑、個人資料等），可用於吸引廣告主購買廣告空間，其價值僅高於瀏覽者。有關網路文學社群的研究指出，在一個社群中，多數成員都是被動的潛伏者，僅有少數成員會積極參與社群活動，但若社群成員不願參與，則網路的互動便失去意義。

3.貢獻者（contributor）：當逗留一段時間後，留下的瀏覽者可能轉變爲貢獻者。這群人通常對於社群最熱情，最積極奉獻會員創作內容，在社群中停留的時間也很長，爲社群中價值第二的成員。

4.購買者（shopper）：是指積極參與社群及購買其產品與服務者，被視爲是網路社群成員中最有價值者，不僅帶來社群佣金收入，也可爲社群吸引贊助商及廣告主。所謂「購買」並不局限於直接在網路社群進行交易的機制，因爲社群成員常能透過社群提供的溝通能力，進行商品資訊的交換、討論，進而促成商品交易的可能性增加。

隨著網路安全觀念的推動，一些家長初期較擔心孩子在線上遊戲花太多時間，建議也應留心兒少遊戲社群之間的交流或交易，或這些交易可能導致的金錢糾紛。其實，在一些以文學部落格相連結的社群裡，我們也可以觀察到文友之間的互動，或以文會友的分享討論。

這再次應證，青少兒參與網路社群，勢不可擋，我們不妨檢視自己參與網路社群的需求與動機，是否避免單一需求？像是只爲了打怪玩線上遊戲，順便結交一起打怪的網友。

其次，關注網路使用者對於網友眞實身分的辨識力，避免遭受「損友」欺騙受傷；與留意不輕易將個人與家人資料給陌生網友，以免滋生不必要的困擾或危機。

鼓勵網路使用者思考其眞實生活中的人際社群，彼此結交或群

聚的目的與需求何在？是原來相同的一批打怪伙伴？或也還有其他同儕的激勵成長、互動方式？這些將有助於發揮同儕社群的「益友」價值。

問題與討論

1.請問社群、網路社群的定義？並舉例說明。

2.請說明網際網路有哪些特色？

3.請問網路社群組成的要件有哪些？

4.請以實例說明網路社群有哪些類型？

附錄：研究設計

研究參酌網路社群參與的模式提出研究架構如下：

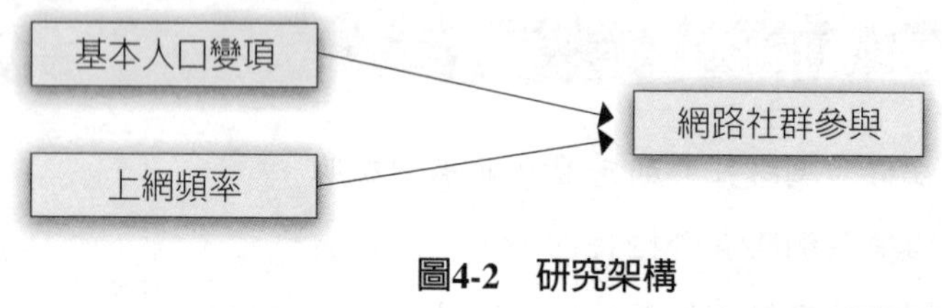

圖4-2　研究架構

調查以台灣各縣市的國小三、四、五、六、國一、國二青少兒學生爲研究母體，採分層抽樣法分別抽取四十六所國民小學及四十一所國中，採取親身施測方式，共發出9,000份問卷；回收有效問卷8,246份。

本研究以性別和年級變項與母體進行樣本檢定。經由樣本檢定發現，樣本與母體無顯著差異，表示樣本具有代表性，適合進行進一步統計分析。

表4-1　樣本性別、居住地區及年級之母體與有效樣本檢定

		母體數*	樣本數	卡方檢定
性別	男	952,942	4,079	X^2=.157, *df*=1, *p*>.05
	女	894,767	3,690	
	總計	1,874,709	7,769	
年級	三年級	288,885	1,325	X^2=.199, *df*=2, *p*>.05
	四年級	314,598	1,335	
	五年級	318,853	1,426	
	六年級	317,781	1,401	
	七年級	318,052	1,469	
	八年級	316,540	1,290	
	總計	1,874,709	8,246	

經樣本檢定，研究樣本在「性別」和「年級」部分呈現與母體分布無顯著差異（p>0.05），本研究結果適合推論至全台國小中、高年級及國一青少兒學生。

問卷分「網路媒體使用」與「個人基本資料」兩部分。個人基本資料有：性別、年齡、宗教信仰、家庭型態、家長學歷、家長職業、居住地區。

「網路媒體使用」部分係參考曾淑芬等（2002）、黃純敏和蔡志強（2003）、黃葳威（2007）青少兒網路使用研究調查問卷，自行修改編製歸納編製問卷。施測問題包括：受訪者上網頻率、網聚（網路社團）參與等。網路社團或家族分類則依照雅虎奇摩網站家族的分類：親友學校、聯誼交友、娛樂流行、星座命理、運動休閒、醫療保健、電腦通訊、藝文學術、商業金融以及沒參加家族。

親身問卷調查小三、小四、小五、小六、國一、國二學生，受訪青少兒學生各年級的受訪人數，以國一（七年級）比例稍高（18.8%），其次爲小五（17.5%），再者爲國二（八年級，16.5%），其餘分別爲小三（16.2%）、小六（15.9%）、小四（15.1%）。

表4-2　青少兒就讀年級

學生年級	人數	百分比
三年級	1,264	16.2
四年級	1,180	15.1
五年級	1,363	17.5
六年級	1,238	15.9
七年級	1,469	18.8
八年級	1,290	16.5
總計	7,804	100.0

註：百分比計算採小數點第一位後四捨五入呈現，各百分比之加總可能產生非100%之情形。

第五章

數位時代性別態度

- 前言
- 性別刻板印象
- 網路色情
- 色情訊息使用
- 刻板印象形成
- 結論與討論

「順著情慾撒種的，必從情慾收敗壞；順著聖靈撒種的，必從聖靈收永生。」（加拉太書6: 8）

前言

泰國《亞洲日報》，國際網路觀察基金會日前就全球色情網站進行調查，並公布了最新報導。美國的色情網站居全球之首，泰國排名第五。據網路非法內容使用者調查顯示，伺服器設在美國的色情網站數量占全球的51%，其次是俄羅斯，占15%；第三至五名分別是日本、西班牙和泰國。

泰國青少年、婦女與兒童犯罪防護辦公室副主任乍魯旺指出（吳若蕾，2006），泰國非常重視這份報告，並封鎖了許多色情網站，但由於科技員警人力不足，因此還面臨著較大困難。乍魯旺說，泰國對色情犯罪的懲罰較低，最高只判處三年有期徒刑和6,000銖罰款，合人民幣1,300元，澳大利亞最高則處以十五年監禁。

由於網路使用人口的激增，因網路使用而引發的問題亦隨之浮上檯面，例如沉迷於網路人口的增加，使得因過度使用網路而產生身體、心理及其他方面困擾，進而影響個人身心健康安全的日常生活的新聞報導日漸增多。在台灣，青少年學生的生活、課業及交友都與網路相結合，加上青少年的個性尚未穩定，自制力較低，容易受新奇事物的吸引，若是青少年無法控制自己上網的時數而長時間沉迷於網路世界，不僅可能會荒廢學業，並將對日常生活產生負面影響。

尤其，青少兒透過網路蒐集資料，有可能會遇到不當資訊。研究指出，有84%的網站，其內容涉及「性」（Bryant & Zillmann, 2002），目前大部分的網站內容是針對成年人設計，導致不適合青少

兒的內容、訊息到處充斥（戴麗美，2005）。

台灣蕃薯藤一項針對小朋友的網路調查發現（http://survey.yam.com/），有8.8%的小朋友自己上過色情網站，而21.2%的小朋友回答有同學朋友上過色情網站，另有63.9%的人曾交過網友。在和網友見面後，其中有45.6%的小朋友人認爲，新朋友的眞實面目和原先說的不太一樣，有被欺騙的感覺。放任涉世未深的小朋友在未被過濾的網路環境中，潛藏著不可預知的陷阱與危機，小朋友的網路使用安全堪慮。

黃登榆（1997）曾調查上網者接觸色情網站的情形，結果發現有86%的上網者上過色情網站，其中又有80%的受訪者承認他們是有意的接觸色情網站。政大新聞系四年級的學生曾針對高中生進行調查，結果發現有47%的高中生曾上過色情網站，且有74%的學生表明「看了還想要看」（朱姣鳳，1999）。

以往有關網路行爲的理論著重在關心人們花費多少時間在上網，而忽略了人們上網的原因。Davis（2001）則是從心理、社會與行爲層面問題作爲脈絡，並以社會學觀點來觀察使用者在網路上的經驗，如此更能區分因網路行爲或個人認知而對生活所造成的負面影響。

過去以社會學習理論與涵化理論爲基礎的媒介效果研究，大多以電視及與電視相似的媒體（如錄影帶、影片等）爲主要的研究媒介（Bignell, 2004），對平面媒體如報紙、雜誌著墨較少。對網路此一資訊科技發達下的新傳播媒體，將帶來哪些效果的細節，則至今尚未見探討。

探究青少兒身心發展與行爲，需要觀察網路媒體在家庭、學校、同儕共構下的涵化效果。那麼，色情網站使用者接觸色情資訊的原因是哪些？色情資訊對其兩性態度形塑有無影響？如果有，是哪些？

性別刻板印象

每個社會所期待的性別角色不同，社會中的個人從小被制約而遵循男性或女性應有的規範，經由社會化的過程教導個人和其生理性別相符的性別角色。

在談到性別議題時，有幾個相關名詞須先界定：首先區分性別認同（gender identity）與性別角色（sex role）的概念。所謂性別認同是指身爲男性或女性的自我觀念，係人類經由特定文化價值最先學習的觀念，不同文化所賦予兩性的特質並不相同（Signorielli, 1993）。

至於性別角色則爲性別認同的結果，即某些專屬於男性或女性的行爲及行動（Durkin, 1985）。經由性別認同所呈現出的性別角色，會再度增強、區分男女不同地位的社會結構。

抱持某一性別優於另一性別的意識型態，便是性別主義（sexism）；雙性理論（androgyny）表示個人可同時男性化或女性化，富侵略性或溫柔善感端視情況而定（Hacker, 1974; Schaefer, 1984, 417）。換言之，性別主義以兩性之間不可改變的生理差異爲論點，雙性理論主張兩性差異不大。

很顯然地，男女兩性有生理上的差別，其中社會文化的期待及所給予的機會亦不同，差別主要在於文化所造成的。

知道別人的性別，會影響我們對待他人的方式，自己的性別，也會影響我們對自己的認知（陳皎眉、江漢聲、陳惠馨，1996）。社會心理學對於「角色」概念的看法有二：其一，指個體在社會團體中被賦予的身分及該身分應發揮的功能；其二，指個人角色所具有的行爲組型。「角色」可分爲「歸屬的」（ascribed）與獲致的（achieved），前者係個人出生即決定的，後者則經由個人能力與表現

而獲得。社會制度與團體對承擔某一角色的個人，常有一定角色期望（role-expectation）（張春興，1995）。所謂性別角色，不只是出生即確定的歸屬，更是屬於「獲致的」，深受社會規範及期待，在社會文化傳統中，衆所公認男性或女性應有的行爲，經由行爲組型來界定，包括其內在的態度、觀念，以及外顯的言行服裝。

若要我們心中想像一個「典型」的男性或女性時，通常會認爲男性應該是獨立、主動、好勝及進取的，而女性是依賴、被動、文靜、溫柔、善體人意和有強烈的不安全感的，父母依據這樣的刻板印象來教養兒女，傳播媒體、學校也不斷深化這種性別角色，這不僅影響女性的自我意識，更影響男性對待女性的方式（莊耀嘉，1979）。很明顯地，個人的成長社會化歷程會受到原生家庭、同儕、學校教育，以及媒體形塑的性別刻板印象等多重影響。

社會心理學觀點

社會心理學者習慣不帶價值判斷地界定刻板印象。他們認爲，刻板印象是一種基本的認知過程，人們經由這個過程來認識世界。刻板印象爲一種心理機制，與類別的形成有關，這種機制協助人們運作由所處環境所獲得的資料；刻板印象如同「腦海中的圖畫」（pictures in our heads）（Lippmann, 1922）。

可以確定的是，刻板印象絕不僅只是針對壞人、帶有偏見的人、無知的人或種族主義者；刻板印象未必不好，雖然人們可能因爲刻板印象而導致不好的情形。同時，由於人們往往將一般歸類的方式誤用爲對某些族群的成見，因此，若能檢視刻板印象從不帶價值判斷到帶有價值判斷的過程，將有助於對刻板印象的了解。我們必須審視一個強勢團體如何將一些選擇性的特質，加諸在其他族群身上——包括在社會、文化、政治、性別、種族、階級、族裔等不同族群團體，這種以自我種族爲中心的方式，將不斷強調團體與族群間的差異（Schaefer, 1990）。

審視刻板印象形成的過程，有三點須留意（Lippmann, 1922, p. 16）：

1.行動的場景（the scene of the action）：即構成刻板印象的基礎，如具體的、有史實依據的眞實。
2.人們所描繪的場景（the human picture of that scene）：即所建構的刻板印象。
3.人們對所描繪的行動場景的反應（the human response to that picture working itself out upon the scene of action）：即人們如何處理刻板印象；刻板印象如何影響人們的生活。

例如：一個人從小生長的環境，若家長教養方式採取威權式，而這個人並不樂於這種壓迫的關係，當長大成人進入社會，可能因人際相處類似的經驗，聯想到過去的記憶，而對帶給其壓迫感的人具有刻板印象。事實上，家長與長大認識的同事朋友可能截然不同，卻因有相似的緊張關係，而受到影響。

刻板印象在日常生活上往往表示過度簡化、負面的、片面的、不完全的。刻板印象是一團體（內團體）對其他團體（外團體）成員的普遍化概論，而這種概論絕不是正面的評斷。刻板印象的歸類方式受到許多因素的影響，其中一個重要因素是以種族爲中心的偏見，一個內團體如何簡化外團體的少數特徵，以強化不同族群團體的差異（Wilson & Gutierrez, 1985）。內團體便將一些外團體的負面價值差異，用來作爲比自己低等或截然有別的基礎。

此外，刻板印象依循著一套全有或全無的邏輯，將外團體成員一律放置於刻板的歸類。更嚴重的是，存有刻板印象的人不認爲刻板印象只是抽象概念或認知的歸類，而以爲刻板印象便是眞實的。

社會學觀點

從社會學觀點來看，刻板印象是由我們的文化影響所形成的既有歸類。當我們愈趨向社會化，便愈會學習這種歸類模式（Braithwaite & Thompson, 1999）。學者李普曼說（Lippmann, 1922, p. 81）：

「身處熙熙攘攘的外在世界，我們附會所屬文化早為我們界定的內容，也按照文化中的刻板印象模式察覺事物。」

類似的刻板印象有兩項特性（Hummert, Garstka, Shaner, & Strahm, 1994）：

1.惡性循環（vicious circle）：當人們表達學習而來的刻板印象，同時也強化、確認這些印象，並長久保留這些印象。
2.經由確認、堅固成爲習俗，形成對待各種族群及其成員的方式。

刻板印象不僅維持類別的標籤，也如同「行動的程式」（program for action）（Triandis, 1979, p. 197）。

從功能論角度來觀察，性別區分形成社會穩定、男女分、各司其職、家庭功能得以有效發揮（Schaefer, 1990）。然而，對於某些不符合傳統性別角色的個人可能形成限制，社會也不能讓這些成員人盡其才，發揮最佳的才能。

衝突論的觀點主張，男性在未工業化時代，因生理優異及免於生育的自由得以在物質上主導女性（Schaefer, 1990），目前這種顧慮已不再重要，但長久建立的性別文化一時無法去除。

功能論與衝突論者均認爲，非經由社會文化的激烈變動，性別角色無法改變。功能論者以爲，若所有傳統的性別區分均被更動，可能導致社會不安或其他不可預知的結果；衝突論的看法則是，若一社會架構須靠壓迫某一多數族群才得以維繫，這一社會架構並非理想方式，仍會變動。

心理學觀點

心理學者追溯刻板印象形成自人們早期的發展（六週至六個月大），當孩童第一次會分辨自我與所處環境時。孩童分辨的自我認知，伴隨著對所處環境失去控制的覺悟。爲了配合主控權的減小，發展中的孩童便將事物二分化：好（有能力控制）與壞（無法控制）；甚至，爲了保留權力維持的幻想，孩童將壞投射爲他群（壞的世界）（Schiamberg, 1988）。

心理學者藉由客體關係理論（object-relation theory），說明刻板印象在心理學的深層結構（Schiamberg, 1988）。首先是當人們在爲他人定義時，也同時在爲自己定義。吉爾曼認爲，對他人的定義必須配合自我定義的基本歸類。

其次，吉爾曼指出三種自我與他人的分野歸類：利益、性別、社會關係（即病痛死亡、性別及種族）。

再者，吉爾曼以爲刻板印象在社會心理學領域並非一成不變，而是流動易變的。因而，文本如同結構體系的再現，文本中變化的刻板印象值得探討研究。「文本如同內心世界意像再現的結構化表達，而文本的建構可達成形象控制的企圖。」（Schiamberg, 1988）吉爾曼強調，類似體系的再現——不論藉由文字或影像表達——導致刻板印象的形成，一方面投射人們內心的焦慮，一方面也隨著表達減低焦慮。

學者伍德等（Wood, Bruner, & Ross, 1976）將投射的過程視爲文化他群（cultural others）的社會建構模式，刻板印象如同社會對其負面

意向的否認，而將這些負面意象歸諸爲他群的緣故。觀察國內幼教頻道呈現的廣告內容，常會插播女性美容塑身或保養品廣告，學童未必在親子共視的環境中觀看電視，其是否形塑了各種刻板印象，値得關心。

客體關係理論解釋刻板印象不僅包含外在的直接投射，還包括投入（introjection）——即個人將外在事物特質轉化爲內在特質，並聲稱這是自我的特質。每個人都習慣棄惡揚善，這既反映正面、負面特質往往並存，也使人們陷入兩種選擇（Harwood, 1998）。

柯蘭（Klein, 1967）認爲，人們經常來回擺盪於兩種選擇：第一種是所謂偏執狂階段（paranoid-schizoid phase）——這時人們懼怕負面特質，也使正面特質理想化；第二種爲壓抑的立場（depressive position）——這時內心又充滿了罪惡感而覺得有虧欠。

第一種偏執狂階段，人們硬將負面特質與他群劃上等號，將負面形象投射於其他族群團體；第二種壓抑的階段，人們又因刻板印象的偏執歸類，對於將他群以負面特質描繪感到罪惡感。

心理分析觀點

傳播學者柏格（Berg, 1989）還由心理分析的觀點審視刻板印象，他認爲刻板印象如同佛洛依德所提出的陽具崇拜——刻板印象是人們將事物合理化的一種防衛機制；陽具崇拜既否認女性欠缺陽具的事實，卻擔心可能被去勢的威脅。

柏格將正面的刻板印象，視爲社會他群對性別威脅的反應。這種對性別的合理化，更強調了他群的主要差異。

拉康（J. Lacan, 1978）從語言學觀點，結合了語言、心理分析與社會化的論點，提出孩童發展過程中的鏡子階段（mirror stage）。鏡子階段發生在孩童六個月到十八個月大，這一階段孩童對事物的認識由想像進入符號象徵化。

人們在孩童時期的語言前階段，或所謂戀母情結之前的階段，相信自己與母親的一體性，那時孩童並未察覺自己與母親是獨立的兩個個體。當成長進入鏡子階段，戀母情結與語言學習同時展開，符號象徵化的同時也須接受獨立的事實。

拉康以爲，刻板印象不僅是將他群與自我的特質反面化、對立化，也在於所使用語言、語言次序的定義。因而，主體與他群基本上相互依賴，不可分離。主體終其一生在追尋統一的自我，當然這是不可能達成的。在符號象徵化階段，主體處於渴望（想像的完全）與缺乏（痛苦地發現不可能找到統一的自我）的兩極。

拉康的主張有助於了解他群的正面與負面特質。當主體處於渴望與缺乏的兩極，主體同時看到他群的正面（可達到想像統一的理想）與負面（不可能達到統一的現實）。在拉康的模式中，他群曾被（暫時）理想化爲回歸統一的途徑，當然爾後又無疾而終。

拉康認爲，無意識的部分形同語言，而文本如同人格化的美女（psyche）。這使得心理分析學者有一個合理化的解釋——分析文本而不須個人（作者、角色或讀者）。

佛洛伊德將無意識視爲一種漩渦的驅使，拉康則將無意識界定爲一種有組織、顛覆的趨力。拉康以爲無意識有其邏輯上的結構、操作性，而且，無意識便是不斷質疑主體，使原本受主體符號壓制的渴望得以復甦。佛洛伊德主張，當意識表層的渴望受到壓抑，渴望則以僞裝方式表現於夢境、玩笑或被遺忘。拉康卻以爲，當渴望被壓抑，將形成更深的含意，因爲意識會不斷提醒主體在想像時期的渴望，以及在符號化階段無法達成的痛苦。受到壓抑的渴望會來回於無意識，但渴望與壓抑將永遠存留。

無意識、渴望、壓抑等爲生活中不可或缺的事實。主體永無止境地在不同的符號中遊移，尋找完全的理想。學者柏格主張，刻板印象

便可藉拉康的符號象徵化次序觀察，刻板印象如同一組符碼，主體由刻板印象中尋找想像完成的理想。

意識型態觀點

從意識型態層面分析刻板印象，刻板印象如同主流價値觀的負面鏡（Berg, 1989）。例如：長久以來，僑生在一般學生群中常被誤解爲言行放蕩、成績不佳的一群，這是因爲主流價値觀一直以本地生的舉止、成績表現爲依據，而未顧及僑生來自不同的成長背景，華文基礎未必能與本地生旗鼓相當。

刻板印象反映霸權，即強勢團體爲保持其主導地位，而採取的狡猾、看似自然的方式。因此，刻板印象如同強勢意識型態的工具，傳播媒體所呈現的刻板印象，將強勢團體刻劃爲與生俱來便擁有權力，而其餘邊緣團體則自然成爲權力被剝奪的一群。

學者戴爾（Dyer, 1984）指出，強勢團體往往藉由刻板印象企圖「使刻板印象成爲社會的風俗，且按照強勢團體的世界觀、價値體系、敏感度及意識型態（Dyer, 1984, p. 30）。」戴爾由霸權角度說明刻板印象的兩個主要特質：種族自我中心主義以及信奉與生俱來不可改變的心理特徵。然而，霸權本身不是固定不變的，而是活動的，「需要繼續建造且經過內部、外部的挑戰洗禮而再重建」（Dyer, 1984, p. 30）。這些挑戰包括自附屬團體次文化而來的挑戰。

阿圖塞（Louis Althusser）將意識型態看爲一種生活經驗，這種經驗提供了主體自我界定的方法，如同個人與生活環境相互依存的合約。刻板印象所創造的他群，可讓強勢團體藉而建構、維持其認同，刻板印象在其中扮演了結合的角色。因此，刻板印象是在經濟、政治、社會等因素中，協助形塑主體的世界觀。刻板印象不僅協助主體解釋、建構及界定世界，也讓主體得知所屬的位置。

以身處強勢主流體系的女性位置爲例，早期的女性主義者審視媒體中的女性形象，將女性視爲男性以爲的他群——女性如同負面的男性。女性的刻板印象特質有：沒有個性、消極、不穩定、敏感、虔敬、母性、感性、沒有理性、順服的（Ellmann, 1968）。女性主義近期文獻則開始審視女性在父權論述中的位置——極端的負面。其中有些女性主義批判研究重視窺視的影響，分析文本與閱聽人的關係。如有關窺淫狂（voyeurism）與戀物（女性衣物）癖（fetishism）的研究（Mulvey, 1985）。

女性主義者毛葳（Mulvey, 1985, p. 804）結合心理分析、意識型態與女性主義的觀點指出：「女性處於父權文化中如同男性他群的指稱物，經由符號象徵化次序的包裝，使得男性得以捱過幻想與慾望，女性被賦予的形象成爲意義的承載者，卻非意義的創造者。」

毛葳認爲，媒體中女性的刻板印象提供男性窺視的愉悅感，鏡頭螢幕也如同一面鏡子，可重新激起觀賞者在鏡子階段的記憶。螢幕上、鏡子內、觀賞者同時喪失了本我，也補償了本我。類似的功能不只受限於女性題材，也包括異文化、不同族裔的議題。

由社會心理、社會學、心理學、心理分析、意識型態等層面審視刻板印象，可以獲知，刻板印象存在於強勢團體對弱勢團體的看法，也存在於強勢團體對自己的認知（通常偏向正面），弱勢團體對本身與對強勢團體的印象。

不可否認，刻板印象是一種誇張的擬化現象，普存於世界各族群。引起刻板印象的成因，大致有三方面（Schaefer, 1984, ppw. 65-67）：

1.由少數事實推得的錯誤概化。
2.自我預言的實現：弱勢團體接受強勢團體所給予自己的刻板印象，並且順從這個刻板印象，甚至忽略了不符合刻板印象的證據。

3.弱勢團體在媒體上的呈現，往往強化了刻板印象。

性別刻板印象就是對不同的性別，帶著過度僵化、簡化的觀點，當我們認知到一個人是女生，馬上就會覺得她應該是軟弱、情緒化的、具有「溫柔、感性、不侵略、可愛、美麗」等等特質。其實在我們的社會文化中約定俗成地規範了男性及女性應當扮演的角色，並指出對不同性別的期待與規範。當社會價值觀傳遞某種屬於某個性別特有之特質，即稱為「性別刻板印象」（gender stereotypes）（葉郁菁，2001）。

性別刻板印象的發展可追溯自學齡前，在我們兩、三歲知道自己是男是女的時候就開始形成。Nash和Brucken（1978）的研究中即發現，給兩歲半到三歲半的小孩男娃娃，他們會認為這個娃娃喜歡玩車子、幫父親的忙、建造修理東西、喜歡打人；而女娃娃會比較喜歡講話、不會打人、常常需要幫助、喜歡幫媽媽做家事（譬如煮飯洗衣）等。而這種刻板印象會在兒童期繼續發展，直到成人。葉郁菁（2001）的研究中以分析兩百一十九位城市及鄉村地區國民小學學童的兒童畫有以下發展：

1.低年級學童傾向以服裝及頭髮長短呈現性別差異；高年級學童則強調男性化及女性化態度的差別。
2.低年級學童對父母親形象仍保持傳統觀念並有強烈性別刻板印象，高年級則較多樣化。
3.女童描繪的家庭活動以居家、室內為主，男童以戶外為主，仍然反映了女性化行為與男性化行為的特質。
4.女童比男童更容易描繪母親從事家務，可能是因為社會化過程中女性較易接受社會規範（也有可能是因為女童對母親角色產生認同，故經由社會學理論更強化此刻板印象）。
5.畫中的女性會玩玩具槍、電腦，但具有女性化特徵遊戲只有女性從事，且高年級女生描繪的女性，多半從事家務工作。

6.城鄉差異：都市兒童之家庭活動多以室內爲主，鄉村地區兒童的家庭活動較有變化；都市地區以雙薪家庭居多，所以角色模範多是父母親共同分擔家務工作，鄉村地區性別分工明顯，女性多半是家務工作的服務者。

可見性別的刻板印象，仍然經由社會化的歷程，透過各式各樣角色的模範穩固的進行傳遞；而城鄉的差距也提醒我們不同的環境的確可以對刻板印象造成不同結果，故不一樣的媒體刺激，可能也會使得對兩性刻板印象的內容有所改變。而隨著孩子的年齡愈大，性別角色的刻板印象會愈強，並且會開始依照心理向度來區分兩性，他們會認爲女性是軟弱的，情緒化的、心軟的及有感情的；相對來說，男性則是有野心的、果斷的、強勢的及殘酷的（李美枝，1989）。這種對性別的刻板印象，從小一直延續到我們成人。但是男女兩性在人格特質上眞的有如此大的差異嗎？

研究人員分析了一千五百多篇有關性別差異的研究後，發現性別刻板印象中，還算正確的僅有四項，其餘都是無根據的迷思。這四項包括（Maccoby & Jacklin, 1974）：

1.語文能力：女孩子的語文能力發展較早，但開始發展後差異不大，到青春期後，女性又比男性擁有較佳的語文能力。

2.空間能力：男性在視覺及數學推理測驗上（須依賴空間知覺判斷者）表現較女孩爲佳。但是這樣的現象，後天社會化的養成影響也許也占有十分重要的地位，譬如老師在數學課時，可能因爲刻板印象，不自禁的給予男學生較長的關心與等待時間，而女學生因爲「數理能力本來就比較差」則有回答不出來也沒關係的豁免權，或者在成長過程中的其他環境，造成學生本身也有相似的認知，這些都可能加深這個刻板印象的繼續形成。

3.男性青春期之後，數理能力開始超過女性。

4.男性較女性具有攻擊性。

也有研究指出，攻擊行爲在天性上可能稍有不同，但若提供女性合理的攻擊機會，具有傳統性別刻板印象的女性會較不傳統的女性，攻擊行爲增多。而就探索行爲來看，男女兩性在小時候，其實是具有相同程度的自信、好奇心與探索外界的行爲，且受人影響的程度也相同，一直到高中之後差異才漸明顯。可見社會化的影響才是促使性別差異日漸擴大的原因（陳皎眉等，1996）。

現今社會出色的女性工作者愈來愈多，許多男性也打著「新好男人」的旗幟，但卻是將父權思想以糖衣包裝之後，藉由一種更隱晦不明的曖昧方式，使現代女性更難以察覺及反抗。如「水晶檸檬洗衣粉」的廣告中，丈夫想要體貼妻子，給她一個驚喜，於是拿洗衣粉幫忙洗衣服，妻子發現之後滿心歡喜。這支廣告暗示了「丈夫洗衣服」不是家庭的常態，所以男性偶爾做家事，對女性來說是一種「恩惠」，所以女性的驚奇其實更內化了父權文化的迷思（林秀芬，2000）。

以台灣幼教頻道爲例，其打著服務兒少的定位，假設兒少在親子共視環境，逐漸播出一些成人產品與服務的內容，幼教頻道播出女性內衣、美容保養、瘦身產品已司空見慣。其他非幼教頻道雖然也播出前述內容，一般人的印象以爲讓學童觀賞幼教頻道內容不用太擔心，卻不知幼教頻道的廣告時段已經相當成人化。瘦身廣告業塑造女性對自己體態的觀感，提醒他們對標準身材的期望，並加深無法到達這種標準的焦慮，這些美容瘦身廣告將女人的身體商品化，女性是男性慾求的「性」對象，例如「女人話題」的一支廣告，女性主管淋浴的鏡頭，代表不分階級地位，（低階）男性對於（高階）女性普遍存有的性幻想，而廣告中的女性位居高位，充滿自信，並了解傲人的身材是男性下屬討論的對象。但矛盾的是，女性旁白中隱藏了相當程度的焦慮及不安，因此廣告雖然試圖採用女性意識素材，以迎合女性消費者，卻經由男性凝視的手法，更鞏固男女不平等的地位（孫秀蕙，1996）。這類的廣告一再強勢播放，容易讓辨別力有限的學童以爲這些迷思不是刻板印象，而是眞理，導致女性學童繼續在父權規範下受宰制。

劉宗輝（1998）的研究中發現，電視中的女主角年齡通常較男主角年輕；相對於男性而言，女性多以家庭角色出現，而男性以職業角逐出現比例較多；女性在職業角色上的比例偏低，又以專門及技術人員所占的比例最高，而男性以主管及監督人員比例最高；且女性較常出現的場景爲家中；女性傾向代言家庭用品，譬如清潔用品、化妝品及日常用品等，而男性則代言建築、鐘錶 、機器及運動類。

王玲如（1993）的研究中也提到，女性在廣告中所扮演的角色有以下幾種：依賴男人的女性，需要男人指導、鼓勵、獎賞才能完成工作，企求從男人得到呵護、照顧、幸福與安逸；或者是全能的家庭主婦，女性最大的成就與滿足便是做個賢妻良母；或是外表漂亮的女性，喜歡任何增加外表吸引力的東西；或是性感女神，展現誘人的胴體，穿著清涼以引人遐想。

陳正男及譚大純的研究中（1995，1999）重測Lundstrom和Sciglimpaglia（1977）兩位學者的「媒體性別角色量表」，並對文獻進行回顧，將女性角色構念歸納分爲女性職業角色、女性權力角色與女性情慾角色三面向。

網路色情

網路色情是什麼？

所謂的網路色情，是指在網際網路上公開張貼或散布裸露、猥褻或低俗不雅的文字、圖片、聲音、動畫與性交易等資訊。網路色情的型態有多種形式（圖片、影片、聲音、文字、線上即時互動式情色交談、色情商品廣告、仲介色情及尋找性伴侶等）。

色情內容具備以下線索：

1.引發性興奮或企圖挑逗性慾。
2.以性或人體裸露爲主要訴求。
3.不具任何教育、醫學或藝術價值者。
4.強調不平等的性關係，如帶有攻擊、暴力、將人體物化、當成性玩物或性商品。
5.多半超出倫常或婚姻關係。
6.往往描繪金錢交易形成的性慾滿足。
7.採取明顯令人不悅的方式表現性關係。

一般所談的兒童色情，是經由圖像、影音或其他視覺、聽覺等表達方式，以電子、機械或其他方式製作，且以促進性慾爲目的，對未滿十八歲的人做性器官或肛門部位的接觸。

網路色情可能接觸的途徑？

網路色情即網路上所有的色情資訊。網路色情可能接觸的途徑有：

數位影像圖片

數位影像圖片（digitized imaged）是我們的兒少相當容易接觸到的網路色情內容，這是因為圖片資訊量大，且取得容易（透過數位相機或掃描器）。

兒少一般可能從WWW瀏覽器或繪圖軟體便可取得，數位色情圖像內容超乎我們兒少的生活想像，包含：色情漫畫、兒童春宮或戀童症、性暴力、性虐待（sadism-masochism, SM）、偷窺、走光照、透視照片。其中有關性行為的性交照片，絕對不是健康教育的素材。這些照片多為異性交、男性交、女性交、雜交等。

流動影像

相較於數位影像圖片，流動影像（animated sequence）顯然更赤裸裸、更直接挑逗刺激兒少！其檔案格式有MPG、MOV、DAT、AVI等。

兒少可能經由影音平台及P2P，不用付費即可接觸到。

色情文本（sexually explicit text）或小說

這部分以情慾小說或文章為主，內容往往具性誘惑的文字片段或廣告，兒少可能從各BBS、網站，內容多偏離社會常態，誤導兒少對於健康正確的性知識、性態度、性行為的認識和理解。

兒少也可能由各種以性為主題的聊天室或部落格，與未曾謀面的陌生網友進行性話題的交談或性交易。

熱線聊天室

熱線聊天室（hot chat）提供交談或視訊接觸，有即時、互動的「逼眞溝通」效果，兒少可能由ICQ、MSN Messenger、YAHOO即時通等，便有機會進行一對一或一對多色情視訊或交談。

數位聲音

網路色情有關數位聲音檔格式包括：WAV、AIF、AU、SND、VOC等，色情聲音媒體檔案較少見，一般附屬於動態影片或出現於線上情色聊天交友網站。這些誇張的聲音效果，提供兒少無限遐想的空間，並可能對「性行爲的聲音」形成刻板印象。

美國有家名爲Skywalker的唱片公司，發行一張As Nasty As They Wanna Be專輯，他們發行唱片之前並未將其唱片送去審查，於是行政司法長官告訴擺放該專輯的唱片行業者，如果他們賣這些專輯可能會因爲觸犯猥褻而被逮捕。法官認爲他們的專輯含有骯髒的思想，對人類的心智沒有幫助，且把性愛用很寫實的方式描繪出來，因此聲音的訊息就等同於用照相機的近照般清晰易見。

色情商品交易

e世代兒少進行網路交易頻繁，網路上販賣各式物品也包含了情趣用品、色情光碟及其他色情商品的販賣，兒少只須透過網路下單，以劃撥、信用卡、貨到付款方式交付貨款，或到便利超商取貨付款。

色情仲介或找性伴侶

一般熟知的兒少網路性交易（網路援交），色情仲介會利用網路平台招攬未成年兒少，從事性交易。網路色情仲介提供兒少一個非金錢交易的性媒介聯絡管道，像是一夜情交友、找尋性伴侶、買春團、情侶聯誼服務，有些採會員制網站會收取會費，有些則完全免費。

製作傳遞

先前港星陳冠希與衆多女星的不雅照片在網路散播快速，網友們不僅互相傳遞，還進行重製，將穿鑿附會的內容（包括漫畫版、模仿演出等）互通有無。兒少可能經由電子郵件、即時通、朋友推薦的部落格中取得，再進行重製及傳遞，這些都在在增添了兒少接觸以及參與製作傳播網路色情內容的機會，過程中形同共犯，卻不自知。

色情訊息使用

十九位受訪者初次接觸色情影片的時間，以國中階段居多，其次是國小中、高年級，少數在高中階段接觸。

四位女性受訪者中有一位在小學六年級畢業旅行時，和同學在旅館鎖碼台看到，其他女性受訪者多在國中階段首次接觸。

十五位男性受訪者除有一位記不得初次接觸的時間，其餘有十一位在國二及國三接觸，有三位在高一或高二階段，有三位則在國小三年級或五年級初次看到。

這些受訪者首次接觸色情影片的原因，有十二位是在同學家看到，四位是獨自在家看到第四台鎖碼台，兩位分別是在家看到父親或姊姊租的，還有一位從A漫（畫）中得知有色情影片；大致以同儕、媒體、家人等管道為首次主要接觸的管道。

至於接觸色情影片的動機，以同儕介紹最多，其次為好奇心的驅使、家人影響、不小心看到，以及為了觀摩學習。

上述接觸色情影片的主要地點多在家中。同儕介紹的觀影地點多在同學家四下無大人時，或在校園教室交換話題後再去同學家開洋葷，甚至段考後在校園圖書館視聽室看同學帶來的影帶。

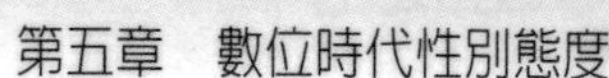

從第四台鎖碼台或A漫接觸的受訪者以不小心看到居多；好奇心使然者是由於發現父親、姊姊或哥哥有接觸；抱持觀摩學習者則以個人翻閱A漫入門爲主。

第一次接觸色情影片的心情，以新鮮感、好玩、刺激或緊張居多，其次是沒感覺或覺得好噁心！

多數受訪者與同學一起偷看時感到新鮮、好玩、刺激，但恐怕被家長或圖書館員發現，又感到緊張興奮！畢業旅行時在旅館開洋葷則感到好玩有趣。不小心看到的初次經驗是噁心。也有少數受訪者和同學一起偷看時覺得沒感覺。

値得一提的是，抱持純粹想看心態的受訪者初次接觸後，不僅興奮，還希望立刻就可以如法泡製。

A女：有啊，我應該是國中的時候看的。在國一時認識一個朋友，女的哦，跟她還蠻好的，不過她很色，她就很愛看那個，她覺得那是她的興趣，就受她的影響我也會去看這個。

B女：就國小不是會去畢業旅行，然後男生一進到旅館就會快點趕快找，然後那時候就大家都窩在同一個房間打牌啊，然後就零食拿著撲克牌拿著問說你們在看什麼，然後就哇——然後就還會有人在門口把風看老師有沒有來，一聽到敲門聲就會看到有人躲到衣櫃裡去，還蠻好玩的，那時候看，也是小時候大家一起玩的那種印象，沒什麼啊！

C女：其實A片那個時候是在那個同學家看的，因爲我同學她們家有那個鎖碼頻道，反正就是跑去她家看這樣子。

E：國小三年級的時候是我第一次看A片，第一次看是因爲我爸租A片被我看到，就趁我爸出門時看了一下下而已！

F：有啊，我有看過啊！第一次看是在高二的時候，在學校的時候同學推薦的，他帶到學校，然後放學我們跑到他家看的。

L：第一次看是在國三某一次段考結束後，在圖書館的視聽室裡面看的，就是段考後大家想要放鬆一下心情，選擇一個有書香氣息的地方來看，然後看一看其實也有點搞不清楚，有點興奮啦！

M：嗯……看過啊！第一次看的時候是國小啦，就是那時候剛開始有有線電視的時候，剛開始都沒有管啊，有時候大白天下午兩三點就有精采的可以看，就那時候看到的，反正就莫名奇妙看到的。

O：是小學五年級，那時候因爲剛好有一個姊姊她租的，然後她當然就很好奇的帶來看，然後我們就很好奇的都有看。

R：對啊，國一的時候。感覺就是覺得眞希望看完就可以馬上去做。就是無意中看到A漫之後才知道有A片，不然就是看錄影帶之後看到A片就想租，也不是說好奇，就純粹想看。

這些受訪者接觸色情資訊久了之後，會形成不同觀影過程。相似之處在於都不再向錄影帶店租看或看第四台，而是直接上網抓A片下載。

由於色情網站多須付費，受訪者常看貼圖區、上網抓片下載、從同好透過電子郵件或MSN傳遞的分享。僅一位男性受訪者一度曾上網看色情小說，認爲有些想像力，爾後乾脆直接看片。

C女：其實只是找一個東西，它就會自己跑出一堆相關的那個，就是他們那時候會跑很兇那個色情網站，還有就是會跑出那種很誇張的分類，有什麼人獸交啊，然後什麼黑人的啊，然後女同性戀男同性戀啊。那種我就覺得很恐怖，其實有些畫面蠻噁心的。

D女：不小心點了那個E-mail，就那種亂傳色情網站的E-mail，不小心，所以就點進去了。

O：　反正就是家裡只有我一個人。其實是好奇吧，因爲那個時候有電腦有網路嘛，那就是在有電腦之前就聽過很多人在說網路上很多色情網站，有機會連上去的話當然就會想去看一看啊！

P：　問：那色情網站呢？答：應該就是上大學十九歲左右，就是那時候開始有在上網。

Q：　都有累積的動機吧。也是因爲好奇想要去看一下吧，當時應該是在網路上打情色兩個字，或貼圖兩個字去看一下裡面有什麼東西。

R：　A片和色情網站比較常看A片啦，色情網站還要付費，要錢耶，A片還可以下載免費的，然後自己慢慢找，我會教你怎麼下載喔！

S：　那時候應該是找那種貼圖區吧。都是從朋友那邊吧，我記得我國中的時候就是有一個好朋友，他就是很多那種東西啊，那我都跑去跟他借，從他那邊得到一些消息。

十九位受訪者全都在夜晚時段接觸色情資訊，尤其是深夜十二點以後。其中有五位每看一部影片會花上半小時到一小時；僅一位女性受訪者在朋友家會從頭看到尾；其他都少於半小時，一面以快轉方式跳以看「精采片段」。所謂「精采片段」與劇情發展或故事鋪陳無關，重點在男優與女優的親密養眼畫面，不含前情或故事情節。

十九位受訪者偏好觀看女優的身體、姿勢、容貌，不太注意男優是誰。但在意女優是否年輕貌美，關注女優的胸部尺寸。大多數受訪者無法接受人獸交或性虐待等情節。

A女：如果是去我那個朋友家看的話，當然就是像看一部電影一樣，就一個小時兩個小時之類的，若平常在家的話就是看個二十分鐘就轉到別台去看了，時間也不固定啦。不過現在我家已經沒有解碼了，我爸不看了吧……哈哈哈……

C女：每次，大概花半個小時吧。就大概看一下，嗚，我突然想到有時候去hotel轉台也會轉到。

E：如果是跟大家一起看的話會看得比較久，自己看的話就看重點片段就好，不會看很久的。

Q：突然很想看的時候就會看一下啦！

G：不固定啊，基本上也不會選在有人的時候看啦！

H：沒有算過，差不多十五到二十分鐘，因爲再看久會被抓包，不管是在家裡還是學校都差不多，通常不會超過半小時，看了半小時後就會想要去做別的事情……持久力不久，可以這樣講啦……最常看的時候應該是大二吧，因爲比較閒的關係。

I：嗯……想到才會看。看完後就刪掉，有時會去逛逛人家的ftp站看有沒有什麼新的東西，哈哈……看的時間跟次數都是不固定的啦！

J：頂多只是花個三四十分鐘去看這種東西，也不會花整天去看，看久就沒感覺了不好，我不會一天整天一直看那個或者

說固定哪天要看，就想看的時候才會去看這種東西，不過我會常常上（網、ftp）去抓，看看今天有沒有新的可以看。

L：一般週末比較空閒的時候會看，不管在家或在學校都是啦，不過狀況不一定啦，看的時段吧……晚上居多，也有中午吃飯的時候看，一邊吃便當一邊看啦，不過那很少，都是同學說有什麼新的東西拿來看而已，看完就刪掉。如果是眞的想看一些有的沒的的時候，就通常都是晚上十二點以後看。我第一次看色情網站的時候，我記得我有去找……就是看色情小說的東西，覺得那個有點想像力，不過現在已經懶了。

M：如果剛開始的時候，就都看蠻久的，因爲那種有線電視你又沒辦法快轉，所以就會跟著把一整片看完，現在的話就都很快啊，用電腦，拉你想看的地方去看就好了，而且那種東西本來就不會看很久吧，看個半個小時就很累了，因爲看來看去還不是都一樣。只要室友不在的話就會去看，其實是不固定啦！

N：這個要從幾個面向來看，第一個面向要看這個貨源。貨源充分的話，看的頻率就會高。第二個面向，是要看片子的長短跟品質，片子如果一抓下來就是700MB一個小時的節目，那看的時間自然比較長。那品質就是，如果女主角長得很糟糕的話，大概一拉就關起來了，就刪掉丟到資源回收桶。那第三點就要回歸到身爲一個研究生，我通常很積極埋首於課業跟學術工作的時候，我就不會去看A片這樣子。反正一定是在念書念到某一個不想念的階段，或是呢，有朋友自動傳簡訊來說新貨上架，站長推薦，哪一片讚，然後反正就還好，但是晚上的機率比較高，因爲晚上的氣氛感覺就是比較私密性的啊！

O：每次喔，很不一定。通常是有一個，通常不會太誇張啦，可是從半小時一小時到兩個小時或是應該不會超過兩個小時吧。兩個多小時可能都有可能吧。就是有時候會斷斷續續，有時候你不會只專注在上色情網站，可能你同時還在做別的事情這樣子。可能三四天可能就會看一次A片。都是在網路上抓的。主要是以日本的爲主。

P：大概十五到二十分鐘吧。十二點之後，可能有時候就是跟朋友出去，回家然後覺得蠻空虛的，就會上一下色情網站。其實我都是上色情網站抓A片下來。

Q：最早之前會比較久，不會超過一小時，就是大概半小時到一小時看一下，就抓圖吧。那看片子的話都是跳著看吧，那時間長短不一樣。就會選擇比較精采的片段，譬如說比較重要的部分。前面有些劇情比較拖時間，那就直接到後面他們直接在那個，就是比較養眼的畫面啦。一個禮拜會上去看貼圖看個一兩次，貼圖的東西去看一下，但是也不一定算是色情網站，因爲那有的是寫眞。

R：一個小時。每天都看。哪些都小片子而已啊，幾分鐘五分鐘十分鐘都有。都是在是晚上啊，我只有晚上有空啊。難道要白天喔，白天太操了啦！

S：也不會花多久時間吧，如果以現在來說頂多半個小時吧。時間大概都晚上的時候吧。大概隔天看吧。

刻板印象形成

那麼，觀看色情影片的過程，會不會希望如法泡製呢？四位女性受訪者都表示不希望如此，但會做一點類似嘗試。十五位男性受訪者中有十二位持同意立場，只是程度各有差異。

1.抱持同意立場的受訪者坦承，會複製色情影片中一些正常的親密互動行爲，視爲一種學習途徑。
2.少數受訪者以爲色情影片中的親密行爲代表性生活美滿，性生活美滿才可維持長久關係。
3.也有人表示劇情與眞實生活有別，然而某些程度上會做類似嘗試，模仿影片中的情境。

雖然多數男性受訪者承認會模仿色情影片中正常的親密行爲，但「正常」的定義因人而異，各有所本。

D女：不會，因爲好假喔，而且太多都是那種強暴的，那太誇張了，很多都是誇大渲染的吧，很多東西都是一般人做不到的吧，或是不可能去承受。

O：某些程度上會，但是A片都是很誇張的，所以即使你想要模仿，有時候也很難。但是某些程度上可能會做一點類似的嘗試。

P：都只會複製一些正常的行爲，就是比較不會是變態或是什麼的，A片情節都是不可能發生的，我會覺得很奇妙，沒想到眞的有這種事，總是遇不到，眞可惜。

Q：　其實我覺得不會啊，因爲我會分清楚什麼是片子，什麼是眞實的狀態。片子裡面的情節發生在現實生活中認識的人身上？我應該會不舒服吧，因爲我覺得那東西比較不可能在現實生活發生的劇情，那如果發生的話，應該是比較不好的狀況。

R：　當然會啊，那代表她們性生活很美滿啊，我很滿意。因爲性生活一定要美滿，才會長久。

S：　會啊，因爲算是一種學習吧。其實也沒什麼，一般男女性交做愛的話，我覺得還蠻正常的。應該一般男生都會學A片裡面的姿勢吧。

十九位受訪者中有十三位受訪者目前沒有異性朋友，四位女性受訪者中有一位有男朋友；五位男性受訪者有女朋友。

六位有異性親密朋友的受訪者如何形容自己的那一位？女性受訪者除形容男友個性外，敘述男友興趣是練身體，外型像猛男；五位男性受訪者眼中的她，以可愛、乖巧、溫和、高䠷、時尚、漂亮等外貌形容居多，其中三位受訪者稱許女友的自然、圓融、有主見或獨立。

共有十一位受訪者表示希望理想中的異性朋友最好像自己欣賞的媒體人物（不限於色情影片）；三位受訪者主張媒體與眞實生活有別，不須如此；另有六位受訪者抱持無所謂的觀點。

四位女性受訪者中有兩位偏好外型像猛男的異性；十五位男性受訪者中有九位受訪者提及對方個性的特質；兼有九位男性受訪者對於女性的外型有所期待，如：漂亮勻稱、高䠷像混血兒、順眼、健美、好身材、肉肉的。

當然，包括四位女性受訪者與十三位男性受訪者特別談到對於異性個性的期待。女性受訪者偏好的理想男朋友個性：有主見、穩重、

開朗、幽默、聰明、喜歡運動或看書、看電影。

男性受訪者偏好的理想女朋友個性：隨和、不兇、乖巧、大而化之、有氣質修養（像某部色情影片中的女優）、溫柔婉約、開朗大方、活潑熱情、體貼。

C女：個性，我覺得他興趣就是練身體啊，練身體然後，讀書，念那種文學的書，他喜歡看書啊，然後還有看漫畫啊，還有打砲啊。然後可能會看電視看電影這樣子。他的外型算是猛男型的吧。可是雖然年紀跟我們一樣，可是看起來年紀還蠻小的，看起來有點兇兇的。

G：外型應該不是美豔型的啦，然後個性上依賴性還蠻重的，然後脾氣還蠻好的，很好相處，也是屬於乖巧型的。

J：我女朋友她說她就是那種超可愛型的，可是我覺得她眞的蠻厲害的，因爲她不論在女校啊還是在男生比較多的學校，她都能吸引蠻多異性跟她相處，就是追求者眾那種，從國小、國中到高中、大學都這樣子，現在都這樣，班上男生不多可是都會有男生跟她表態啊，然後她跟女生朋友又很合得來，我覺得她人際關係這方面的手腕比較好，就是很圓融啊，不會得罪人家。

N：個性，直來直往，然後很有主見，然後做事很負責認眞，嗯，苗條啊，然後現在剛燙完捲髮、然後還有什麼，比較瘦一點啊。

O：她的個性某方面來講還蠻獨立的。不過我覺得她生活上蠻獨立的，可是在個性上其實還是蠻任性的，有一點點大小姐吧，然後，對自己的想法很有主見。

R：個性很溫和啊，對人也不錯啊，你說她個性嗎，人不錯人很好，只不過有時候會覺得她還蠻吵的，對。興趣唷，興趣倒是沒有，我不太了解。我頂多要求可愛漂亮就好。

是否希望異性親密朋友具備同性知心好友的特質呢？四位女性受訪者皆表示希望如此；十五位男性受訪者有三位不置可否，有七位認爲異性親密朋友不須具備同性知心友人的特質，因爲無法視男女朋友爲知心好友。僅五位男性受訪者覺得異性親密朋友可以向好朋友般分享交流。

B女：會啊，要幫我解惑啊，總不能我在這邊煩惱他也不知道怎麼幫我吧！

C女：至少要像朋友的那種感覺啊。因爲妳有些事情一定要能夠跟他分享。

I：就不會那麼想，我覺得對女朋友的話要求……雖然有那種典型啦，可是那不好找啊，我覺得女朋友OK就好。

J：嗯，我覺得異性朋友跟男生的朋友是比較差別比較大的，我是覺得大而化之就比較好，又會關心你，等你需要關心時她會關心你，然後又會聽你講話，而且適時給你意見，我覺得有時這跟朋友是比較難做得到的。

K：嗯……女朋友的話，我會比較希望不注重那些小事情，就是不要在一些雞毛蒜皮的事上鑽牛角尖。我就是比較不希望女生會爲一些小事情在那邊鬧彆扭。

N：並不會好嗎！完全沒有想過這個問題好不好。

O：不好。

P：當然是希望啊，因爲這樣比較聊得來，比較開心一點，但

是其實女生男生還是很多不一樣得地方，對啊。

Q：　不會。這樣聽起來很怪。性格上，還好耶，因爲這樣聽起來滿奇怪的，因爲如果之後的異性朋友會像同性的個性，不知道耶，那是不一樣的狀況吧。

R：　因爲感覺就是覺得怪怪的。怎麼講，這就很難回答耶，就是不希望啊，可是我講不出所以然。

S：　我覺得最好是那樣子啊，比較好相處。

十九位受訪者中僅一位來自單親家庭、一位與父親和繼母同居。所有受訪者共同點是多數與家長的一方，特別是父親關係疏離，或有所顧忌，少數與母親互動較多。但十九位受訪者都不會主動和家長或老師交換兩性相處的意見與經驗。

部分受訪者會聽友人提及與異性相處的經驗，較少和家中手足交換兩性相處的意見，大多時候是和同儕友人互相切磋影片內容。

九位受訪者都不曾認眞接觸過健康衛生、性教育的教科書，傾向從媒體中觀摩或宣洩情緒。

結論與討論

爲了探討e世代色情資訊使用者兩性態度的形塑，本章採深度訪談法訪談了十九位色情資訊使用者，結果如下。

色情網站使用者接觸色情資訊的原因？

追溯受訪者接觸色情影片的動機，以同儕介紹最多，其次爲好奇心的驅使、家人影響、不小心看到，以及為了觀摩學習。

接觸色情影片的主要地點多在家中。同儕介紹的觀影地點多在同學家四下無大人時，或在校園教室交換話題後再去同學家開洋葷，甚至段考後在校園圖書館視聽室看同學帶來的影帶。

從第四台鎖碼台或A漫接觸的受訪者以不小心看到居多；好奇心使然者是由於發現父親、姊姊或哥哥有接觸；抱持觀摩學習者以個人翻閱A漫入門為主。

另外，無聊或缺乏生活目標，也是色情網站使用者會觀看的原因之一。

多數受訪者和家人的關係流於形式，尤其與父親之間互動關係不佳，長久壓抑或逃避使然都可能形成環境的成因。

根據文獻證實，經由成人講解與互動的過程，可以幫助兒童在使用媒體的過程中掌握主要的資訊，並澄清隱含的內容（Westby, 1981）。Kimball（1986）的研究也提出類似的結論：來自單親家庭的孩子為了排遣自身的寂寞，往往使其增加使用媒體的時間。這代表家長參與孩童接觸媒體可以引發不同影響。

也就是說，儘管小學中年級至國高學習階段的青少兒對性抱持好奇與疑惑，同儕之間私相授受，或從媒體中探知一二的現象頻繁。如何適時提供健康正確的性教育資訊，以及增進與青少兒溝通的技巧，值得正視。

其次，不少受訪者偏好觀看主角是老師，並表達教師是生活中可以接觸的人，但卻帶有威權，在色情影片觀看到可以顛覆權力。教師對於大多數青少兒學生象徵考試升學，台灣青少兒在升學主義狹隘價值觀的壓迫下，能夠掙脫現況似乎可舒緩壓力。

加上教師及家長帶有威權的象徵，代表這多少意味著親職關係或校園師生關係出現挑戰或不和諧，都可能在青少兒走過叛逆期階段留有不愉快的記憶。

走過青春期後仍常流連色情網站的使用者或大量使用者（每天都要看），其背後隱含的是色情網站使用者藉由觀看色情網站紓解壓力——來自課業學習、家庭關係、缺乏生活目標、同儕互動，或對現況及個人形象焦慮而形成。換言之，加強青少兒情緒管理能力、建立健康的自我概念，相形重要。

色情資訊對其兩性態度形塑有無影響？如果有，是哪些？

參考涵化理論的觀點，當閱聽者愈相信媒體資訊所言爲眞，愈可能影響閱聽人的認知、態度或信念：

1.魔窗（magic window）：即閱聽人相信所看到的資訊就是眞實世界的反映。

2.教導（instruction）：即閱聽人相信所看到的資訊是一個學習的管道。

3.認同（identity）：即閱聽人認爲資訊中的角色和情節可與自身經驗相結合。

深度訪談結果顯示，受訪者大多可以分辨眞實生活與色情網站或相關資訊主角有差距，但對於色情內容上描述的親密行徑，因缺乏參考依據而傾向選擇性地相信色情資訊的相關描繪，這形同產生魔窗涵化效果。

其次，十九位男女受訪者中有十三位坦承，會複製色情影片中一些正常的親密互動行爲，視爲一種學習途徑；少數受訪者以爲色情影片中的親密行爲代表性生活美滿，性生活美滿才可維持長久關係；也有人表示劇情與眞實生活有別，然而某些程度上會做類似嘗試，模仿影片中的情境。這代表大多數色情網站使用受訪者將色情資訊呈現的親密行爲當作一種學習方式，及色情資訊會產生教導涵化效果。

共有十一位受訪者表示希望理想中的異性朋友最好像自己欣賞的媒體人物（不限於色情影片）；三位受訪者主張媒體與眞實生活有別，不須如此；另有六位受訪者抱持無所謂的觀點。

四位女性受訪者中有兩位偏好外型像猛男的異性；十五位男性受訪者中有九位受訪者提及對方個性的特質；兼有九位男性受訪者對於女性的外型有所期待，如：漂亮勻稱、高䠷像混血兒、順眼、健美、好身材、肉肉的。還有男性受訪者不希望女友身材太顯眼，免得招蜂引蝶惹麻煩！這多少反映色情資訊中的角色和情節仍無法與自身經驗相結合，即色情網站的認同涵化效果不顯著。

青少兒由多種管道學習與成長，包括同儕、家長以及傳播媒體（Rose, Bush, & Kahle, 1998）。關心兒童身心發展的文獻指出，成人特定的互動技巧，在兒童觀看電視時有助於其學習，例如成人事實的問題並予以思考的過程，會讓兒童更積極的參與節目並釐清其節目內涵（吳知賢，1997）。這說明青少兒兩性態度形塑固然可能受到傳播媒體涵化（魔窗、教導效果），如經由家長及教師講解與互動的過程，可以幫助青少兒在接觸媒體的過程中掌握主要的資訊，並澄清隱含的內容。

問題與討論

1.請問什麼是刻板印象？其成因？

2.請問網路出現的色情資訊有哪些？

3.色情網站使用者接觸色情資訊的原因是哪些？

4.色情資訊對其兩性態度形塑有無影響？如果有，是哪些？

附錄：實證研究設計

本章將追溯網路色情訊息對青少兒兩性態度形塑的可能影響，並希望藉此尋找形塑青少兒成長過程性別態度形成「社會化」的可能成因。兩性態度是指對兩性相處互動描述的持久性評價與看法。

首先在台大PTT網站徵求觀看色情網站的受訪者，兼透過滾雪球方式找到十九位受訪者，各有四位女性受訪者及十五位男性受訪者接受一小時三十分至兩小時的訪談。

受訪者資料如**表5-1**所列。

表5-1　色情網站受訪者

編號	名字	性別	年齡	備註
A	Moler 01	女	十八	
B	艷後 05	女	二十	（單親家庭）
C	深訪二	女	二十四	研究生
D	深訪七	女	二十五	
E	叔叔 02	男	二十一	
F	03	男	十八	
G	小明 04	男	二十	
H	If 06	男	二十一	
I	阿美 07	男	二十二	原住民
J	Awoo 08	男	二十三	
K	Conan 09	男	二十二	
L	豬血陳10	男	二十三	
M	福伯 11	男	二十二	有架ftp站，供人家做A片或是卡通片的交換用
N	深訪一	男	二十四	研究生
O	深訪三	男	二十四	研究所畢（服役中）
P	深訪四	男	二十四	家境極為富裕，大學被多次二一，現準備在美國念書
Q	深訪五	男	二十五	
R	深訪六	男	二十一	大學生
S	深訪八	男	二十三	理工研究生

深度訪談問題包括：

1.請問你心目中理想的異性朋友需要具備什麼條件呢？
2.請問你現在有欣賞的人（包括公衆人物）嗎？
3.你會希望你心目中理想的異性朋友像您的偶像嗎？
4.請問你和你好朋友的關係如何？這好朋友要是同性的喔！
5.請問你會希望你的異性朋友像他／她一樣的特質嗎？男女朋友的特點、個性呢？
6.請問你有乾哥或乾妹嗎？
7.談談你和家人相處的經驗？
8.請問你和你父母的關係如何？他們的個性和興趣怎樣？
9.請問你會希望你心目中的理想異性情侶像爸爸或媽媽嗎？爲什麼？
10.請問你有和其他家人比較常接觸的？
11.那你會希望你心目中理想的異性情侶像他們其中一個人嗎？
12.談談你自己，你覺得你有哪些特質？
13.你會希望你心目中理想的異性情侶像你自己嗎？爲什麼？
14.你看過A片或色情網站？說說第一次看的情況與原因吧！
15.請問你看A片的時間會固定嗎？每次看多久呢？
16.你會和朋友或家人交換觀看的心得嗎？
17.請問在觀看A片的過程中，會不會希望你以後的性經驗類似A片當中的？
18.那你喜歡觀看的A片或色情網站的內容是什麼？
19.那就是在觀看A片或色情網站的過程中，最有興趣的部分是什麼？那哪些角色會吸引你呢？在觀看A片或色情網站的過程中，哪些部分會令你興奮？令你不舒服的部分是什麼？
20.你會希望你心目中理想的異性情侶像他／她嗎？爲什麼？

第六章

數位時代親子代溝

- 前言
- 資料、資訊、知識與智慧
- 知溝與數位落差
- 數位代溝
- 結論與建議

「他必使父親的心轉向兒女，兒女的心轉向父親。」（瑪拉基書4: 6）

前言

網路日益普及，網路提供現代人資訊查詢、聯絡交流、影音娛樂、電子商務等便捷的內容與服務，成爲現代人分享與展現個人的舞台。可惜，網路霸凌、垃圾郵件、兒少不宜網站仍不時浮現，e世代社區家庭青少兒上網安全值得持續關注。到底青少兒學生上網做些什麼？又參加哪些網路社群呢？青少兒家長對於孩子的上網行爲知多少？

出身於英國的作家兼實證學者培根（Francis Bacon）相信：擁有知識就是力量，生活的理想就是爲了理想的生活。這意味著知識的存在，是爲了改善人類生活品質或提升心靈。

法國結構主義批判學者傅科（Michael Foucault）關注知識所帶來的權力，而非知識的力量（the power in, rather than to the power of knowledge）。如賀依（David Couzens Hoy）所言：知識並非是優先於權力，也非獨立運用來取得權力；每個社會每個時代都會有源自於權力關係的眞理政權（a regime of truth）。眞理政權未必是國家政權，可能來自於學術殿堂，或社團、宗教或企業等組織。

舉例而言，當選舉季節來到，不同黨派會提出各自的訴求與理念，以二元對立方式，比較自己與他黨的異同。又如對於傳播制度的辯證，主張自由化，或公共媒體的眞理政權，也常短兵交接，各自招聚師徒或揪團，追尋與實踐理念訴求。

如傅科（1980）形容：眞理政權的兩端，在相互解釋彼此研究範

圍時都面臨了困難，因此兩者是共存的。這說明了不同的群體有他們領導知識的存在情形，缺乏唯一的眞理知識存在。

重點不在於處理衝突的知識宣稱（the conflicting knowledge claims），也不在於降低眞理的地位，而是喚起知識宣稱必需的規訓權力（Foucault, 1980）。每日生活裡的知識宣稱（包含科學、商業、政策），甚至是關於知識宣稱的知識都是充滿了政治意圖，透過揭露出他的驅動利益和知識生產、防衛機制才能充分了解他們如何運作。團體決策中核心問題不在於資訊是否被適當地傳遞，而在於知識生產的過程、開放式的參與等，它可以在任何資訊生產的環節中被提出，透過問題、概念選擇的測試，以及研究實務的發表和詮釋。

即便如此，同一場公聽會或座談會，如果是抱持相似理念者掌握主持或發言權，仍可以「違正當性」的說詞，例如發言時間過長之類，以口頭或紙條，制止與其立場相違背的公民參與。

知識爲何？參考教育部重編國語辭典修訂本，「知識」是學問、所知道的事理。知識相較於資訊或資料，差異在於資訊及資料是沒有經過整理及運用的，僅是靜態的紙本文字或是影音；而知識是人類腦中的資訊，經過整合可在生活品質或工作等各種場域運用的知能。

古希臘柏拉圖（Plato）與亞里斯多德（Aristotle）時代，知識的本質、眞實內容眞僞辯證，以及知識產生的規則，一直爲哲學知識論探索的議題。以理性主義作爲支撐點，柏拉圖相信知識是與生俱來的，是某種理想心智過程之產物。

從這個觀點出發，某種不需要經驗證實的先驗知識（a priori knowledge）是存在的。相反的，亞里斯多德站在經驗主義的立場對知識加以闡述，則強調知識是感官、經驗之集合體，先驗知識並不存在，知識的唯一來源是人們的感官知覺（Nonaka & Takeuchi, 1995）。

經驗主義與理論主義將知識分爲兩類：一種是以實務、經驗爲基礎的經驗知識，稱之爲「專門技能」（know-how）或「程序知識」

（procedural knowledge），指熟練的技巧與常規。另一種是經由反思將經驗抽象化所得的「理論知識」，指的是事實與命題的發展。

以教育部推動的數位機會中心為例，將數位網路科技設備與使用專門技能，逐步傳布於偏鄉社區，希望賦權於偏鄉男女老幼，立意甚佳。隨著不同傳布的經驗累積，又希望建立推動模式，即所謂進入程序知識。對於人口與社經接近的部分城鄉，類似程序知識可以複製、驗證與應用推廣。

但也出現無法應用的案例，例如：偏鄉地區居民也許以農、漁、牧維生，社區人手有限，一旦農忙，便無暇抽空學習專門技能，這時，如果用一定程序知識推估傳布成效，便出現中心與邊陲思維的知溝。

Davenport和Prusak 主張（1998），知識需要轉移，知識是一種流動的綜合體，能夠隨著使用而累積成長的無形資產，會隨著使用而增加，不斷地衍生出新的概念與想法，包括結構化的經驗、價值以及經過文字化的資訊。此外，也包括專家獨特的見解，為新經驗的評估、整合與資訊提供架構。在組織中，知識不僅存在文件與儲存系統中，也蘊藏在日常例行工作、過程、執行與規範中。

知識是將眾人的經驗或推理做有系統的累積，使之成為有價值的內容（Zack, 1999）。因此，學者將「知識」定義為解決問題的必要資訊（Bock et al., 2005）。

資料、資訊、知識與智慧

現代社會中「知識」與「資訊」的邊際逐漸消失，然而，知識並不等同於資料、資訊與知識三者。想對知識有更深層的認識，就有必要釐清資料、資訊與知識三者之間的相互關係。

「知識」與「資訊」有所區別（Nonaka & Takeuchi, 1995）：

1.**知識牽涉到信仰和承諾**：知識關係著某一種特定的立場、看法或意圖。知識是主觀或有立場的宣稱與界定。

2.**知識牽涉到行動**：知識通常含有某種目的，希望說服他人可以一起建立共識，或採取集體行動。

3.**知識牽涉到意義**：知識和某種特殊情境互相呼應。例如：一起組成討論會、研究團隊、行動團隊，進行理論探索、課程重整或社區改造行動等。

主張組織裡充斥著資訊，但是唯有在資訊爲人們所用之後，這些資訊才算是知識（O'Dell, 1998）。簡而言之，知識就是將資訊付諸行動。

知識管理的觀點（Zack, 1999）將知識、資料與資訊進行區隔。

1.「資料」代表的是從相關情境中所獲得的事實與觀察，一旦脫離觀察與事實，此兩者皆無法傳達出意義。

2.「資訊」是將資訊放在某個有意義的情境中，通常以訊息（message）的形式來呈現，所獲得的結果就是資訊。

3.我們根據這些資訊而相信或重視的事務就是「知識」。亦即資料是從相關情境（context）中獲得的事實和觀察；將資料放在某個有意義的情境之中所獲得的結果就是資訊；我們根據這些資訊而相信或重視的事物就是知識。

《知識管理的第一本書》將智慧納入「資料—資訊—知識」的層級，擴充爲「資料—資訊—知識—智慧」（勤業管理顧問公司，2001，劉京偉譯，2000，頁26），將各層級定義如下：

1.「資料」就是可以顯示某一時點狀況的統計數字等原始資料。

2.「資訊」是把所得的資料視爲題材，有目的地予以整理，藉以傳達某種訊息。

3.一種藉由分析資訊來掌握先機的能力，也是開創價值所需的直接材料，被稱爲知識。

4.「智慧」則是以知識爲根基，運用個人的應用能力、實踐能力來創造價值的泉源。

資料、資訊、知識、智慧四者視作具有連續統一性的整體：許多客觀數據資料經過系統地整理分類後成爲資訊；資訊加以分析和運用後成爲知識；知識依賴於人之判斷、決策和創造使之轉換爲智慧。四者關係如**圖6-1**：

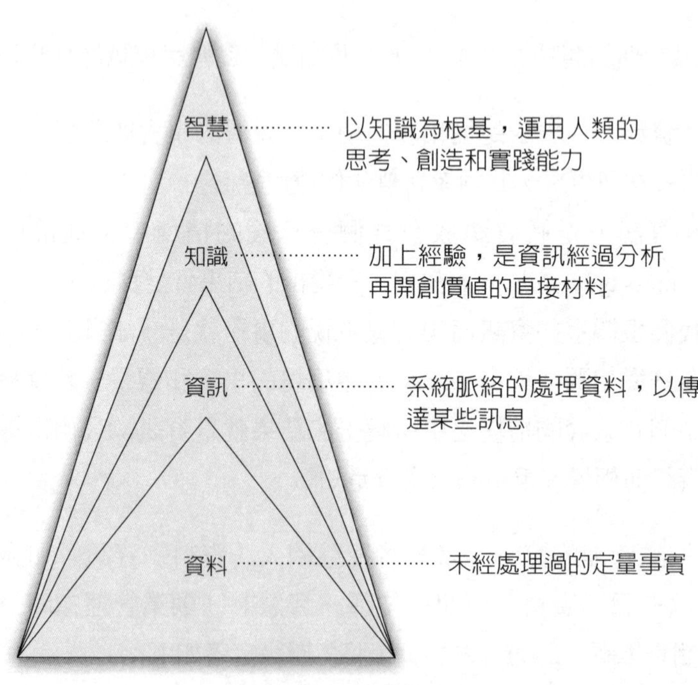

圖6-1　知識階層

資料來源：Arthur Andersen Business Consulting (2001)。

綜合上述，知識的概念並非十分清楚、明確，有相當程度的模糊和包容，並具有無限延伸的可能。現實生活中，資料、資訊、知識、智慧四者也並非可以輕易切割、全然獨立存在的個體。廣義的知識可以解釋爲「資料」、「資訊」、「知識」和「智慧」這四項概念的統稱。

資料形同一種訊息，通常以文字、聲音或圖像的形式來表現，由意義和符號所組成，是資料按有意義的關聯排列所得的結果。資訊是將所收到的訊息、資料、訊號轉換成知識的過程（Meadow & Yuan, 1997）。

知識源於資訊，就如同資訊是從數據而來的一樣。資訊轉變成知識的過程中，幾乎所有的環節都需要人們親自參與。數據來自於交易或是紀錄；資訊則在訊息當中；至於知識，則是來自於個人，或是智者的團體，有時甚至來自於組織裡例行的工作中。知識透過結構化的媒體來進行傳遞，例如網路、手機爲中介傳播的型態；人與人接觸的範圍從面對面交談到參與實體社團活動等。

知識兼具抽象無形、可延伸擴充、流動、分享等特性，善用知識的特性，且化爲實際行動，將有機會創造最大的效益。

知溝與數位落差

美國明尼蘇達大學研究團隊（P. J. Ticheno, G. A. Donohue, & C. N. Olien）在1970年代提出知溝理論。知溝理論的假設爲：「當社會系統的大衆媒介資訊增加，社經地位較高的人，吸收資訊的速度會比社經地位較低的人迅速，久而久之，不同背景的人，其理解與擁有知識的鴻溝會逐漸擴大。」

明尼蘇達大學知溝研究團隊，以教育程度爲社經地位的指標，提出以下命題：

1.教育程度較高者，其閱讀、理解和記憶的能力也愈高。因此，教育程度高的人有較多的資訊理解與應證閱歷，比較容易了解媒介上的新資訊。其抱持的觀點是：教育程度高的人有較寬廣的社交或學術活動範圍、較頻繁的人際接觸、較深入的討論，導致吸收新知的速度較快。

2.教育程度高的人比較會主動接觸訊息，能吸收較多的知識，成爲資訊擁有者。

3.高教育程度者較多選擇印刷媒介吸收資訊，這些印刷媒介大部分都刊登有關科學及公共事務的新聞，高教育程度的人從這些媒介獲得較多的知識。

4.知識的不均衡，也會造成社會權力的分配不均，形同財富的不均衡，導致社會出現不同階級。因此，大衆傳播研究重視資訊分配是否均勻，已成爲資訊社會的重要課題。由於資訊內容的專門化，媒介通道經營權逐漸私有化（privatization），以致資訊傳遞出現落差，可能形成「資訊精英階層」，其對社會具有一定的影響力，又可不斷的影響社會成員視聽觀感的形塑。

5.不僅是傳統媒介的使用和分配，即便新興媒介問世，教育程度較高者或原已大量使用媒介者往往獲益最多。

從資訊社會角度檢視知溝理論的主張，資訊社會訊息存在的型態已經不限於平面媒體，也包含影音、網路互動等多元方式。例如：資訊社會的青少兒，對於新興科技形式與應用的掌握，往往優於年長者，在某些新科技的使用技能上，這些青少兒的科技技巧及知識，或取得資訊的途徑，顯然占上風。相對地，對於資訊內容的取捨與分辨，則未必如此。重要的是，人們如何選擇、分辨、閱讀接收的內容。

知識分享的園地已不受限於傳統學術殿堂或學術研討會，類似觀點或生活閱歷未必僅止於在學術殿堂或研討會上分享交流。以自然生態變遷為例，一些長期居住在大自然生態裡的社區居民，對於生態的掌握與心得，未必少於久居知識殿堂的研究工作者。九二一大地震便是一個實例，台大地質評估團隊對於內湖村內湖國小復校的位置評估，便不如當地耆老居民的見解，最後，仍然採納在地居民長期生活應證的建議，選擇安全的空間復校。

數位落差

知溝理論關注資訊擁有者、資訊貧乏者的形成與演變，隨著公共網路以及全球資訊網的興起，更助長了兩者間顯著的資訊落差（Cronin, 2002）。有關數位落差的論述與討論，紛紛出現。

數位落差（digital divide）也被稱為數位差距或數位鴻溝，根據聯合國經濟合作暨發展組織（Organization for Economic Co-operation and Development, OECD）在2001年出版的《了解數位落差》（*Understanding the Digital Divide*）一書指出：數位落差係指存在於個人、家庭、組織以及地區，不同社經地位者使用資訊與通訊科技以及網際網路進行各種活動的機會所顯現的差距現象（OECD, 2001a, p. 5）。

整體來看，數位落差係指因資訊資源的使用機會不足，或因欠缺使用電腦及網路等資訊與通訊科技能力所造成的差距現象。狹義的數位落差中所涉及到的資訊與通訊科技係專指電腦與網路，然而廣義者則可擴及到其他生活上常接觸到的數位科技，如數位電視與行動電話等。以現況觀之，各國所關注的數位落差內涵乃傾向於前者。

數位落差如同一個關乎生態、多層次的議題，涉及每個人生活中網路能否與現有的傳播架構（communication infrastructure）結合、協助與人之間的互動（Loges & Jung, 2001）。

數位落差一般可從以下層面檢視（Norris, 2001；黃葳威，2004）:

1.**全球落差**（global divide）：如已開發國家與開發中國家對於網路接近使用的差別（Norris, 2001），例如一些非洲、中亞國家資訊科技的分布，和台灣、日本、美加等已開發國家有所差別。

2.**社會落差**（social divide）：不同國家社會中資訊豐富成員或團體，與資訊匱乏成員或團體的差距（Norris, 2001）。台灣部分偏遠或離島地區的網路分布密度，與台北都會地區可隨處上網的規劃也有差距。

3.**民主落差**（democratic divide）：即使用或不使用數位資源而涉入、參與或動員公共活動的人之間的差異（Norris, 2001）。一些政黨候選人針對網路族的需要，在網路上建置個人競選網站，提供網友參與討論，上網不方便者的參與程度與意願，可能受到限制。

4.**親子落差**（黃葳威，2004）：同一家族成員，家長或監護人與子女（甚至孫子女）間對於資訊科技使用技能的差距。一般家庭年輕成員上網技能往往高於年長者，年長者不熟悉資訊科技新知，也可能因爲彼此生活圈與視野關注有別，致使親子間的觀念、認知落差加劇。

5.**個人落差**（黃葳威，2011b）：最明顯的個人落差，未必是能否使用資訊科技，而是能否自主使用且不被資訊科技操控。時下備受關注的網路成癮現象，便是在資訊科技使用與否的時間調配、生活作息或生活規劃產生失控。另一方面，懂得善用資訊科技便利性的人，卻可以從中達到學習、研究、娛樂、休閒等多重目的。

數位落差是各國均必須面臨的挑戰與課題，美國學者卡爾門（Andy Carvin）指出，當代資訊經濟社會，數位落差乃是最重要的公民

權議題之一。探討數位落差的意涵，實質上則與接近使用（access）、內容、資訊素養、教育訓練及社群等問題相關（Carvin, 2000）：

■數位落差與接近使用有關

如同1970年代的知溝觀點，沒有使用資訊科技者之間仍然存在相當的差距。提供各式資訊科技設備，且讓不同背景的人有更多接近使用資訊科技的機會與管道，便成爲縮減數位落差的思維之一。

近年教育部提供偏鄉地區各式資訊教育、數位學伴，或數位機會中心等行動方案，便是因應策略之一。因此，縮減數位落差的首要任務，往往是促使更多的人能有機會使用資訊科技或網路。然而，給予人們使用網路機會，並無法立即解決社區與學校的各種憂慮。科技存取只是解決數位落差問題所有艱難處中的一小部分，一項實際難題乃在於如何提升大衆的生活品質。

■數位落差與內容有關

建置硬體、學習使用硬體設備固然爲先決條件，同時，軟體的品質與產製也不容忽視。資訊科技存在與接近使用的價值，與其所傳遞的內容價值息息相關。

網際網路內容五花八門，傳遞多元、特有的各式觀點與價值，當內容涉及人身攻擊或誹謗或侵犯他人隱私，除可能引起官司外，一些不負責任的言論內容，往往複製承載誤導網友的內容，不可不愼。

■數位落差與資訊素養有關

當人們談及網路利用時，資訊素養更顯得重要。資訊素養是數位落差問題的核心，爲促使人們更有效率的使用科技，資訊文盲或缺乏資訊素養，乃成爲一項最基本且亟待克服的課題。

以繽紛的網路世界爲例，網路提供各個社群發言討論的空間，也提供食、衣、住、行、育、樂各式資訊，並讓網友留言，交換意見與

經驗。使用者如何善用網路內容，分辨網路上沒有依據的訊息或網路謠言，以及迴避網路各式詐騙、霸凌等內容陷阱，皆可反映使用者對於網路內容的分辨知能。

■數位落差與教育訓練有關

縮減數位落差，除了鼓勵教師在教學過程，運用科技於數位學習、課程設計、議題討論外，前提是讓教師具備前述使用資訊科技教學應用的觀念與行動。一般校園教職員的在職進修，可以加強類似知能的裝備教育。

站在學習者的觀點，目前友善校園關注的網路成癮預防教育，也是關懷、輔導青少兒學生慎用網路資源，不受網路挾制的具體行動。

■數位落差與社群有關

網路無國界，使得天涯若比鄰的理想得以實現。網路的出現，可凝聚、也可促進社群的發展。人們在網路世界有機會加入社群，形塑出屬於他們自己特有的新社群及社群文化。

政府推動減緩城鄉數位落差，在各縣市偏遠社區或部落，設置數位機會中心，藉此賦權於偏鄉地區民眾，有初步成效。然而，各偏鄉社區部落的在地人文氛圍有別，社群凝聚力與生活作息也不同，欲進一步深化數位機會中心的理想，還應將在地社群的特質與生態環境，一併納入規劃，以不同個案個別推動；齊頭式的目標計畫與推動時程，未必可有效推動。

當一般民眾無法在線上建立有意義的互動關係，即難以期待網路能對在地居民產生吸引力。具有運用資訊科技的機會，誠然重要，此外，尚有許多在地適用性亟待考量。鋪設完成上網設施之後，亦須兼顧到在地民眾與社區的確切需求。

科技始終來自於人性，數位落差的成因固然與資訊科技的發展有

關，除了資訊科技工具外，人與環境的因素更是影響了數位落差的形成。

教育學者吳明烈（2002）認為，欠缺使用電腦與網路等資訊科技的機會、缺乏應具備的資訊素養、欠缺興趣或排斥使用資訊科技等均是造成數位落差的主因。聯合國經濟合作暨發展組織將數位落差的成因，區別為以下三個層面（OECD, 2001b, p. 85）：

1.不同的社經背景、族群、年齡與教育背景的人使用電腦與網際網路機會的差異。

2.地理的差異，如城市、區域與國家。

3.不同類型的組織所使用資訊與通訊科技的差距，如組織規模的大小與不同部門等。

有關全球落差、社會落差、民主落差等數位落差議題，已有相當論述探討，本文將關注存在於社區家庭親子間的數位代溝課題。

以下將參酌政大數位文化行動研究室、白絲帶關懷協會研究團隊，針對國小三年級至國中二年級在學學生進行親身問卷施測，並以電話調查青少兒家長，比較學生和家長眼中的青少兒網路世界。

數位代溝

媒體使用

上網時間

受訪小三至國二青少兒學生週間平均上網時間為1.39小時，週末假日平均上網時間爲3.32小時。

有使用網路習慣的受訪家長有801人，週間平均使用電腦網路爲2.62小時，週末假日平均上網時間爲2.68小時。

表6-1　青少兒學生、家長上網時間

	週間上網小時	週末上網小時
青少兒學生	1.39	3.32
青少兒家長	2.62	2.68

上網頻率

小三至國二的青少兒學生只有週末、假日上網的較多（34.1%），其次是每天都用（21.2%），再者一週用一至兩天（14.2%），一週上網三至四天（12.1%），或一週上網五至六天（6.3%）。

有四成七（47.4%）的受訪家長，每天都會用網路，其次爲一個星期用三至四天（10.5%），一個星期用一至兩天（10.4%），其餘選項皆不超過一成。

表6-2　青少兒學生、家長上網頻率

青少兒學生上網頻率	人數	百分比	家長上網頻率	人數	百分比
每天都用	1,598	21.2	每天都用	508	47.4
一星期用五至六天	479	6.3	一星期用五至六天	50	4.7
一星期用三至四天	916	12.1	一星期用三至四天	113	10.5
一星期用一至兩天	1,075	14.2	一星期用一至兩天	112	10.4
只有週末、假日才用	2,573	34.1	只有週末、假日才用	18	1.7
不用	907	12.0	不用	271	25.3
總計	**7,548**	**100.0**	總計	**1,072**	**100.0**

註：百分比計算採小數點第一位後四捨五入呈現，各百分比之加總可能產生非100%之情形。

上網年資

受訪國中小青少兒學生上網年資，以五年或五年以上最多（38.8%），其次各爲三年（16.6%）、四年（16.5%）。

有使用網路習慣的受訪家長有801人，有四成七（47.7%）的受訪家長，使用網路經驗十年以上爲最多，其次有一成四（14.1%）的受訪家長，使用網路經驗爲五年，其餘選項皆不超過一成。

表6-3　青少兒學生與家長上網年資

青少兒上網年資	人數	百分比	家長上網年資	人數	百分比
一年或以內	909	13.3	一年及以內	39	4.9
兩年	1,001	14.7	兩年	50	6.2
三年	1,132	16.6	三年	47	5.9
四年	1,123	16.5	四年	32	4.0
五年或以上	2,647	38.8	五年	113	14.1
			六年	66	8.2
			七年	31	3.9
			八年	32	4.0
			九年	9	1.1
			十年以上	382	47.7
總計	**6,812**	**100.0**	總計	**801**	**100.0**

註：百分比計算採小數點第一位後四捨五入呈現，各百分比之加總可能產生非100%之情形。

主要上網地點

小三至國二青少兒學生主要的上網地點，以家裡居多（89.3%），其次是學校（6.5%），再者爲網咖（1.5%）、其他地點（1.5%）或圖書館（1.1%）。

有七成三（73.0%）的受訪家長，主要上網地點爲家裡，其次爲工作地點（26.0%）、網咖（0.9%）、圖書館（0.1%）。

表6-4　青少兒學生、家長主要上網地點

青少兒主要上網地點	人數	百分比	家長主要上網地點	人數	百分比
學校	422	6.5	家裡	585	73.0
家裡	5,805	89.3	工作地點	208	26.0
網咖	99	1.5	網咖	7	0.9
圖書館	70	1.1	圖書館	1	0.1
其他	101	1.5			
總計	**6,497**	**100.0**	總計	**1,072**	**100.0**

註：百分比計算採小數點第一位後四捨五入呈現，各百分比之加總可能產生非100%之情形。

上網動機

台灣青少兒學生上網動機，以玩線上遊戲最多（78.9%），其次是查詢資料（52%），再者用即時通訊（50%）、看娛樂資訊（37.2%）、使用部落格（35.5%）、下載軟體（29.5%）、收發電子信件（27.5%）等。

有八成七（87.3%）的受訪家長上網動機為查詢資料，其次為收發電子信件（59.8%）、看娛樂資訊（27.3%）、用即時通訊（27.0%）、下載軟體（22.1%）、玩線上遊戲（20.5%）、使用部落格（15.1%），其餘選項皆不超過一成。

表6-5　青少兒學生、家長上網動機

青少兒學生上網動機	人數	百分比	家長上網動機	人數	百分比
玩線上遊戲	5,478	78.9	查詢資料	699	87.3
查詢資料	3,609	52.0	收發電子信件	479	59.8
用即時通訊（如MSN）	3,469	50.0	看娛樂資訊	219	27.3
看娛樂資訊	2,582	37.2	用即時通訊（如MSN）	216	27.0
使用部落格	2,462	35.5	下載軟體	177	22.1
下載軟體	2,050	29.5	玩線上遊戲	164	20.5
收發電子信件	1,907	27.5	使用部落格	121	15.1

（續）表6-5　青少兒學生、家長上網動機

青少兒學生上網動機	人數	百分比	家長上網動機	人數	百分比
上聊天室或BBS	952	13.7	上聊天室或BBS	60	7.5
其他	369	5.3	看色情網站	36	4.5
看色情網站	137	2.0	其他	33	4.1
			工作	12	
			股市	6	
			社群網站	4	
			看新聞	4	
			看影片	3	
			網購	2	
			客戶資料	1	
			看電視	1	
總計	**23,015**	**331.6**	總計	**2,204**	**275.2**

註：此題爲複選題。

家中使用數位科技產品

電腦及網路是青少兒學生家中常使用的數位科技產品（71.1%），其次爲數位電視（46.9%）、手機（37.7%）、MP3/MP4（36.2%）、電動遊樂器（33.4%）、電子字典（20.4%）、數位相機（19.3%）、不能上網的電腦（8.1%）、語言學習機（5.6%）、都不使用（5%）、PDA（3.3%）。

八成五（85.3%）的受訪家長家中平常使用的數位科技產品爲手機，其次爲電腦及網路（77.3%）、數位相機（64.3%）、MP3/MP4（43.6%）、數位電視（29.1%）、電子字典（25.6%），其餘選項皆不超過兩成。

表6-6　青少兒、家長家中使用數位科技產品

青少兒數位科技使用	人數	百分比	家長數位科技使用	人數	百分比
電腦及網路	5,516	71.1	手機	914	85.3
數位電視	3,643	46.9	電腦及網路	829	77.3
手機	2,929	37.7	數位相機	689	64.3
MP3/MP4	2,811	36.2	MP3/MP4	467	43.6
電動遊樂器	2,586	33.4	數位電視	312	29.1
電子字典	1,584	20.4	電子字典	274	25.6
數位相機	1,498	19.3	電腦（不能上網）	194	18.1
電腦（不能上網）	628	8.1	PDA	170	15.9
語言學習機	436	5.6	電動遊樂器	152	14.2
都不使用	385	5.0	語言學習機	148	13.8
PDA	253	3.3	都不使用	20	1.9
總計	**22,269**	**287**	總計	**4,169**	**389.1**

註：此題爲複選題。

數位科技觀

爸媽可否正確引導孩子上網行爲？九成家長抱持正面看法，僅不到兩成的青少兒贊同；四成三以上的青少兒抱持相反意見，且近四成青少兒表示不知道。

使用數位科技產品能否增進親子關係？青少兒學生及青少兒家長抱持不同觀點。家長較青少兒學生抱持正面評價，青少兒學生的看法較保留。

不論青少兒學生、青少兒家長都同意：數位科技在家長生活的重要性，遠超過其在青少兒生活的重要性。而且，青少兒家長往往高估數位科技對自己或對青少兒的重要性。

表6-7　青少兒、家長數位科技觀

青少兒學生觀點	非常同意	同意	正面評價	不同意	非常不同意	負面評價	不知道	平均值
爸媽可正確引導我上網行為	15.6	4.1	19.7	6.4	37.2	43.6	36.7	2.24
用數位科技產品增進親子關係	25.4	8.2	33.6	12.9	29.3	42.2	24.2	2.82
數位科技對自己的重要性	12.6	11.0	23.6	20.3	29.6	49.9	26.4	2.54
數位科技對爸媽的重要性	24.8	15.8	44.6	20.1	23.7	43.8	15.6	3.11
家長觀點	非常同意	同意	正面評價	不同意	非常不同意	負面評價	不知道	平均值
我可正確引導孩子上網行為	34.2	56.7	90.9	3.9	1.0	4.9	4.1	4.16
用數位科技產品增進親子關係	30.1	53.5	83.6	12.1	1.2	13.3	3.1	4.06
數位科技對自己的重要性	28.2	48.3	76.5	19.2	1.7	20.9	2.6	3.98
數位科技對孩子的重要性	25.1	47.5	72.6	23.4	1.8	25.2	2.2	3.91

上網伙伴關係

青少兒學生大多自行上網（41.2%），其次是與手足結伴上網（31.6%）。有近四成（39.7%）的受訪家長是由孩子單獨一個人上網，而有近三成三（32.5%）是由自己／配偶陪同孩子上網，其餘選項皆不超過兩成。

表6-8　青少兒、家長看青少兒上網伙伴關係

學生看上網伙伴	人數	百分比	家長看上網伙伴	人數	百分比
自己	2,975	41.2	由孩子單獨一個人	426	39.7
兄弟姊妹	2,284	31.6	自己／配偶	348	32.5
同學或朋友	1,294	17.9	孩子的兄弟姊妹	147	13.7
父母	378	5.2	孩子的同學或朋友	78	7.3
祖父母	11	0.1	孩子的祖父母	5	0.5
其他	282	3.9	其他	68	6.3
			沒網路	34	
			還小不會上網	21	
			沒電腦	8	
			不一定	3	

（續）表6-8　青少兒、家長看青少兒上網伙伴關係

學生看上網伙伴	人數	百分比	家長看上網伙伴	人數	百分比
			不讓小孩上網	2	
總計	**7,724**	**100.0**	總計	**1,072**	**100.0**

註：百分比計算採小數點第一位後四捨五入呈現，故各百分比加總可能產生非100%之情形。

結論與建議

數位落差在台灣社區家庭的定義，不再是父母對數位科技產品過於陌生。目前社區青少兒家長未必是不會使用數位科技，相對地，青少兒家長對於數位科技的依賴程度可能不輸給家中的青少兒學生。使用數位科技產品能否增進親子關係？青少兒學生及青少兒家長抱持不同觀點。家長較青少兒學生抱持正面評價，青少兒學生的看法較保留。

比較台灣社區家庭親子網路使用發現如下：

1.青少兒家長週間上網時間多於青少兒學生，青少兒學生週末上網時間多於家長。小三至國二的青少兒學生只有週末、假日上網的較多（34.1%），其次是每天都用（21.2%）；有四成七（47.4%）的受訪家長每天都用網路，其次爲一個星期用3三至四天（10.5%）。

2.青少兒學生及家長的上網年資都以五年或十年以上較多，青少兒學生上網年資五年或以上的比例高於家長。青少兒學生及家長的上網地點都以家中居多。

3.台灣青少兒學生上網動機，以玩線上遊戲最多（78.9%），其次是查詢資料（52%），再者用即時通訊（50%）、看娛樂資訊（37.2%）、使用部落格（35.5%）、下載軟體（29.5%）、收發電子信件（27.5%）等。有八成七（87.3%）的受訪家長上網動機爲查詢

資料，其次爲收發電子信件（59.8%）、看娛樂資訊（27.3%）、用即時通訊（27.0%）、下載軟體（22.1%）、玩線上遊戲（20.5%）、使用部落格（15.1%），其餘選項皆不超過一成。

4.電腦及網路是青少兒學生家中常使用的數位科技產品（71.1%），其次爲數位電視（46.9%）、手機（37.7%）、MP3/MP4（36.2%）、電動遊樂器（33.4%）、電子字典（20.4%）、數位相機（19.3%）、不能上網的電腦（8.1%）、語言學習機（5.6%）、都不使用（5%）、PDA（3.3%）。八成五（85.3%）的受訪家長家中平常使用的數位科技產品爲手機，其次爲電腦及網路（77.3%）、數位相機（64.3%）、MP3/MP4（43.6%）、數位電視（29.1%）、電子字典（25.6%），其餘選項皆不超過兩成。

5.爸媽可否正確引導孩子上網行爲？九成家長抱持正面看法，僅不到兩成的青少兒贊同；四成三以上的青少兒抱持相反意見，且近四成青少兒表示不知道。青少兒學生大多自行上網（41.2%），其次是與手足結伴上網（31.6%）。有近四成（39.7%）的受訪家長是由孩子單獨一個人上網，而有近三成三（32.5%）是由自己／配偶陪同孩子上網，其餘選項皆不超過兩成。

社群網站或部落格可上傳檔案、聊天、分享，常介於公眾領域和私人領域的模糊地帶。這些模糊會引發一些潛在風險，如網路謠言、隱私受損或網路霸凌，值得留意。

問題與討論

1.請問資訊和知識的差異有哪些？

2.請問知溝理論提出哪些命題？

3.請舉例陳述數位落差的意涵？包含哪些面向？

4.請以實例說明數位代溝為何？如何減緩？

附錄：建議

給青少兒學生

網路是公開的空間，社群網站使用者一方面避免遭受傷害，更重要的是留心網路風險，己立立人。建議青少兒學生：

1.積極正向：保持社群網站積極面，善用網路空間表現個人創意，展現自己之餘，也積極創造正向價值。
2.隱私權益：看重並維護個人隱私，建議定期更改密碼設定；即便只有允許特定族群觀看個人張貼內文及意見發表，仍應有網路是公開空間的心理準備。
3.相簿效應：青少兒學生不妨想想有關上傳張貼個人相簿的意涵和合宜與否，張貼顯露的資料可被任何人觀看，有可能被複製、改變、分享，或漫遊使用，且長期甚至永遠掛在網路上，可以問問自己：希望將來進入職場的同事瀏覽其相簿嗎?
4.張貼原則：可以自己設想、構思一下個人資料或檔案上傳的一些考量與原則，如何避免形成一個笑話或八卦，導致迅速造成真實卻難以回應的痛苦？
5.防身祕笈：青少兒可以預先設防，避免遭遇網路霸凌，或收到令我們不舒服的訊息。一旦收到，也可以向「WIN網路單e窗口」申訴，網址是http://www.win.org.tw/。

給師長或監護人

面對數位科技新興現象，青少兒家長或監護人需要先認識網路新興現象，站在青少兒立場，採取同理心並關懷，與青少兒一起成長，互相學習，家庭親子也可透過網路加強溝通。建議家長或監護人：

1.善用溝通：善用網路工具，輔助師生、親子面對面的溝通。
2.隱私權限：與青少兒互相提醒，提高個人密碼安全設定，避免用生日、手機或學號作爲密碼。
3.議題管理：與青少兒互相提醒，上傳內容或分享宜三思而後行。
4.風險處遇：遇到不宜內容或隱私受損，可向「WIN網路單e窗口」申訴，檢舉網址：http://www.win.org.tw/。

給政府部門

數位科技瞬息萬變，政府部門應鼓勵社區家庭、校園，積極吸取數位科技新知，以及如何因應其衍生的挑戰。建議：

1.終身學習：宜建立激勵機制，全面推動社區、校園、企業人員關注網路安全議題。
2.家長陪伴：在不影響工時的前提下，鼓勵職場彈性上班制，讓社區青少兒家長可以互相形成社區支援系統，有機會輪流搭配陪伴社區青少兒成長。
3.社區空間：鼓勵社區形成青少兒活動中心，可利用現有社區活動中心，提供未成年青少兒課後活動安置，減少其單獨在家、大量使用電腦，而無家長或監護人從旁關心引導的空窗期。
4.通報系統：教育機構建立完善的通報流程，保護受害者，減緩危機，協助社區學生因應網路不當使用滋生的問題與騷擾，如網路霸凌、隱私受損等。
5.網路治理：政府相關單位應促使數位科技產業公會，研擬網路或部落格置入性行銷或網路廣告的刊載規範，以自律及他律雙管齊下，維護友善的網路空間。

給數位科技業者

業者應提供使用者權益與相關隱私安全說明，包含：

1.網路禮儀：在揭示言論自由的前提下，確認提醒使用者維護相關網路禮儀與倫理，提供清楚明瞭的語言使用並兼顧人權說明，尤其要考量到青少兒使用者。

2.即時更新：應即時更新前述安全資訊，特別是當新興挑戰出現或問題產生時。

3.服務責任：業者理應告知網路使用者所提供的服務責任，包括如何負責任地表現，用行動張貼圖片及意見給其他人。

4.連結服務：應顯著提供連結網址去幫助使用者，隱含議題如線上安全性和網路霸凌。

5.通報機制：除提供有效安全的工具，也提供優質和易取得通報申訴機制，進行有效客服處理。

6.維護隱私：尊重及保護使用者的隱私權。明確表達網站業者對個資的保護。

7.廣告行銷：有關廣告或置入性行銷內容應清楚標示，避免誤導網路使用者。

解鈴還須繫鈴人，如需要縮減親子數位代溝，我們可以提供以下幾個優質網站，有豐富的資訊可以讓家長了解孩子的網路世界，也鼓勵家長可利用社群網站或通訊軟體和孩子做網路上的好朋友喔！

1.中華白絲帶關懷協會網站http://www.mediaguide.nccu.edu.tw/。

2.WIN網路單e窗口http://www.win.org.tw/（可檢舉不良網站）。

3.台灣展翅協會 http://www.ecpat.org.tw/。

4.兒童福利聯盟文教基金會 http://www.children.org.tw/。

5.「中小學網路素養與認知」網站http://eteacher.edu.tw/。

6.財團法人台灣網站分級推廣基金會 http://www.ticrf.org.tw/。

7.教育部網路守護天使推廣網站http://nga.moe.edu.tw/。

8.國家通訊傳播委員會（NCC）兒少上網安全主題網站http://kidsafety.ncc.gov.tw/。

9.各縣市家庭服務中心。

附錄：本章實證研究設計說明

青少兒學生部分，以台灣各縣市的國小三、四、五、六、國一、國二青少兒學生爲研究母體，採分層抽樣法分別抽取四十六所國民小學及四十六所國中，採取親身施測方式，共發出8,500份問卷；回收有效問卷7,804份。經樣本檢定，研究樣本在性別、年級及地區部分呈現，與母體分布無顯著差異（$p>0.05$），本研究結果適合推論至全台國小中高年級、國一國二青少兒學生。

青少兒家長部分，採隨機抽樣方式進行電話調查，以居住於全台灣地區，家中有十八歲以下、就讀中小學的青少年或兒童之民衆爲母體，扣除訪問執行時「無效」電話比例後（如：無人接聽、接觸無效、拒訪、訪問失敗及重複名單等），直接選取完成預期有效樣本估計數七至八倍的電話號碼數量。

第七章

數位時代全人發展

- 前言
- 全人發展內涵與價值
- 個案分析
- 案例分析
- 結論與討論

「我願你凡事興盛，身體健壯，正如你的靈魂興盛一樣。」
(約翰參書1: 2)

前言

認知人格的研究將閱聽消費大衆區分爲兩種（Belk, 1985）：視覺型的人（visualizers）和語文型（verbalizers）的人；前者偏好視覺資訊或用視覺強調的產品，後者偏好書寫和語言訊息，或用聽覺強調的產品。不論視覺型或語文型的人，一旦將擁有（possession）或消費（consume）相關產品或服務成爲其主要的生活過程，都可能導致非自主性的強迫性消費或使用（compulsive consumption）行爲（Schiffman & Kanuk, 2000）。

收聽廣播形同從聲音文本中獲取愉悅的經驗，不論聽者的動機是爲了求取資訊，或娛樂，或陪伴，聽廣播如同與媒體爲伴，進而形成內容和聽者間相互對話的形式。宗教廣播如何和聽衆對話呢？

財團法人佳音廣播電台是台灣第一家基督教電台，其經營理念與方針，是以激發宗教大愛，成爲參與社會公益的服務頻道；並透過基督教會，走入社區及社會，爲一服務社區的公益電台，自1995年10月開始開播，並於1998年10月完成全套節目上網，服務全球華人。

佳音電台成立已達十六年，目前提供每天24小時的廣播，內容包括：信仰靈修、社會關懷、生活輔導、音樂、上班族資訊、心靈成長、家庭親子、英語教學、藝術文化、輕鬆休閒、青少年勵志、兒童天地等節目。佳音除了24小時在台北FM90.9播出外，某些節目亦在北、中、南、東台灣等七個城市播出。

自2004年11月開始，佳音電台開闢一個全年無休的「佳音聖樂

網」，播出演奏、演唱、古典、現代等不同屬性的聖樂。2007年起並推出「佳音社區新聞網」，讓社區資訊議題可以直接上網傳遞。2008年3月起，與宜蘭羅東電台結合為「佳音Love聯播網」，形成華人社區第一個廣播聯播網。

佳音電台冀以「多元性，生活性，專業性」特色，關懷現代人身心靈的健全成長。

本文將以佳音電台為分析個案，定位關懷身心靈發展的社區電台節目走向，並探討其可能隱含的全人發展觀點。

全人發展內涵與價值

全人的理念，顧名思義是指完整、健全的人。其被廣泛應用於教育、社工、企業管理、宗教等領域，像是有關於兒童、青少年、女性、成年人的全人教育，年長者或身心障礙者的全人關懷、全人照顧，乃至於基督宗教層面的全人醫治。

全人的英文包括：整全的人（whole person）或人的全部（holistic person）。根據提倡全人教育理念的學者指出（林治平，1996）：全人一詞取自希臘文的字源，“holistic”的holo是指「將可看見的各部分彙集在一起，再加上一些看不見、但確實存在的什麼，合併在一起；因而，對「人」的認識或了解，實應將「人」視為一個大於各個可見「部分」的整體來看待，才能對「人」有眞正、全面和完整性的了解。

天人物我觀

學者從中國儒家觀點剖析全人的古典內涵（黃俊傑，2003），主張全人的各個層面息息相關。儒家觀點下的拓展「全人」目標包括：

1.**身心一如**：人的心靈與身體不是撕裂而是貫通的，不是兩分的而是合一的關係。

2.**成己成物不二**：人與自然世界及文化世界貫通而為一體，既不是只顧自己福祉的自掃門前雪，也不是只顧世界而遺忘個人的利他主義者，而是從自我之創造通向世界之平治。

3.**天人合一**：人的存在既不是孤伶伶的個體，也不是造物者所操弄的無主體性之個人，而是具有「博厚高明」的超越向度的生命。

以王國維在〈論教育之宗旨〉一文為例，王國維直指教育的宗旨在使人成為完全的人物，「所謂完全的人物？謂人之能力無法不發達且調和是也。人之能力分為內外二者：一曰身體之能力，一曰精神之能力。發達其身體而萎縮其精神，或發達其精神而罷敝其身體，皆非所謂完全者也。完全之人物，精神與身體必不可不為調和之發達。而精神之中又分為三部：知力、感情及意志是也。對此三者而有眞善美之理想：眞者知力之理想，美者感情之理想，善者意志之理想也。完全之人物不可不備眞美善之三德，欲達此理想，於教育之事起。教育之事分為三部：智育、德育（即意志）、美育（即情育）是也」（潘正德、魏主榮，2006）。

台灣全人教育（holistic education）的理念最早是由中原大學所倡導，以「天、人、物、我」四大學習面，開展全人教育的思維與策略（黃孝光，2005）。1999年台灣地區最高教育行政主管楊朝祥部長受到該校辦學方針的感召，提出「全人教育，溫馨校園，終身學習」作為二十一世紀的台灣教育願景（教育部，1999）。

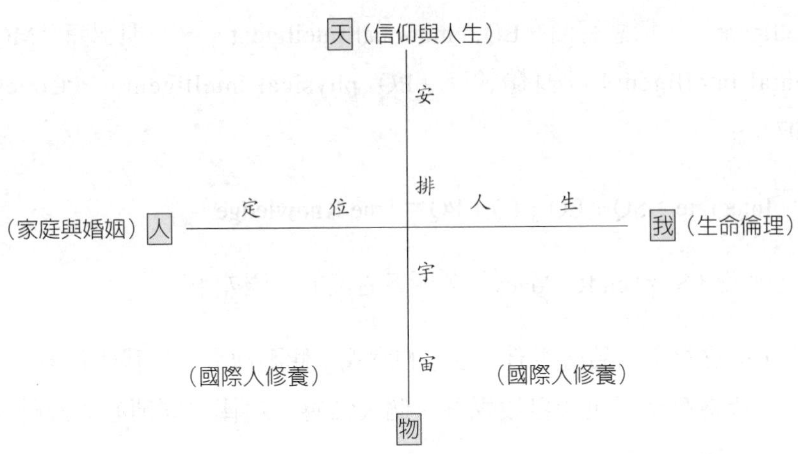

圖7-1　天人物我觀的全人發展架構

身心靈觀點

全人的內涵有「完整的人」，其目的在於幫助人建立整體的人格，而不只是單向度或偏導的內容。全人簡單來說是以人為主體的全方位思考模式（黃佳盛，1997）。

美國教育學者朗．米勒（Ran Miller）提出全人典範（holistic paradigm）理念。他表示，全人在本質上強調的乃是「靈性」（spiritual）勝於「物質性」的，這意味著「人的內在特質」——諸如理智、情感、創造想像力、憐憫心、好奇心、尊重感、自我實現的期望和社會和諧互動等都是最基本的要素。重視靈性的全人教育觀點，便能使我們體認人生是有目標、方向和意義的。生而為人，個人的軀體心靈都是緊密、不可分割而相連於「宇宙、天地、社會與自身」的。

全人發展的知識，等同於洞察與整合心靈智商（SQ, spiritual

intelligent）、情感智商（EQ, emotional intelligent）、心理智商（MQ, mental intelligent）、身體智商（PQ, physical intelligent）（Covey, 2007）：

Integrate：SQ＋EQ＋IQ＋PQ＝True Knowledge

柯威（Stephen R. Covey）說明各智商的內涵如下：

1.心靈智商：品格塑造、生命的意義、傾聽他人及自我啓蒙。
2.情感智商：包含自我覺察、個人情感、自律、同理心以及社交技巧。
3.心理智商：持續自律且有系統地學習和接受教育，開發自我覺察，邊做邊學。
4.身體智商：諸如合宜的營養，持續平衡地運動，適當的休息與放鬆，壓力預防與管理。

五育觀點

葉蔭榮（2005）根據以往的文獻研究，將全人發展歸類爲以下不同的暗喻（metaphors）：

1.成長（growth / maturation）：強調生理長大。
2.旅程（journey）：關注個人的經歷。
3.階段（stages）：側重以階段爲本的個人發展過程（a process of passing through stages）。
4.爲未來事業做選擇（choosing a vocation）：視作擇業鋪路的個人發展。
5.爲步入成年人生涯做準備（preparing for adult's life / settling

down for later life）：視爲人生轉折期所需的發展途徑。

美國匈牙利裔研究創造力的學者契克森・米哈里（Mihaly Csikszentmihalyi）在《創造未來》（*Creating the Future : Perspectives on Education Charge*, 2002）一書中指出：爲了讓孩子能夠在今日瞬息萬變、不可預知的世界立足，必須培養他們在多方面應付「複雜」的能力（cope with the complexity）——增強在各生命範疇（如德、智、體、群、美）中的處變能力和「可持續性」，且加強來自外在與內在的動力。

所以，也有從德、智、體、群、美等五育觀點來檢視全人發展的內涵。

全人開發觀

一些企業管理顧問公司也重視企業領袖的全人發展，將全人發展（whole person development）視爲協助個人發展的路徑，可以讓個體探索自我價值，開發建立個人的價值感。

類似企業領袖的全人開發涵蓋七大面向（http://www.ambercoaching.com/whole_person_development.html）：

1.身體健康。
2.情感智商足智多謀。
3.心理健康與創意。
4.人際溝通效能。
5.專業競爭力與持續發展。
6.支持環境生態。
7.財富成長。

如此可見，全人發展不僅僅是個人層面的開發，還有人際社交、所處生活環境等影響面。

2004年4月美國加州聖地牙哥的一場全人發展教育研討會，曾對全人發展進行的本體進行分析，結果發現全人發展的終極關懷有三種取向（Forbes & Martin, 2004）：

1.**宗教面**：類似啓蒙或宗教中的頓悟。

2.**心理面**：形同馬斯洛（Abraham Maslow）所提及的心理需求階層。

3.**不可預知面**：如何促使人們的自我實現至極致。

由此可見，全人發展關懷人們的自我覺察、實現及開發。

加拿大教育學者約翰．米勒（John Miller, 2007）強調，全人開發應兼顧自然環境，因爲自然環境也影響一個人的身心靈健康與成長。

圖7-2　全人開發觀的全人發展架構

資料來源：http://www.ambercoaching.com/whole_person_development.html。

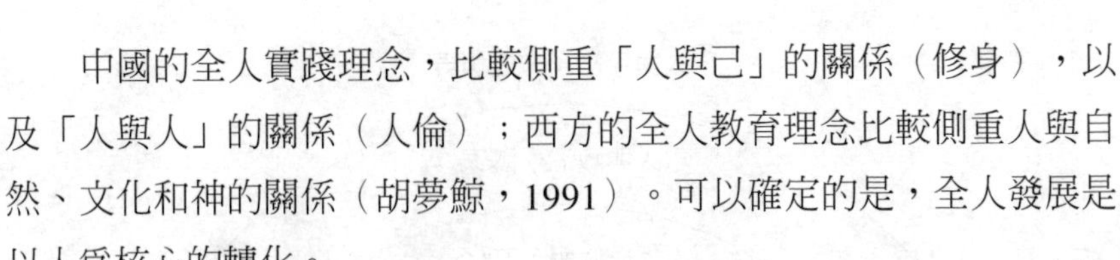

中國的全人實踐理念，比較側重「人與己」的關係（修身），以及「人與人」的關係（人倫）；西方的全人教育理念比較側重人與自然、文化和神的關係（胡夢鯨，1991）。可以確定的是，全人發展是以人爲核心的轉化。

全人發展的重要性與價值有（Forbes & Martin, 2004）：

1.**自由**：這裡是指內在的自由，來自心理層面的自由和獨立。
2.**合宜的判斷**：接近自律與自我管理、自主。
3.**後設學習**：強調知道如何學習，如同做中學、學中做。
4.**社交知能**：增進個人在社會中的群體相處能力，不獨善其身。
5.**價值的昇華**：重視個人品格的養成及個人素質的發展。
6.**自我洞察力**：牽涉到如何自我覺察，眞實地認識自己的本質。

綜上所述，本文將全人發展界定爲：藉由協助個人探索自我價值，開拓建立個人的價值感與和諧的人群關係，善用生態資源，以促使全備、身心靈健康的個人成長與轉化。

本文參考優質世界公民全人發展的架構（鍾思嘉、錢玉芬、黃葳威等，2005），從以下層面探索全人發展：

1.個人的心智、情緒、心理、心靈。
2.人與家庭、學校。
3.人與社會、文化。
4.人與政治、國家。
5.人與宇宙、未知世界。
6.人與自然環境。

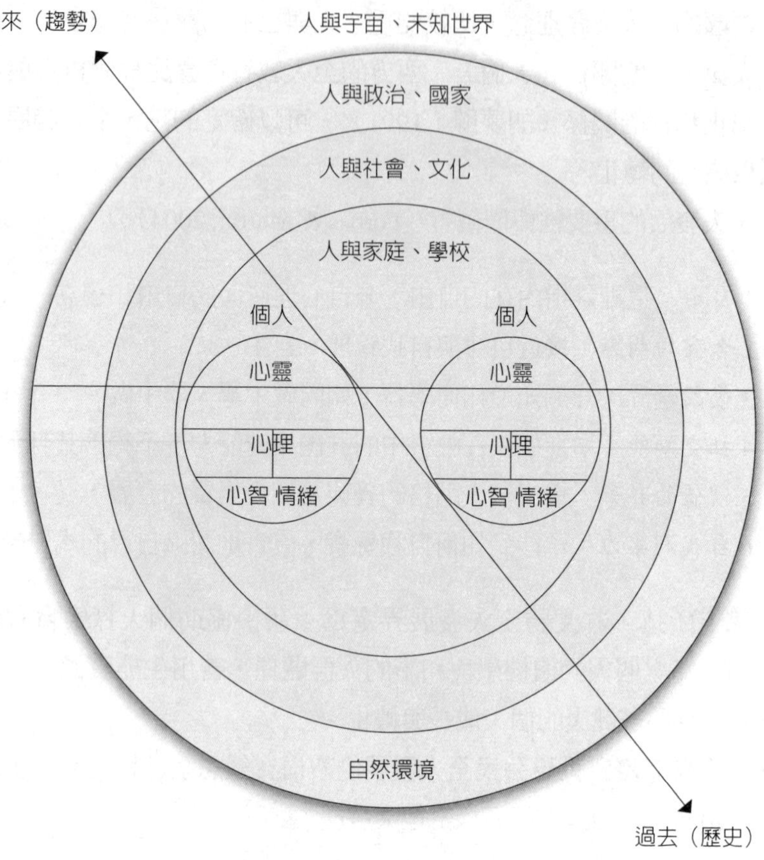

圖7-3　優質世界公民全人發展理念架構

資料來源：鍾思嘉、錢玉芬、黃葳威、林美珍、陳彰儀、楊朝霖（2006），頁135。

個案分析

研究設計

本研究採系統抽樣，根據財團法人佳音廣播電台開播以來提供行政院新聞局的「各月節目內容報告表」，將每一年抽取四個月的節目表作爲分析樣本，自1995年9月底試播到2007年12月，分別抽取各年度的3月、6月、9月、12月等月分。其中台呼、公益廣告未個別分析。

研究參酌過往基督教電台文獻，將佳音電台節目分爲以下類別（黃葳威，2008）：

1. 禱告節目：禱告性質的節目，如「爲國禱告」、「高峰會議」、「禱告大軍愛台灣」。
2. 裝備節目：由牧者、傳道人、長老及具備聖經素養人士解釋、教導聖經及教義的節目，包含「與聖經有約」、「清醒的心」、「空中禮拜堂」、「信仰與生活」、「成長與更新」、「永恆的財富」、「佳音傳送」、「心靈契合的追尋」、「每日靈糧」、「永恆的財富」、「楚雲說書」、「箴言慧語」。
3. 教會介紹節目：介紹各地教會及教會歷史，包括「教會巡禮」、「教會歷史」。
4. 見證節目：個人的親身經歷、生活歷練、生命故事信仰分享，如「雲彩飛揚」、「走過人生風暴」、「金色伊甸園」、「佳音會客室」、「與您有約」、「星空夜語」、「心靈的呼喚」、「心靈的歌詠」。

5.**心靈勵志節目**：有關幫助生命成長、關懷、心靈加油、提供心理諮商的節目，像是「空中morning call」、「箴言慧語」、「陪你看星星」、「心靈百寶箱」、「活出生命的色彩」、「午後佳音」、「紀老師時間」、「Amanda心靈秀」、「心靈之旅」、「心靈的呼喚」、「心靈 high 客」、「週末夢行者」、「心靈訪客」、「Amanda energy 廣場」、「透視人生」、「晨曦小品」、「王建煊關懷您」等。

6.**生活資訊節目**：與生活資訊、流行資訊相關的節目，如「家庭下午茶」、「與生活有約」、「新的早晨」、「都會人的世界」、「流行文化廣場」、「台北看板」、「有緣來鬥陣」、「河洛話的智慧」、「讓台灣可愛起來」、「台北好厝邊」、「青草埔（閫）」、「大樹下」等。

7.**銀髮族節目**：針對銀髮族觀衆製播的節目，如「快樂銀髮族」、「常青佳音」、「晨曦小品」。

8.**婦女家庭節目**：與兩性及婦女、家庭生活知識成長相關的節目，包含「小婦人生活雜誌」、「主婦心靈百寶箱」、「牽手走遠路」、「天天愛我家」、「家有佳音」、「幸福加油站」等。

9.**青少年節目**：與青少年相關的教育、勵志、談心、娛樂話題的節目，包含「十七十八有夢想」、「台北人放輕鬆」、「今夜有夢」、「學堂週記」、「青春一族」、「holy party night」等。

10.**兒童節目**：針對兒童及家長製播的教育娛樂節目，如「我們這一家」、「小安安的媽媽」、「朋友就是buddy buddy」、「蓬蓬姊姊週末派」、「快樂兒童餐」等。

11.**上班族節目**：爲白領階層、上班族解壓，自我成長所製播的節目，包含「正點套餐」、「塞車族音樂廳」、「心靈IQ百分

百」、「樂在學習」、「展翅747」、「展翅上騰」等。

12.語言教學節目：以英語教學爲主的節目，包括「空中英語教室」、「長頸鹿美語」、「傑瑞美語」、「大家說英語」、「空中英語實用級」等。

13.音樂欣賞節目：泛指各式風格的音樂性節目，諸如「聖樂新世界」、「星空下的城市」、「心靈點播館」、「心靈芬多精」、「新樂傳奇」、「聯播佳音聖樂網」、「音樂好心情」、「音樂部落格」、「聖樂欣賞」等。

14.新聞節目：以新聞報導、交通路況、教會新聞爲主軸的節目，包括「新聞氣象」、「新聞氣象市政要聞」、「早安台北人」、「週日教會新聞」、「新聞氣象&教會新聞」等。

15.交通路況報導：交通路況新聞的節目，如「停看聽」、「佳音Free Night城市自由行」、「佳音無限high way」、「安全樂利屋」等。

16.健康醫療節目：針對身體健康的飲食節目，有「恩典廚房」、「正點套餐」等。

17.休閒、旅遊、運動節目：介紹地方性、休閒旅遊、風景介紹或相關團體的節目，包括「心靈原鄉」、「發現台灣之美」、「週末自由行」、「打開世界的門窗」、「運動佳音」、「海天遊蹤」、「金門巡禮」等。

18.社教節目：社區大學和終身學習性質的介紹節目，如「愛，厝邊情」、「城市角落」、「營造新家園」、「社區大學easy go」、「哈囉謝謝你」、「城市之窗」等。

19.藝文、知性節目，介紹好書、生活藝文、民俗、建築、美術、知性、見聞節目，像是「藝文櫥窗」、「藝文嘉年華」、「都會心麵包坊」、「人文巴洛克」、「趙琴美育講座（一）」、「趙琴美育講座（二）」、「假日書房」、「閱讀公園

ReadingPark」、「藝論紛紛」等。

20.政論節目：與公共關係和政策有關的節目，有「心靈橋」、「Bella.com.政策 e 點通」、「佳音開講」等。

21.談話性節目：以主持人分享生活議題爲主的談話性節目，如「心靈不塞車」。

22.媒體教育節目：媒體與社會、人群的關係及現象，像是「都會空間」。

23.開播節目：每天電台開播介紹當日播出的節目表、國歌等。

表7-1　佳音電台節目分析編碼

節目類型	節目名稱	
禱告性質	定義	禱告性質的節目
A1國語	節目	為國禱告；高峰會議；禱告大軍愛台灣
講道、崇拜、裝備、靈修、福音等	定義	由牧者、傳道人、長老及具備聖經素養人士解釋、教導聖經及教義的節目
B1國語	節目	與聖經有約；清醒的心；空中禮拜堂；信仰與生活；成長與更新；永恆的財富；佳音傳送；心靈契合的追尋；每日靈糧；永恆的財富；楚雲說書；箴言慧語
B2台語	節目	溪水邊
見證分享、生活歷練、生命故事等	定義	生命的見證和信仰分享
C1國語	節目	雲彩飛揚；走過人生風暴；金色伊甸園；佳音會客室；與您有約；星空夜語；心靈的呼喚；心靈的歌詠
C2台語	節目	祝福滿滿、打開心內的門窗
教會介紹	定義	介紹各地教會及教會歷史
D1	節目	教會巡禮；教會歷史
心靈勵志	定義	幫助生命成長、關懷、心靈加油、提供心理諮商的節目
E1國語	節目	空中morning call；箴言慧語；陪你看星星；心靈百寶箱；活出生命的色彩；午後佳音；紀老師時間；Amanda心靈秀；心靈之旅；心靈的呼喚；心靈 high 客；週末夢行者；心靈訪客；Amanda Energy 廣場；透視人生；晨曦小品；王建煊關懷您；佳音夜來香；美麗心世界；傳愛家族；有福的人；星夜；快樂送到家；可愛的早晨

（續）表7-1　佳音電台節目分析編碼

節目類型		節目名稱
E2台語	節目	人生方向盤
生活資訊	定義	與生活資訊、流行資訊相關的節目
F1國語	節目	家庭下午茶；與生活有約；新的早晨；都會人的世界；流行文化廣場；台北看板；午後佳音；週日加油站；佳音大放送；溫馨傳真情；社區玩家；心動頻道；都會男女；迎向晨曦；天使列車
F2台語	節目	有緣來鬥陣；河洛話的智慧；讓台灣可愛起來；台北好厝邊；青草埔（閩）；大樹下
銀髮族	定義	針對銀髮族觀眾製播的節目
G1	節目	快樂銀髮族；常青佳音、晨曦小品
婦女家庭	定義	與兩性及婦女、家庭生活知識成長相關的節目
H1國語	節目	小婦人生活雜誌；主婦心靈百寶箱；牽手走遠路；天天愛我家；家有佳音；幸福家油站
H2台語	節目	青草埔（閩）；大樹下
青少年	定義	與青少年相關的教育、勵志、談心、娛樂話題的節目
I1國語	節目	十七十八有夢想；台北人放輕鬆；今夜有夢；學堂週記；青春一族；今夜十分young；青春e點靈；還我一份真；聽我細訴；天使不打烊；台北酷迷夜；今夜星星亮；天使不打烊 part 2 ；holy party night
兒童節目	定義	針對兒童及家長製播的教育娛樂節目
J1 國語	節目	我們這一家；小安安的媽媽；朋友就是buddy buddy； 佳音小捕手；心靈window；親子樂園；親愛寶貝；蓬蓬姊姊週末派；快樂兒童餐
上班族	定義	為白領階層、上班族解壓，自我成長所製播的節目
K1 國語	節目	正點套餐；塞車族音樂廳；心靈IQ百分百；樂在學習；展翅747；展翅上騰；Office EQ；未來大觀園；趨勢最前線
語言教學	定義	以英語教學為主的節目
L1	節目	空中英語教室；長頸鹿美語；傑瑞美語；大家說英語；我愛英文空中美語；初學空中美語；捷進空中美語；Happy Rainbow Happy Time；活用空中美語；空中英語實用級

（續）表7-1　佳音電台節目分析編碼

節目類型	節目名稱	
音樂欣賞	定義	各式風格的音樂性節目
Ma 聖樂／詩歌	節目 Ma1 國語	聖樂新世界；星空下的城市；心靈點播館；心靈芬多精；新樂傳奇；Sunday Chorale 聖詠星期天；音樂SPA；心靈頌讚；午後佳音；佳音樂坊；經典聖樂；心靈花園；聯播佳音聖樂網，音樂好心情；音樂部落格；聖樂欣賞
	Ma2 台語	心靈加油站；咱著來吟詩
Mb音樂欣賞	Mb1 國語	音樂BOX；逍遙音樂會；音樂散步道；心靈深呼吸；音樂百匯；與音樂做朋友；音樂嘉年華；音樂網路；午後心情；子夜佳音；佳美之音；心靈新韻；家庭下午茶；乘著音樂的翅膀；佳音七點半；我也還沒睡；週末狂想曲；心靈小夜曲；今夜有夢；音樂來了；心靈新韻；台大美育；音樂私房話；佳音下午茶；音樂劇世界；巨星演場會；音樂照相機；佳音歡唱
	Mb2 台語	盤石心樂團；咱的心情咱的歌
Mc音樂＋小品＋勵志＋談心＋故事	節目 Mc1 國語	晚安佳音；宣宣的音樂盒；台北O HI YO；心靈之旅；我也還沒睡；台北零界線；陪你看星星；城市週記；星晨佳音；夢的序曲；夜之禱；晨光佳音
Md音樂＋流行歌曲＋資訊＋電影	節目 Md1 國語	空中音樂夢；午夜新聲代；音樂WALKER；Deborah的音樂小棧；巨星演唱會；夜貓仔樂團；女人花園；音樂的花園；音樂罐頭；傾聽音樂
	Md3 英文	生命的旋律
Me中國音樂／歌曲	節目 Me1 國語	佳音樂集；號角響起
Mf音樂＋生活分享	節目 Mf1 國語	喂！有人在家嗎；咖啡貓的生活美學；Joy's Cafe
Mg音樂＋人物專訪	節目 Mg1 國語	音樂與故事
新聞節目	定義	新聞報導、交通路況、教會新聞的節目
N1國語	節目	新聞氣象；新聞氣象市政要聞；早安台北人；週日教會新聞；新聞氣象&教會新聞；論壇新聞網；早安佳音

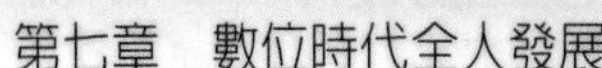

（續）表7-1　佳音電台節目分析編碼

節目類型	節目名稱	
交通路況報導	定義	交通路況新聞的節目
O1國語	節目	停看聽；佳音Free Night城市自由行；佳音無限High way ；安全樂利屋
健康醫療	定義	針對身體健康的飲食節目
P1國語	節目	恩典廚房；正點套餐
休閒、旅遊、運動	定義	地方性、休閒旅遊、風景介紹或相關團體的節目
1R國語	節目	心靈原鄉（公益性單位）；發現台灣之美；週末自由行；打開世界的門窗；小平趴趴走；咖啡貓的生活美學；非常生活家；迎向晨曦；運動佳音；海天遊蹤；金門巡禮
社教	定義	社區大學和終身學習性的介紹節目
S1國語	節目	愛，厝邊情；城市角落；營造新家園；社區大學Easy Go；哈囉！謝謝你；城市之窗
藝文、知性	定義	介紹好書、生活藝文、民俗、建築、美術、知性、見聞節目
V1國語	節目	藝文櫥窗；藝文嘉年華；都會心麵包坊；人文巴洛克； 趙琴美育講座（一）；趙琴美育講座（二）；電影新特區； 咖啡貓的生活美學；快遞星期七；快遞星期六；書香園；星空夜語；假日書房；閱讀公園Reading Park；藝論紛紛
V2台語	節目	好戲連台
政論節目	定義	與公共關係和政策有關的節目
W1國語	節目	心靈橋（公關時間）；Bella.com.政策 e 點通；佳音開講
談話性節目	定義	以主持人分享生活議題為主的談話性節目
X1國語	節目	心靈不塞車
媒體教育	定義	媒體與社會、人群的關係及現象
Y1國語	節目	都會空間
開播節目	定義	每天電台開播介紹當日播出的節目
Z1國語	節目	國歌

註：一共分二十四類節目，其中M類音樂型又細分爲Ma聖樂／詩歌、Mb音樂欣賞、Mc音樂＋小品＋立志＋談心＋故事、Md音樂＋流行歌曲＋資訊＋電影、Me中國音樂／歌曲、Mf音樂＋生活分享、Mg音樂＋人物專訪。某些類型節目播出涵括不同語言，將其區分爲三種語言，以1國語2台語3英語爲分類記號。

從全人發展的層面檢視不同類型節目的形構，再採以下分類方式進行分析：

1.**個人**：包括健康醫療、勵志關懷、銀髮族、青少年、上班族等節目。

2.**人與家庭、學校**：有婦女家庭、親子兒童節目。

3.**人與社會、文化**：係指教會介紹、生活資訊、語言教學、聖樂詩歌、音樂、音樂＋談心、音樂＋資訊、中國音樂、音樂＋生活、音樂＋人物、交通路況、休閒旅遊、藝文生活、談話性節目、媒體教育等。

4.**人與政治、國家**：有新聞、政論節目。

5.**人與宇宙、未知世界**：如禱告節目、講台信息、見證分享。

6.**自然環境**：有社區教育。

7.**其他**：指開播節目。

表7-2　佳音電台節目的全人發展架構

全人發展層面	節目類型
個人	健康醫療、勵志關懷、銀髮族、青少年、上班族
人與家庭、學校	婦女家庭、親子兒童
人與社會、文化	教會介紹、生活資訊、語言教學、聖樂詩歌、音樂、音樂＋談心、音樂＋資訊、中國音樂、音樂＋生活、音樂＋人物、交通路況、休閒旅遊、藝文生活、談話性節目、媒體教育
人與政治、國家	新聞、政論節目
人與宇宙、未知世界	禱告節目、講台信息、見證分享
自然環境	社區教育
其他	開播

案例分析

佳音電台節目走向分析

佳音電台1995至1999年節目走向，節目安排比率排名前三名者，依序分別是：音樂（21.4%）；講台信息（11.9%）；勵志關懷（7.2%）。在2000至2004年爲音樂（16.8%）；勵志關懷（13.5%）；講台信息（13%）。在2005至2007年爲音樂（17%）；講台信息（12.2%）；勵志關懷（11.3%）。

佳音電台開播十三年以來，純音樂的部分一直在節目安排上占最大的比率，排名第一，講台信息排名第二，勵志關懷在安排上占第三位。講台信息、勵志關懷類型逐階段遞增，音樂節目調整在兩成以下，與2004年底所推出的佳音聖樂網相關，代表佳音電台逐漸重視資訊取向的節目，將音樂內容大量轉化爲聖樂網，以進行區隔。

其餘節目安排比率皆在一成以下，1995至1999年階段有：生活資訊（6.1%）；青少年（5.1%）；語言教學（5.0%）；婦女家庭（4.8%）；地方語言（4.4%）。在2000至2004年有：語言教學（6.1%）；婦女家庭（5.9%）；地方語言（5.7%）；音樂＋談心（5.5%）；生活資訊（5.1%）；青少年（4.5%）；音樂＋生活（4.5%）。在2005至2007年有：生活資訊（6.5%）；語言教學（6.0%）；地方語言（5.3%）。

顯然地，因應社會環境的變遷，世界形同地球村的想法爲人們所接受，生活資訊和語言的學習因此被快速的需求和重視，在節目的安排上，生活資訊約占5%至6%，語言學習也達5%。

在音樂部分，除了純音樂仍廣受歡迎外，與生活、資訊有關，或對個人的關懷、心情抒發也都維持在2%至5%之間。地方語言是佳音電台所著重的節目，從1995到2007年間一直都占有4%至5%的比率，分別以客語和台語為主。這代表基督教電台回應多元文化的社會發展，適時提供多元語言文化節目。

婦女家庭和青少年的節目也都維持在4%至5%之間，到2005至2007年間婦女家庭降至約3%（3.2%），青少年降至約2%（2.2%）。

節目占3%以上者，在1995至1999年有：新聞（3.8%）；音樂＋談心（3.6%）；藝文生活（3.3%）；見證分享（3.1%）。在2000至2004年有：新聞（3.6%）；社區教育（3.2%）。在2005至2007年有：藝文生活（3.9%）；音樂＋生活（3.9%）；音樂＋資訊（3.5%）；見證分享（3.4%）；新聞（3.4%）；聖樂詩歌（3.4%）；婦女家庭（3.2%）；社區教育（3.1%）。

由近十三年佳音電台節目的走向，可看出新聞也占有一定比重，且藝文欣賞、資訊和終身學習的概念逐漸受到重視，因此藝文生活和社區教育都維持在3%左右。電台節目規劃，也朝向多元化發展。

節目占1%至2%的類型：1995至1999年有：音樂＋資訊（2.8%）；音樂＋生活（2.8%）；上班族（2.7%）；社區教育（2.4%）；親子兒童（2.0%）；聖樂詩歌（1.9%）；音樂＋人物（1.6%）；銀髮族（1.5%）；休閒旅遊（1.4%）。在2000至2004年有：藝文生活（2.4%）；聖樂詩歌（2.1%）；見證分享（1.8%）；親子兒童（1.2%）；交通路況（1.1%）；音樂＋資訊（1.0%）。在2005至2007年有：青少年（2.2%）；音樂＋談心（2.2%）；上班族（2.0%）；休閒旅遊（1.9%）；交通路況（1.5%）；音樂＋人物（1.0%）。

然而，特殊族群的節目，如親子兒童和銀髮族、上班族均占1%至2%；在2005至2007年間，上班族節目仍維持在2%外，親子兒童降到一

成以下（0.6%），近三年較欠缺服務銀髮族的節目。

這顯示佳音電台在第一階段與近三年較重視上班族聽眾的需要，這與電台不同任期的董事長所關心的面向和電台定位息息相關。第一階段的董事長重視上班族的內容服務；第二階段的董事長傾向開發電台行銷，如與誠品合作社區藝文推廣活動；第三階段則因應佳音聖樂網、新聞聯播網的出現，凸顯佳音電台相關的資訊服務節目。

佳音電台有關家庭跨世代的節目，諸如親子兒童節目、銀髮族節目仍有開拓空間。

2000年以來，台灣大力推展各縣市觀光文化行銷節慶活動，休閒旅遊和藝文訊息比重相對增加，連帶地，交通路況也由原先不到1%的比率上升至1.5%。

屬心靈激勵方面的見證分享節目，在2000至2004年時下降至不到2%，但於2005至2007年又再上升至3%。

健康醫療、禱告節目、教會介紹、休閒旅遊、親子兒童、媒體教育、銀髮族節目雖然低於1%，卻是佳音電台近年逐步推展的面向。

或許由於現代人對個人健康觀念的提升，健康醫療節目在2005至2007年提升至近1%的比重。面對媒體環境和內容的更迭及相關內容的分辨解讀，媒體教育也成爲回應社區家庭需求的節目，其他如政論節目和談話性節目等，也都在2000至2004年成爲高峰。

唯談話性節目，在2005至2007年間停播，想是無法和電視有聲音、影像來得吸引人有關。禱告節目和教會介紹一直低於1%，相較之下仍有成長空間。音樂方面，中國音樂近五年開始推出，目前在音樂節目中所占比重不高。這類型音樂節目的出現，肇因於近三年佳音電台播出「佳音樂集」、「號角響起」節目。

全人發展理念架構

以全人發展理念來看佳音電台節目分布得知，1995至1999年間節目分布排行爲：人與社會、文化（54.8%）：個人（17.2%）；人與宇宙、未知世界（15.3%）；人與家庭、學校（6.8%）；人與政治、國家（4.0%）；自然環境（2.4%）；無法分類（0.1%）。

2000至2004年爲：人與社會、文化（51.3%）；個人（18.9%）；人與宇宙、未知世界（15.2%）；人與家庭、學校（7.1%）；人與政治、國家（4.0%）；自然環境（3.2%）；無法分類（0.3%）。

2005至2007年爲：人與社會、文化（56.3%）；個人（16.4%）；人與宇宙、未知世界（15.8%）；人與家庭、學校（3.8%）；人與政治、國家（3.5%）；自然環境（3.1%）；無法分類（0.1%）。

從個人社會化歷程來看，佳音電台第一階段的節目規劃，其中人與社會、文化取向的節目占五成以上，個人取向也達一成七，但人與家庭、學校取向則不足一成。

佳音電台第二階段的節目規劃，仍以人與社會、文化取向的節目居大宗，占五成以上，個人取向提高爲一成八，但人與家庭、學校取向仍不足一成。

即便在第三階段的節目規劃，其中人與社會、文化取向的節目又提升達五成六以上，個人取向微降至一成六，但人與家庭、學校取向則降低到4%以下。

整體觀察1995至2007年間，節目走向以人與社會、文化占第一位，爲整體節目類型的50%以上（54.8%/51.3%/56.3）；其次爲個人層面，占整體節目的16至18%以上（17.2%/18.9%/16.4%）；再者是人與宇宙、未知世界層面，占整體節目的15%以上（15.3%/15.2%15.8%）。

低於一成的層面有：人與家庭、學校占整體節目的3至7%

以上（6.8%/7.1%/3.8%）；人與政治、國家占整體節目的3至4%以上（4.0%/4.0%/3.1%）；自然環境占整體節目的2至3%以上（2.4%/3.2%/3.1%）；其他占整體節目1%不到（0.1%/0.3%/0.1%）。

這意味者佳音電台在社會文化、個人心理與心靈、個人與宇宙和未知世界的層面，提供較多選擇的節目；但在個人與家庭、學校層面明顯不足。其餘有關個人與政治國家、個人與自然環境面向的比較也顯著較低。

由此可見，佳音電台偏重的全人發展，以社會文化人爲主軸，其次是個人內在修爲發展、未知世界的探尋，且逐一階段遞增。出人意料之外的是，佳音電台有關人與家庭、學校取向的節目有逐一階段降低的趨勢。

這個原本以家庭取向爲主的社區電台，逐漸擴展爲跨區策略聯盟、或華人網路聖樂網，在電台轉型的同時，其全人發展的面向也有所消長。

其次，節目訊息素材的取得，也可能影響電台的走向。相較於人與社會文化取向的訊息，個人與家庭、校園取向的內容素材取得是否有明顯差異？以致前述兩種取向的比重懸殊？本研究將音樂節目歸類爲人與社會文化層面，也可能影響各層面的分布呈現。

可以確定的是，人與政治國家取向的節目、人與自然環境取向的節目明顯有限，有相當大的開拓空間。

結論與討論

本文參考優質世界公民全人發展的架構（鍾思嘉、錢玉芬、黃葳威等，2005），從以下層面探索全人發展：個人的心智、情緒、心理、心靈；人與家庭、學校；人與社會、文化；人與政治、國家；人與宇宙、未知世界；人與自然環境。

回顧1976年1月8日總統令制定公布的「廣播電視法」，全文51條，其中第三章節目管理的第16條，將廣播、電視節目分爲四類：一，新聞及政令宣導節目；二，教育文化節目；三，公共服務節目；四，大衆娛樂節目。相關法規沿用至2003年。2004年1月7日總統令公布的「通訊傳播基本法」，其中第5條宣示：「通訊傳播應維護人性尊嚴、尊重弱勢權益、促進多元文化均衡發展。」

台灣的廣播執照自1993年起陸續開放十梯次，至2002年已經釋出一百五十一個頻道，領有執照的有118家，以往廣播電視法將廣播節目有所分類與界定，至「通訊傳播基本法」的階段，台灣傳播生態的變遷日新月異，分衆化、多元化的時代早已來臨。

佳音電台開播十三年以來，純音樂的部分一直在節目安排上占最大的比重，其次爲講台信息，勵志關懷節目占第三位。尤其講台信息、勵志關懷類型逐階段遞增，音樂節目調整在兩成以下，2004年底所推出的佳音聖樂網，牽動了佳音電台的節目走向分布，佳音電台逐漸重視資訊取向的節目，相關音樂內容大量轉化爲聖樂網，以進行區隔。

以2008年3月分中華電信網路廣播金榜爲例，網路廣播生活台的點播人次出現長紅局面，包括點播人次、收聽占有率、排名皆上揚的有佳音電台聖樂網、全國廣播、GOLD FM92.9中部。

多數的網路廣播內容服務，皆以母台內容爲基礎，將無線廣播內容透過網際網路傳遞，而形成各電台的網路廣播內容服務，如此可以跨越原有播放範圍所在的限制。佳音電台聖樂網也是少數願意爲網友量身定做的網路廣播。佳音聖樂網，雖然母台爲北台灣的衆多小功率社區電台之一，但佳音聖樂網的點播收聽也超出母台佳音電台，青出於藍。

就媒體經營管理而言，新聞節目的確要招募足夠的新聞從業人

員蒐集一手的訊息，這些一手訊息報導的臨場感及深度，有別於訂購新聞供應社所提供的標準化、規格化內容。因而，一般廣播電台爲迎合聽衆收聽動機或控制節目製播開支，大量播出音樂節目，已成爲潮流。

全人發展可界定爲：藉由協助個人探索自我價值，開拓建立個人的價值感與和諧的人群關係，善用生態資源，以促使全備、身心靈健康的個人成長與轉化。

佳音電台由一非商業社區電台起家，發展至今形成「佳音Love聯播網」，且再提供兩種網路聖樂網、新聞網服務，誠屬不易。這個原本以家庭取向爲主的社區電台，逐漸擴展爲跨區策略聯盟或華人網路聖樂網，在電台轉型的同時，其全人發展的面向也有所消長。

從全人發展觀點審視佳音電台的節目分布，佳音電台的全人發展偏重社會文化人的形塑，其次是個人內在修爲發展、未知世界的探尋，且逐階段遞增。令人意外的是，佳音電台有關人與家庭、學校取向的節目，有逐階段降低的趨勢。

心理學者詹姆斯（James William, 1990）認爲自我是一種認識和思考的過程，其包含主體我（I）和客體我（me）；前者是主動的自我，後者是個體所覺知的自我。所謂客體我來自三方面：

1.**物質我**（the material me）：指的是個人所擁有的身體、財產或生活必需品，自己的身體爲物質我的最內層，其次是親族、家庭、財產、創造物等。

2.**社會我**（the social me）：覺知他人如何看待自己，如經由與社會團體的交流互動，同儕、朋友對自己在社會團體的評價後，認可自己而產生的印象；從親友同伴得到的名譽也是社會我的內涵之一。

3.**精神我**（the spiritual me）：一個人的內在與主觀成分，爲自我的最高層，包括心理狀態、思想、感受和行動意識。

收聽廣播，除了放鬆身心之外，如同每個聽衆和節目內容的對話和自我思考過程。除非定位或必要，傳播媒體多與政治保持距離，以彰顯其作爲社會公器的特色。

很明顯地，佳音電台偏重社會我、精神我的全人發展，在物質我的部分較少觸及。不過，社會我的建構也可以來自於家庭或學校的親友師長，而物質我也可以牽涉到自然環境生態資源的取得與利用。佳音電台在自然生態、家庭學校拓展的全人開發內容素材，實有待更多的創意開發，使整體節目展現更接近全人發展的理想。

根據文獻記載，中國人的全人實踐理念，比較側重「人與己」的關係（修身）以及「人與人」的關係（人倫）；西方的全人教育理念比較側重人與自然、文化和神的關係（胡夢鯨，1991）。就宗教廣播的角色來看，佳音電台家族的節目走向，除因應母台在台北都會空間的特性外，其傾向將基督教的內容以「利他」爲主、「修己」爲輔的導向，與社會進行對話，並且，其「人倫」面向係以社會群體爲考量；反觀在社區家庭、治國平天下的層面較少觸及。

問題與討論

1.請問認知人格研究如何區分閱聽大眾？

2.請問天人物我觀、身心靈觀點對於全人的主張？

3.請問全人開發觀點、優質世界公民觀點，各從哪些層面探討全人發展？

4.請舉例說明客體我包含哪些層面？

第八章

數位時代價值觀

- 前言
- 價值觀形成
- 青少兒價值觀
- 結論與討論

「智慧的價值無人能知，在活人之地也無處可尋。」（約伯記28: 13）

前言

數位資訊社會來臨，網路及各類數位科技應用日漸普及，早已融入一般日常生活。

以交友網站「臉書」（Facebook）爲例，已有五億用戶，正以有史以來最快的速度成長（許家華譯，2010）。其網頁遊戲「開心農場」在台灣爆紅，全球370萬名會員中，有320萬都是台灣玩家，「台灣農夫」占了絕大部分。

媒體報導（曾國華，2009），臉書的開心農場已經讓部分企業主非常不開心，甚至開除了上班偷上網種菜的職員，部分縣市政府也關切公務人員上班時是否玩開心農場。

根據財團法人台灣網路資訊中心（TWNIC）公布，截至2011年3月4日爲止，台灣地區上網人口約有1,695萬人，較2010年2月12日止公布之1,622萬人，增加約73萬人；十二歲以上曾經上網的人口有1,539萬人，曾經上網比例爲75.69%，較2010年增加了3.13個百分點。其中曾經使用寬頻網路的人數爲1,435萬人，寬頻使用普及率爲70.58%，相較於2010年增加3.37個百分點。值得一提的是，曾經使用行動上網的人口已達382萬人，較去年增加2.61個百分點。此外，已有3%至9%的網友將行動上網當作固定的連網方式。

網路使用人口的激增，因網路使用引發的現象層出不窮，例如網路交友、網路交易、線上遊戲、網路家族，甚至網路詐欺，影響網友的日常生活型態。在台灣現今的環境中，青少年是主要的網路人口，許多學生的生活、課業及交友都與網路相結合，網路形成青少年生活

的重要部分。

不可否認，網路資訊與數位科技的高速發展，不僅成爲迎向二十一世紀的優先趨勢，也爲數位潮流衝擊下的e世代開闢一個「學習與溝通」的新場域，網路資訊與數位科技之所以吸引青少兒，在於網路資訊的豐富性、多樣性，以及網路言論的自由流通性。

政大與白絲帶關懷協會公布調查顯示（黃葳威，2010），國高中生在家使用電腦及網路最爲普遍，其次爲手機，再者爲電子字典，其餘依序爲電動遊樂器、電腦（不能上網）、數位電視、語言學習機、PDA及其他。

網際網路具有匿名性、便利性、互動性、逃避性等特徵，人們很容易在網際網路上流連忘返，造成對眞實世界各項生活原有的行爲模式的排擠，例如：從網路資訊取得而言，現在的年輕人愈來愈依賴網路，由網際網路上取得所需的新聞及娛樂，進而減少了看電視、報紙、書籍及收聽廣播的時間；政府實施週休二日以來，利用假日安排休閒旅遊已然蔚爲一股風氣，網路已經是現代人獲得資訊一個重要的管道，不論是出國度假或在國內旅遊，多半會先上網路找資料。網路又可包含業者提供的所有資訊，節省顧客與旅行社電話詢問的時間，網友可由網站地圖點選地區，瀏覽行程，網路透明化的行程可提高旅遊品質，有別於前網路時代的旅遊模式。

當人們逐漸依賴網路來工作、休閒娛樂與社交之後，網路本身也會影響到人們的行爲模式，逐漸變成眞實生活的基本要項，人們也開始依賴網路而生，然而網路所傳遞的生活百態與價值觀也影響網路世代的行爲模式。

現有相關青少年網路使用研究，分別著重同儕關係與自我意像的探索（陳怡君，2003；黃玉蘋，2003），少數分析使用線上遊戲其對價值觀形成的影響（許嘉泉，2003），但缺乏將自我意像、同儕關係與價值觀整體觀照。其實，形塑青少年長大至成熟的認知、態度與行

爲因素，包括其自我概念、原生家庭、學校師長、同儕互動，乃至於媒體等多元層面。

價值觀形成

青少年價值觀形成的過程，分別受到內在知覺、客觀環境與社會行爲的交互影響（Mayton, 1992）；換言之，自我意像可以反映一個人的價值判斷，也就是價值觀。

什麼是價值觀？台灣心理諮商資訊網之團體輔導工作資訊網／生涯領域團體輔導方案：「價值觀探索」歸類如下（吳啓銘，2000）：

1.價值觀是指一個人對於人、事、物的看法或原則。凡是自己覺得重要的、想追求的就是自己的價值觀。
2.它是我們生活中的信念、情感和動力、行爲的指揮官。
3.一個人愈清楚自己的價值觀，生活目標愈清楚。
4.當價值觀發生衝突，魚與熊掌不可兼得時，不同的價值觀會產生不同的行動選擇。

由於關注點不同，所強調的層面也不太一樣，例如：人類學者重視價值體系在不同生活方式與文化模式中的意義；社會學者強調社會價值的規範作用及其變遷過程；心理學者則注意個人價值與心理需求、動機之間的關係（黃明月，1995）。

價值是指個人或團體所認定生活中值得重視的事物，也是人類用以判斷行爲正當與否的一種標準（文崇一，1972）。

張春興（1995）認爲價值係指個人知覺與己有關事物的重要性與意義性；事物是重要而又有意義的即具價值。其次，價值是經由學習的，而學習的整個歷程可分爲四段：即必須先有價值感，而後有價值

觀，再來建立價值標準，最後才能做價值判斷。

歐陽教（1995）主張價值乃對人生「各種生活意義」所產生的評價，價值判斷，乃是對某種價值判斷客體的評估。

價值是一種持久性的信念，是人類特有的一種心理建構（Rokeach, 1973）。價值居於個人人格及認知結構的核心，成爲人類大部分態度和行爲的決定力量。也難怪Fraenkel（1977）認爲價值是一種理想，是個人所思考有關生活中他認爲是重要的事，甚至將價值視爲一種行爲的原則或標準；是行爲對或錯，好或壞，適當或不適當的一種基本信仰（Frymier et al., 1996）。

《價值與判斷》（*Values and Justification*）一書中，將價值的觀點歸納爲（Gaus, 1990）：

1.價值是個人行爲和選擇的基礎。
2.每個人的價值觀會有所不同，但價值之間並沒有高低的差別。
3.價值和個人生活的情意有關。
4.價值可分爲內在的和工具的兩種，或分爲審美的、宗教的、經濟的等多種類型。
5.每個人都可經驗到價值衝突的情境。

吳鐵雄（1996）認爲價值觀是個體對特定事物、行爲或目標的持久性偏好或判斷標準；此偏好或標準兼具認知、情感、意向的參考信念，用以導引個體行爲、滿足個體各層次需求和達成個體目標。

汪履維（1981）認爲人類的價值觀，是一種高度抽象化的概念性架構，由少數核心的觀念所組成，存在於每個人與每個社會之中，將個人或社會對於「可欲的」及「可好的」存在目的狀態或行爲方式，組織成一個具有優先順序的系統。這個系統的形成，受許多個人及環境因素的影響，同時也廣泛地影響了個人的思想、態度、行爲及社會文化的表現，成爲代表某個人或某個社會文化的特徵。這種特徵，可

因個人及環境差異性而異，也可因個人及環境的共通性為何，對維持個人及社會文化系統的穩定及進步，具有重要功能。

價值觀是人們行為的偏好信仰，也是人們對事物的比較、讚賞和好惡的一種觀念和標準（McCrachen & Falcon-Emmanuelli, 1994）。個人的價值觀，可從下列價值指標看出端倪：

1. **目標**：個人目標若經由自由意志的選擇，並加以珍惜，而成為個人生命歷程中欲完成的願望時，即可被認定為價值。
2. **願望**：個人願望是可決定某事物是否有價值的一項標準。
3. **態度**：個人從事完成某項目所抱持的態度是價值的依據。
4. **興趣**：興趣包含有價值存在。
5. **感情**：感情在某些情形下是個人價值觀的反映。
6. **信仰**：自由意志所選擇而被個人珍視的信念。
7. **活動**：從個人的行為活動可看出個人的價值觀。
8. **焦慮、問題與阻礙**：個人的行為活動中所遭遇的困難或挫折，通常和個人價值觀相關。

價值觀並非與生俱來，而是隨著身心的成長，經由不斷的學習、反省、沉澱與更新才逐漸形成，其過程縱貫人的一生。如就兒童行為認知與發展的學理上探討利社會行為的道德觀，主要有兩種理論，分述如下（紀淑萍，1991）：

1. **認知發展論**：主要是探討認知階段、角色取代和社會的推理能力對於兒童道德與價值觀的影響。就認知階段來說，皮亞傑（Jean Paul Piaget）對兒童道德的看法為兒童的道德發展與認知息息相關，所以在表現利社會行為時，兒童如何看待自己及對待他人，當然也和兒童的認知極為相關。羅瑞玉（1996）認為幼兒期的行為是以自我為中心，不能體會他人需求，所以他們

的利社會行爲是經由外在獎懲控制所引發的。學齡兒童階段，兒童的認知發展已經由他律發展到自律，可以經由同儕互動的機會學習區別自我和他人的觀點，直到青少年階段，能建立自己的行爲準則，並透過內化的價值而強化利社會的行爲。

2.**社會學習論**：班度拉（Albert Bandura）的社會學習論，強調人類行爲的學習是透過環境與個體的交互作用，行爲的學習主要來自觀察和仿同的學習，這種替代學習是不須經個體本身親自的經驗。蘇清守（1990）認爲兒童的利社會行爲是透過環境事件，尤其是獎勵、懲罰和示範的方式學習而來，兒童可以透過觀察學習的各種歷程而獲得。兒童成長歷程中身邊重要的人與其他人的互動會交互影響其日常生活的利社會行爲，在學齡階段，利社會行爲的產生和同儕的互動有著相當的關聯，有利於兒童的社會學習。

莫頓（Merton, 1968）兼容上述的歧異，強調「社會化」的歷程，指出個體將社會的或他人的價值內化而成爲自己的價值觀，變成自己人格結構的一部分，作爲引導本身行爲之規範。「內化作用」爲價值形成的關鍵，人對於存在的「社會價值」或「他人價值」之實體，經過訊息溝通的認知處理，而逐漸形成自己的價值觀以自我引導。

其基本模式如**圖8-1**。

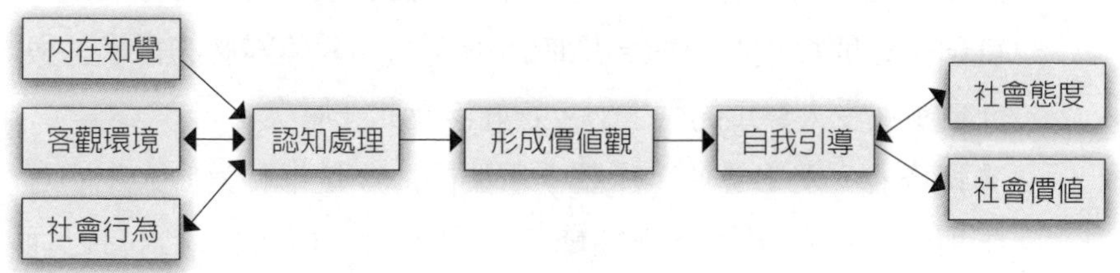

圖8-1　價值觀形成的基本模式

資料來源：Mayton, Daniel M. II. (1992). Spontaneous concern about nuclear war: Value priority differences among rural adolescents.

價值不能存在於眞空中，他必須依附於人格系統、社會情境及文化體系之中（Auerback, 1950）。價值觀念含蓄於文化，作用於社會，依附於人格，表現於行爲（郭爲藩，1972）。吳明清（1983）認爲價值觀念是在文化環境、社會條件以及人格特性三方面的因素共同影響之下形成的，俟價值觀念形成以後，就成爲一種影響力量，決定人的態度與行爲。

學者傅佩榮（2002）主張價值觀的內涵有：「身體健康，是必要的；心智成長，是需要的；靈性修養，是重要的。」

1.**身體健康，是必要的**：在正常情況下，人的本能就會去爭取這些必要的條件，使自己活得下去。「必要的」未必是「充分的」。因爲人活著不是單靠食物與健康。如同美國心理學家馬斯洛（Abraham H. Maslow）的需求理論，這個層次所涉及的是生理需求與安全需求。

2.**心智成長，是需要的**：人與動物的差異，表現在心智的精密度與複雜度特別高，但是如果缺少成長及發展的機會，心智潛能棄置不用，那麼人很可能不如動物。以情感而言，也會由親情、友情、愛情，向外擴充，對社區、社會、國家、國際、地球、宇宙，產生關懷之心，最後也可能孕生慈悲、博愛的情操，自願從事公益活動。在意志方面，可以逐漸化被動爲主動，從事高尚的人格修養。傅佩榮強調：若要活得像個人，就須不斷開發這些潛能。馬斯洛所謂的「愛與歸屬的需求」與「自重與受人尊重的需求」，正好涉及此一層次。

3.**靈性修養，是重要的**：所謂「重要的」，是指聯繫於人生的意義與目的。如果忽略靈性修養，則人生一切活動「對自己而言」，將是既無意義也無目的的。傅佩榮認爲，一個人或享有福壽雙全，或製造豐功偉業，或對人類或歷史產生巨大影響，

> 但是他內心依然可能徬徨無依，甚至充滿苦惱。宗教經典所描繪的「萬法皆空，衆生皆苦」，「虛空的虛空，一切皆是空虛」，正是我們人類無法避開的警語。

因此，一套完整的價值觀，必須包含「身、心、靈」三個部分，調整身心靈的定位，以及彼此之間的適當關係（傅佩榮，2002）。

本研究將價值觀定義爲：青少年對人、事、物的看法或判斷原則。價值觀的形成涉及個人內在信仰、社會文化與經驗的傳承及客觀外在環境影響，三者交互作用而形成個人對所知所見的善惡評斷標準與待人處世的行爲態度，個體的價值觀賦予個人生命的價值與意義，也是個體人格健全與否的指標。

青少兒價值觀

觀察小三至國一青少兒學生的價值觀，內控導向分數較高，高於整體價值觀的平均值；其次爲外控導向及關係導向，兩者皆低於平均值。這反映此一階段青少兒學生較習慣從個人自我想法看待周遭人事物，其心理衛生與態度也影響其生活態度與行爲。

其中外控導向價值觀的平均數爲2.84（SD＝.92），各個題項當中，以「當我有意見和別人不一樣的時候，我通常不會說出來」（M＝2.97）平均數較高；其次是「我自己想要的東西，我一定會想辦法去得到它」（M＝2.94）；平均數較低的則是「我會逃避擔負責任，不想爲其他人服務」（M＝2.45）。青少兒學生不習慣面對與他人意見不同的衝突，但在內心堅持己見；心裡想要的又會想辦法得到，這呈現青少兒固然某些程度會察言觀色，然溝通知能尙待加強，且可能爲達目的而不擇手段。

內控導向價值觀的平均數爲3.09（SD＝1.31），在各題項中，以「我做事粗心大意，常擔心自己會出錯」（M＝3.65）平均數較高；平均數較低的則是「我不喜歡自己，如果可能的話，我希望變成別人」（M＝2.61, SD＝1.183）。青少兒學生擔心犯錯，對自己的辦事能力沒把握，反映其缺乏自信、缺乏健康的自我形象。

關係導向價值觀平均數爲2.88（SD＝1.34），其中以「當生活或課業上有困難，我會主動找爸媽、老師或同學幫忙」的平均數較高（M＝4.16）；平均數較低的則是「我會自己照顧自己的生活起居，父母不會擔心我」（M＝3.10）。青少兒學生在乎同儕關係，也會主動關懷同學，但在家長眼中，似乎仍不放心青少兒學生的自我管理能力。

基本人口資料與價值觀

女生在整體價值觀得分比男生高。女生在外控導向價值觀得分較男學生高，男生在關係導向價值觀得分較女生高。女生比較留意他人看法，男生較女生易向他人求助或關懷他人。

國一學生整體價值觀比小三、小四高，四至六年級整體價值觀也比小三高，小六得分比小四高。國一外控導向價值觀得分低於小三到小六學生，小六得分低於小三和小四。小三和小四內控導向價值觀得分高於小五、小六和國一。國一學生關係導向價值觀得分高於小三到小六的學生。年級愈高，其對於同儕關係愈在意；年級愈低，愈易沉浸在個人主觀的自我限制，或較易受到外界的影響。

生長在其他家庭型態的學生整體價值觀得分較大家庭／三代同堂、小家庭、單親、隔代教養家庭的學生低。生長在其他家庭型態的學生，外控導向價值觀得分較生長在大家庭和單親家庭學生高。生長在其他家庭型態的學生，內控導向價值觀得分較生長在大家庭、折衷家庭和單親家庭學生高。單親家庭學生，關係導向價值觀得分高於生

表8-1　價值觀各題項百分比和平均數

題項	非常同意	同意	不同意	非常不同意	不知道	平均數	標準差
外控導向						2.84	.92
我外表好看比身體健康還重要	942 (14.8)	628 (9.8)	1,690 (26.5)	2,519 (39.5)	603 (9.4)	2.81	1.252
當我有意見和別人不一樣的時候，我通常不會說出來	844 (13.1)	1,398 (21.7)	1,815 (28.1)	1,338 (20.7)	962 (14.9)	2.97	1.17
我覺得學校的各項規定與要求是很不合理又很囉唆的	579 (9.0)	725 (11.2)	1,759 (27.2)	2,195 (34.0)	1,086 (16.8)	2.61	1.165
我認為別人喜不喜歡我都是看我的成績好壞	553 (8.6)	588 (9.1)	1,626 (25.2)	2,351 (36.4)	1,207 (18.7)	2.51	1.159
我自己想要的東西，我一定會想辦法去得到它	947 (15.0)	1,165 (18.4)	1,700 (26.9)	1,617 (25.6)	898 (14.2)	2.94	1.266
我會逃避擔負責任，不想為其他人服務	342 (5.4)	410 (6.5)	1,766 (28.0)	2,992 (47.5)	794 (12.6)	2.45	.977
內控導向						3.09	1.31
我不喜歡自己，如果可能的話，我希望變成別人	674 (10.7)	680 (10.8)	1,452 (23.0)	2,540 (40.2)	969 (15.3)	2.61	1.183
父母對我的期望太高，我沒有能力去達成	718 (11.4)	1,076 (17.0)	1,719 (27.2)	1,521 (24.1)	1,283 (20.3)	2.75	1.271
我對將來感到恐懼，常常擔心害怕	921 (14.6)	1,179 (18.7)	1,507 (23.9)	1,520 (24.1)	1,190 (18.8)	2.86	1.321
我經常不太想吃東西	573 (9.1)	855 (13.5)	1,810 (28.6)	2,142 (33.9)	946 (15.0)	2.68	1.154
我覺得父母不相信我告訴他們的話	802 (12.7)	951 (15.1)	1,527 (24.2)	1,853 (29.3)	1,183 (18.7)	2.74	1.277
我做事粗心大意，常擔心自己會出錯	2,121 (33.5)	2,090 (33.0)	700 (11.1)	606 (9.6)	814 (12.9)	3.65	1.364
關係導向						2.88	1.34
當生活或課業上有困難，我會主動找爸媽、老師或同學幫忙	3,310 (51.3)	1,960 (30.4)	303 (4.7)	236 (3.7)	510 (7.9)	4.16	1.193
我會主動關懷同學，照顧別人	2,505 (39.7)	2,393 (37.9)	336 (5.3)	282 (4.5)	801 (12.7)	3.87	1.324
為了增加知能，我會參加社團、校隊等活動	2,278 (36.1)	1,841 (29.2)	653 (10.3)	473 (7.5)	1,067 (16.9)	3.60	1.458
我會自己照顧自己的生活起居，父母不會擔心我	1,280 (20.2)	1,490 (23.5)	1,267 (20.0)	1,135 (17.9)	1,156 (18.3)	3.10	1.395
我相信世界上有神的存在，宗教可以拯救世人	1,836 (29.0)	1,420 (22.5)	715 (11.3)	840 (13.3)	1,510 (23.9)	3.19	1.561
						2.91	0.95

長在大家庭和折衷家庭學生。單親家庭的青少兒，較大家庭、折衷家庭者更在意人際關係，會求助或關懷他人。

信仰基督教、天主教、佛教、回教和道教的學生整體價值觀得分皆大於其他，信仰佛教學生大於沒有信仰者。信仰其他宗教的學生，外控導向價值觀得分高於信仰基督教、佛教和沒有信仰者。信仰其他宗教的學生，內控導向價值觀得分較信仰佛教者高。沒有信仰的學生，關係導向價值觀得分高於信仰基督教和佛教者。

不知道父母親學歷者，其自我形象較低，也易受到外界影響。父親學歷為國中以下、高中職或以上的學生，整體價值觀得分高於不知道父親學歷者。不知道父親學歷的學生，外控導向價值觀得分高於父親學歷為國中以下、高中職和大學大專者。不知道父親學歷的學生，內控導向價值觀得分高於父親學歷為國中以下、高中職、大學大專和碩士者。父親學歷為國中以下和高中職的學生，關係導向價值觀得分高於父親學歷為碩士、博士和不知道父親學歷者。父親學歷為大學大專的學生，關係導向價值觀得分高於父親學歷為博士者。

母親學歷為國中以下、高中職或以上的學生，整體價值觀得分都高於不知道母親學歷者。不知道母親學歷的學生，外控導向、內控導向價值觀得分高於母親學歷為國中以下、高中職和大學大專者。內控導向價值觀得分高於其母親學歷為碩士者。母親學歷為國中以下和高中職學生，關係導向價值觀得分高於母親學歷為碩士、博士和不知道母親學歷者。母親學歷為高中職的學生，關係導向價值觀得分高於母親學歷為大學大專者。

父親為無業的學生，關係導向價值觀得分高於父親職業為軍公教者；代表這些學生比較會承認自己的有限，向他人求助。

母親為專業的學生，整體價值觀得分高於職業為其他者。母親職業為專業的學生，外控導向價值觀得分高於母親職業為工與其他的學生，較留意周遭看法。

上網與價值觀

不上網學生的整體價值觀得分低於上網者。一週上網一至兩天或不上網的學生，外控導向價值觀得分高於每天上網者，較會察言觀

表8-2　上網頻率與價值觀單因子變異數分析

	上網頻率	個數	平均數	標準差	F	Scheffe
價值觀	每天都用	930	2.93	1.00	9.231***	每天都用＞不用
	一週用五至六天	375	2.91	.92		一週用五六天＞不用
	一週用三至四天	719	3.00	.87		一週用三四天＞不用
	一週用一至兩天	950	2.94	.94		一週用一兩天＞不用
	只有週末假日才用	2,006	2.95	.93		只有週末假日才用＞不用
	不用	639	2.69	1.00		
	總和	5,619	2.92	.95		
外控導向	每天都用	1,114	3.2122	.7547	5.101***	一至兩天＞每天
	一週用五至六天	364	3.2870	.7838		不用＞每天
	一週用三至四天	675	3.2365	.7288		不用＞週末假日
	一週用一至兩天	903	3.3193	.6613		
	只有週末假日才用	2,030	3.2560	.6925		
	不用	742	3.3581	.7058		
	總和	5,829	3.2701	.7132		
內控導向	每天都用	1,132	3.0988	.8560	7.851***	一至兩天＞每天
	一週用五至六天	358	3.2163	.8353		週末假日＞每天
	一週用三至四天	699	3.1708	.7456		不用＞每天
	一週用一至兩天	905	3.2419	.7617		不用＞三至四天
	只有週末假日才用	2,019	3.2003	.7804		不用＞週末假日
	不用	752	3.3219	.8315		
	總和	5,866	3.2002	.8011		
關係導向	每天都用	1,124	2.6753	1.0012	7.891***	每天＞一至兩天
	一週用五至六天	350	2.8366	.9940		五至六天＞一至兩天
	一週用三至四天	684	2.6947	1.0283		三至四天＞一至兩天
	一週用一至兩天	908	2.4898	.9548		週末假日＞一至兩天
	只有週末假日才用	2,022	2.6766	.9882		
	不用	742	2.6426	1.0085		
	總和	5,829	2.6547	.9963		

***p<.001

色；不上網者的外控導向價值觀得分，也高於每天上網和只有週末假日上網者。每天上網的學生，內控導向價值觀得分低於一週上網一至兩天、只有週末假日才上網和不上網者，自我形象較低；不上網學生內控導向價值觀得分，高於一週上網三至四天和只有週末假日才上網者，自我形象較佳。一週上網一至兩天的學生，關係導向價值觀得分低於其他上網頻率者，較易向他人求助或關懷他人。

學生週末假日上網時數愈多，外控導向價值觀和內控導向價值觀得分愈低；但週末假日上網時數愈多，關係導向價值觀得分愈高。週間上網時數愈多，外控導向價值觀得分愈低，較不易留意周遭看法。

與同學朋友、或手足一起上網的青少兒學生，整體價值觀、外控導向價值觀、內控導向價值觀、關係導向價值觀得分皆高於與其他人一起上網者。與父母一起上網者，整體價值觀得分高於與其他人一起上網者；自行上網者的整體價值觀、外控導向價值觀得分，高於與其他一起上網者。

以逐步回歸分析，基本人口變項包含：性別、年齡、年級、家長教育、家長職業、宗教、家庭型態、北中南東地區；中介變項：上網（週間上網頻率、週末上網頻率、上網伙伴關係）、網路社群參與（是否參與、是否出席社群）及依變項是價值觀所做出的預測模式，可得方程式為：

表8-3 上網時數與價值觀相關分析

		價值觀	外控導向	內控導向	關係導向
週末上網時數	Pearson's r	－.003	－.076***	－.060***	.097***
	個數	5,210	5,160	5,193	5,165
週間上網時數	Pearson's r	.007	－.029*	－.013	.008
	個數	5,155	5,112	5,157	5,124

***p<.001,**p<.01,*p<.05

價值觀＝－**.128**母親學歷－**.079**網聚出席與否＋**.102**性別－**.067**是否參加家族－**.058**家庭型態－**.051**宗教＋**.045**地區＋**.045**年級

表8-4　價值觀的逐步回歸分析

標準化係數		t
Beta 分配		
（常數）		19.732***
母親學歷	－.128	－5.939***
網聚	－.079	－3.447***
性別	.102	4.928***
是否參加家族／社群	－.067	－2.903**
家庭型態	－.058	－2.794**
宗教	－.051	－2.456*
地區	.045	2.178*
年級	.045	2.064*

***p<.001,**p<.01,*p<.05

外控導向＝－**.129**母親學歷－**.100**網聚出席與否－**.077**是否參加家族＋**.065**性別－**.045**宗教

表8-5　外控導向價值觀的逐步回歸分析

標準化係數		t
Beta 分配		
（常數）		34.231***
母親學歷	－.129	－6.149***
網聚	－.100	－4.372***
是否參加家族／社群	－.077	－3.387**
性別	.065	3.144**
宗教	－.045	－2.174**

***p<.001,**p<.01

內控導向＝－**.096**母親學歷＋**.085**性別－**.061**是否參加家族／社群－**.058**家庭型態＋**.068**年級－**.046**平常日上網時間－**0.44**平常和誰一起上網

表8-6　內控導向價值觀的逐步回歸分析

標準化係數		t
Beta 分配		
（常數）		15.729***
母親學歷	－.096	－4.540***
性別	.085	4.186***
是否參加家族／社群	－.061	－2.928**
家庭型態	－.058	－2.858**
年級	.068	3.161**
平常上網時間	－.046	－2.234*
平常和誰一起上網	－.044	－2.141*

***p<.001,**p<.01,*p<.05

關係導向＝－**.065**母親學歷＋**.122**性別－**.083**網聚－**.054**家庭型態－**.048**宗教－**.070**父親學歷＋**0.46**地區

表8-7　關係導向價值觀的逐步回歸分析

標準化係數		t
Beta 分配		
（常數）		20.812***
母親學歷	－.065	－2.246*
性別	.122	6.071***
網聚	－.083	－4.079***
家庭型態	－.054	－2.683**
宗教	－.048	－2.385*
父親學歷	－.070	－2.437*
地區	.046	2.278*

***p<.001,**p<.01,*p<.05

價值觀結構方程模式檢驗

進一步以結構方程模式檢驗，投入十五個變項，排除 t 檢定之後不具有顯著結果之變項，可得到性別（X1）、地區（X2）、母親學歷（X3）、宗教（X4）、家庭型態（X5）、是否參加家族／社群（X6）、是否出席網聚（X7）等七個變項對價值觀之預測結果。

價值觀＝**0.08**性別＋**0.04**地區－**.11**母親學歷－**.05**宗教－**.05**家庭型態－**.07**是否參加家族－**.08**網聚出席與否

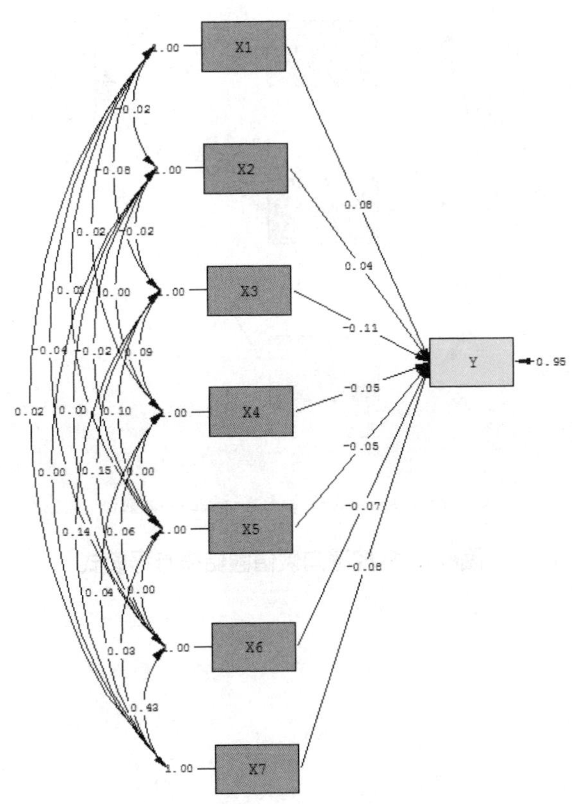

Chi-Square=0.00, df=0, P-value=1.00000, RMSEA=0.000

圖8-2　價值觀結構方程模式

外控導向部分，排除 t 檢定之後不具有顯著結果之變項，可得到性別（X1）、母親學歷（X2）、是否參加家族／社群（X3）、是否出席網聚（X4）等四個變項對外控導向價值觀之預測結果。

外控導向價值觀＝**0.03**性別－**.11**母親學歷－**.09**是否參加家族－**.10**網聚出席與否

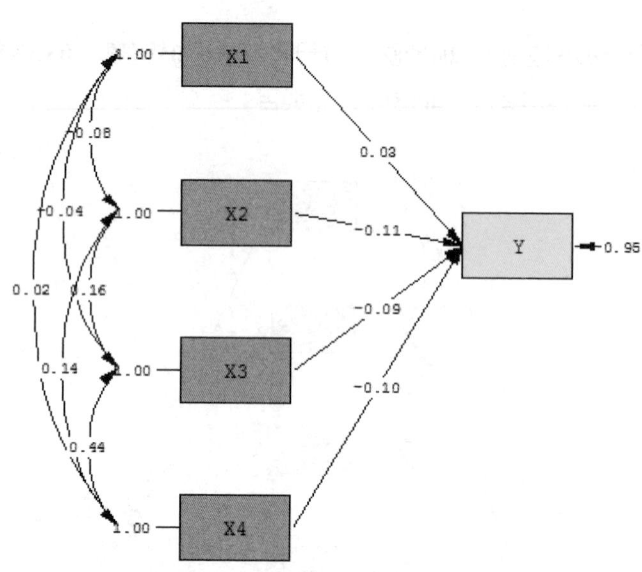

圖8-3　外控導向價值觀結構方程模式

內控導向部分，可得到性別（X1）、母親學歷（X2）、是否參加家族／社群（X3）、家族型態（X4）等四個變項對內控導向價值觀之預測結果。

內控導向價值觀＝**0.05**性別－**.10**母親學歷－**.09**是否參加家族－**.05**家族型態

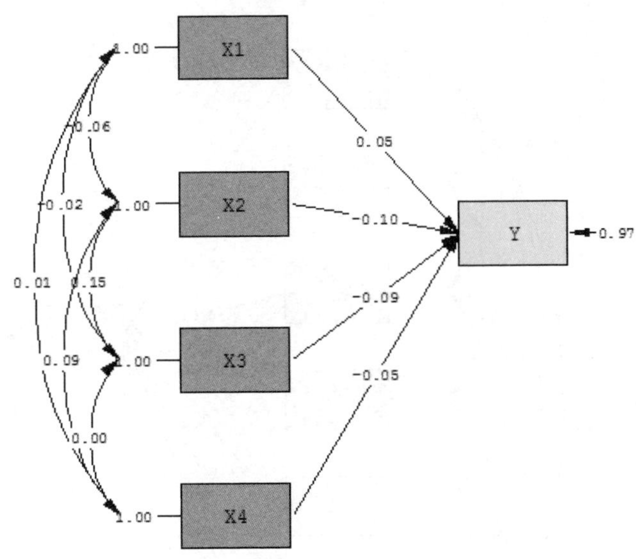

Chi-Square=0.00, df=0, P-value=1.00000, RMSEA=0.000

圖8-4　內控導向價值觀結構方程模式

關係導向方面，可得到性別（X1）、母親學歷（X2）、家庭型態（X3）、地區（X4）、是否出席網聚（X5）、宗教（X6）、父親學歷（X7）等七個變項對關係導向價值觀之預測結果。

關係導向價值觀＝**0.10**性別－**0.06**母親學歷－**.04**家庭型態＋**.02**地區－**.08**網聚出席與否－**.05**宗教－**.06**父親學歷

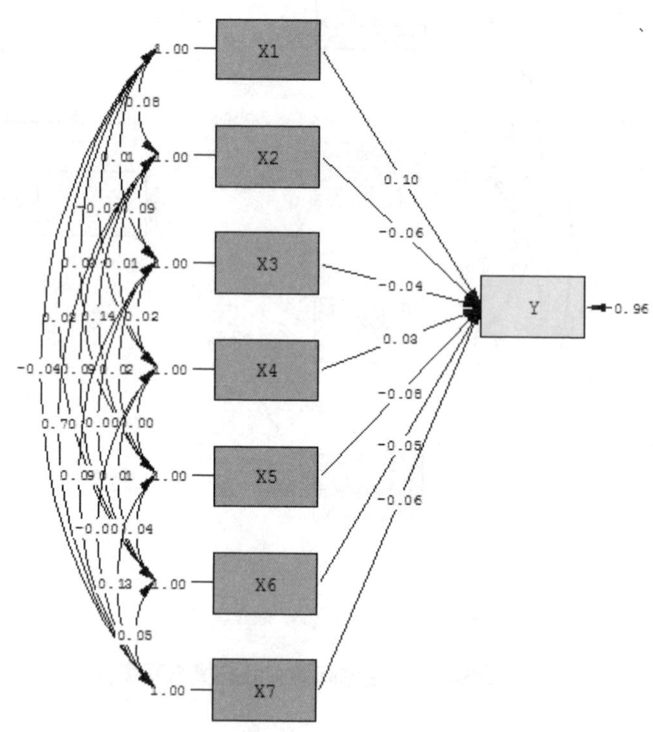

圖8-5　關係價值觀結構方程模式

結論與討論

台灣青少兒學生的價值觀爲何？台灣小三至國一青少兒學生的價值觀，內控導向價值觀較凸顯，反映這一階段青少兒學生較從個人自我想法看待周遭人事物，其心理衛生與態度也影響其生活態度與行爲，這倒也符合青少年青春期階段尋求自我認同的發展。不過，台灣青少兒的自我形象與自信心仍待強化。

外控導向價值觀題項，以「當我有意見和別人不一樣的時候，我通常不會說出來」（M＝2.97）平均數較高，其次是「我自己想要的東西，我一定會想辦法去得到它」（M＝2.94）；意味著青少兒學生不習慣面對與他人的意見衝突，卻在內心堅持己見；爲追求個人願望，有可能爲達目的而不擇手段。

內控導向價值觀各題項，以「我做事粗心大意，常擔心自己會出錯」（M＝3.65）平均數較高。青少兒學生擔心犯錯，對自己的辦事能力沒把握，反映其缺乏自信，缺乏健康的自我形象。

關係導向價值觀題項，以「當生活或課業上有困難時，我會主動找爸媽、老師或同學幫忙」的平均數較高（M＝4.16），平均數較低的則是「我會自己照顧自己的生活起居，父母不會擔心我」（M＝3.10）。青少兒學生在乎同儕關係，也會主動關懷同學，但在家長眼中，似乎仍不放心青少兒學生的自我管理能力。

網路社群參與或否，的確影響青少兒的價值觀。無疑地，網路社群形同青少兒的網路同儕關係，但對於青少兒的影響卻與面對面相處的同儕關係有別。

青少兒不參加網路社群、不出席網聚，對其整體價值觀、外控導向價值觀具正向預測力。不參加網路社群，對於青少兒的內控導向價值觀具正向預測力；不出席網聚，對於青少兒的關係導向價值觀具正向預測力。

國外文獻指出（Chidambaram, 1996），只要有較長時間接觸，如資訊互換行爲，網路社群間的成員就可以發展良好的互動關係，彼此間的情感、信任感隨之增加。對於台灣青少兒未必如此，這或許肇因於台灣青少兒上網動機以遊戲、交友聯絡爲主，資訊交換的方式較少（黃葳威，2010）；也呼應國內文獻驗證發現（馬振剛，2007）：「成熟自信」價值觀得分較高的學童，其實是網路使用時數最少的一群。

問題與討論

1.請問價值觀如何形成？對一個人有何影響？

2.請問自我意像與價值觀的差異？兩者的關係是？

3.青少年社團參與對其價值觀形塑有何影響？請舉例說明。

4.青少年網路社團參與對其價值觀形塑有何影響？請舉例說明。

第九章

數位時代限制級語彙變遷

- 前言
- 限制級語彙
- 2005至2010年限制級語彙分析
- WIN網路單e窗口通報類別
- 結論與討論

「我口要說智慧的言語；我心要想通達的道理。」（詩篇49: 3）

前言

2005年10月25日台灣網站分級制度辦法正式上路，網站中有不適宜年齡在十八歲以下者接觸的內容，都須張貼「限制級」標示，提供網路使用者辨識與參考。

因應數位及資訊產業所帶來的全球化「新經濟」時代，政府部門積極地在國內策劃及推動數位科技產業。網際網路可算是1990年代中期最重要的科技應用。隨著網際網路的風行，企業、平面媒體（報紙、雜誌、出版社）、電子媒體（廣播、電視）和各類傳播機構均紛紛上網，透過網際網路傳遞各式訊息內容。

資策會的統計資料顯示，截至2006年第三季，我國有線寬頻網路用戶數達440萬戶，較上一季增加約12萬戶，成長率達3%；若以下載頻寬來區分，其中「下載頻寬大於1.5M」的用戶微幅成長，占整體的64%，而「下載頻寬小於1.5M」的用戶則占36%。速度與品質皆優於xDSL的光纖網路用戶大幅成長，本季突破10萬戶，較上一季增加約6萬戶，成長率高達129%。

觀察台灣學術網路（Taiwan Academic Network, TANet）的發展，TANeT提供校園師生免費上網途徑，截至2009年6月底為止，我國有線寬頻用戶達487萬戶，電話撥接用戶數為63萬戶，學術網路用戶數為444萬人，行動網路用戶數為1,661萬戶。

政大數位文化行動研究室公布的數位世代研究發現（黃葳威，2011a），台灣國小三年級至國中二年級青少兒學生，有三成一表示知道網路分級制度，其餘有六成五以上不知道。

根據調查，小三至國二青少兒學生上學期間每週上網14小時。週間平均上網時間爲1.39小時，週末假日平均上網時間爲3.32小時；小三至國二青少兒學生主要上網地點以家中居多（89.3%），其次是學校（6.5%），再者爲網咖（1.5%）、其他地點（1.5%）或圖書館（1.1%）。

青少年在家以使用電腦及網路最爲普遍，其次爲手機。上網動機以溝通、娛樂爲主。有網路成癮現象的網友，女性偏向依戀網路交友的人際關係；男性以依戀線上遊戲和色情網站爲主。

現今網路社會網站繁多紛雜，當中所夾雜的錯誤或不當資訊，會形成不當的社會示範，足以影響個人建立正確的認知（賴溪松、王明習、邱志傑，2003）。這些不適合存取的網站，往往以強烈的字眼、圖片、影片、廣告包裝，潛藏於其中的反社會觀點、詐騙、打架、撒謊、飲酒、性行爲複雜、冷酷無情、自私、自我爲中心的論調，會造成價值觀和行爲的負面解讀，變相加劇社會倫理和道德觀低落，或是對自己的人身安全造成傷害，誤蹈網路的犯罪陷阱中。

不當資訊使用者最普遍的使用方式是透過搜尋引擎，搜尋不當關鍵字詞（如：色情和AV女優等），尋找特定色情網站，並透過色情網站之間相互連結等方式，瀏覽不當資訊及內容，同時爲了提高知名度及曝光率，這些不當資訊網站常會利用特殊宣傳方式，如加入情色排行榜，或是到各大留言版及情色貼圖版宣傳本身的網站內容，並透過相互連結及利益輸送，以提高本身網站的瀏覽人數及曝光率。

所謂不宜語彙，係依據行政院新聞局將電腦網路內容分爲四級，每級依其內容屬性區分爲語言、性與裸露、暴力、其他等類，明訂得出現之內容（即各級不得超越之內容標準），並對照國際標準網路內容分級協會（Internet Content Rating Association， 簡稱ICRA）之分級詞彙與編碼。

2010年8月，WIN網路單e窗口開始運作，第一階段參考國外四大類語彙分類，並根據台灣在地民眾通報案例，歸類為七大類。

本章將探討台灣現有的網站環境，出現不適宜青少兒接觸的限制級語彙與類別。文中對於未成年（the minor）的定義是年齡未滿十八歲的青少兒，其中將網路分級中的非普級語彙界定為「未成年者不宜的內容關鍵字」。

限制級語彙

歐盟1996年所提「網路上非法與有害內容」（illegal and harmful content on the internet），其中非法內容明顯為違反相關法律的內容，而有害內容的界定係以對身心健康造成負面影響為考量。

同年10月並發表「視聽與資訊服務中有關未成年與人性尊嚴保護綠皮書」（Green Paper on the Protect of Minors and Human Dignity in Audiovisual and Information Service），呼籲歐盟各國成員對於網路上的非法及有害內容，採取管制行動。

歐盟對於非法及有害內容的界定包括：

1.國家安全之妨害（教人製造炸彈、生產違禁毒品、進行恐怖活動等）。
2.未成年人之保護（暴力、色情等）。
3.人性尊嚴之維護（煽惑種族仇恨及歧視等）。
4.經濟安全（詐欺、信用卡盜用之指示等）。
5.資訊安全（惡意之駭客行為等）。
6.隱私權之保護（未經授權之個人資料的傳遞、電子騷擾等）。
7.個人名譽之保護（誹謗、非法之比較廣告等）。
8.智慧財產權之保障（未經授權散布他人著作，如電腦軟體或音

樂等）。

「視聽與資訊服務中有關未成年與人性尊嚴保護綠皮書」（林承宇，2002；黃葳威，2005b）則重視未成年人與人性尊嚴的維護，如兒童色情（child pornography）、過度暴力（extremely gratuitous violence）和煽惑族群仇恨、歧視與暴力（incitement to racial hatred discrimination and violence）等。1999年度行動計畫，除確認兒童色情與種族仇恨觀念的散布外，還加上人口運輸（trafficking in human being）和懼外觀念之散布（dissemination of xenophobic ideas）。

美國聯邦最高法院在1997年宣布「傳播禮儀法案」違憲後，將網路上的不當資訊交由科技來過濾處理。美國固然重視言論自由，但對於所謂「低價值言論」（low value speech）不受到憲法增修條文第1條表意自由條款保障。例如，煽惑他人犯罪之言論（advocacy of unlawful conduct）、挑釁之言論（fighting words）、誹謗性之言論（defamation），以及猥褻和色情之言論（obscenity and pornography）等範疇（葉慶元，1997）。

類似不適合存取的網站，根據教育部於民國92年10月15日之會議記錄所定義，大體上可分爲五大類：(1)色情；(2)賭博；(3)暴力；(4)毒品與藥物濫用；(5)其他。其定義說明如下（黃葳威，2005a）：

1.色情：

(1)包含裸露重點部位、過分煽情、媒介色情交易、色情圖片／影片／聲音／文字、色情文學、情色聊天室、兒童色情、販賣色情用品、性行爲等。

(2)網站標明「僅供成人瀏覽」，「須年滿十八歲以上才可進入」，「必須到可飲酒之年齡才可瀏覽」等，且其內容足以引起感官或性慾之刺激者。

2.賭博：

(1)包含線上賭博、地下錢莊等。

(2)教導賭博、販賣賭具等。

3.暴力：

(1)登載或解說任何暴力行爲，或殘害身體如人體肢解、自殘等圖文內容之網站等。

(2)性虐待、強烈殘暴行爲之文字、圖片、影片等。

(3)蓄意而殘忍的車禍照片。

4.毒品及藥物濫用：

(1)鼓勵使用毒品。

(2)毒品販賣或提供非法藥品相關資訊。

(3)毒品種植及製作。

(4)教導各種吸毒方式。

5.其他：

其他違反TANet使用之目的，列爲拒絕存取之資訊者如指導或鼓勵犯罪、偷竊技巧、詐欺、自殺，以及指導製造或使用武器、改造、販賣槍砲、武器交易等之網站或網頁。

行政院新聞局將電腦網路內容分爲四級，每級依其內容屬性區分爲語言、性與裸露、暴力、其他等類，明訂得出現之內容（即各級不得超越之內容標準），並對照國際標準網路內容分級協會（ICRA）之分級詞彙與編碼。本表未述及之項目或情節，應比照性質類似者處理。

其中限制級得出現的內容標準有：

1.語言：是指明顯與性相關的語言。包括：

(1)明顯粗暴的語言，或以語言、文字、對白表現淫穢情態或強烈性暗示，一般成年人尚可接受者。

(2)以言語描述強姦、性挑逗、性虐待、愛撫性器官或性行為等情節，但未包含脫離常軌的性行為、明顯性行為過程及誤導性侵害是被認可之描述。

2.性與裸露：性器官。包括：無性行為、猥褻意味或渲染男性或女性生殖器外觀者。

3.暴力：如性暴力、強暴、血腥。計有：

(1)有殘暴、變態等情節且表現方式強烈，但一般成年人尚可接受者。

(2)描述性虐待、強迫性性行為之畫面，但未包含脫離常軌的性行為、明顯暴露性器官的性行為及誤導性侵害是被認可之內容。

(3)有血腥等情節且表現方式強烈，但一般成年人尚可接受者。

4.其他：如鼓勵歧視或惡意中傷特別團體或族群，或可能造成兒童及少年情緒驚恐不安的內容。有：

(1)基於性別、性向或種族、宗教或國別的不同，鼓勵分裂或中傷相關的人或團體。

(2)恐怖、靈異情節或一再重複緊張、懸疑氣氛內容或畫面，易引起兒童驚恐和情緒不安者。

2005至2010年限制級語彙分析

網路分級系統語彙分析旨在蒐集網路限制級語彙，並按照對照國際標準網路內容分級協會（ICRA）之分級詞彙予以分類。

台灣網路禁止播出之語彙

依據電腦網路內容分級標準，電腦網路內容應分為：普遍級、保護級、輔導級及限制級。其中限制級規定未滿十八歲者不得瀏覽。即逾越限制級內容不宜提供，禁止播出給年齡未滿十八歲者瀏覽。

2005年財團法人台灣網站分級推廣基金會成立運作，將原本分為四級的分級制度，調整為普級、限制級兩類。

當時網路禁止播出語彙分為以下類別：

性與裸露

勃起或詳細的性器官——煽情的正面裸露，例如描述勃起幾公分。

暴力

暴露性器官之性行為——明顯暴露性器官的性行為之影片、照片；明顯渲染性行為、屬於猥褻的鏡頭或情節，如誇張的性行為、性行為過程之具體描述、生殖器之撫摸或口交等；脫離常軌的性行為鏡頭，如雞姦、輪姦、屍姦、獸姦、使用淫具等；描述施加或接受折磨、羞辱而獲得性歡樂之情節；描述強暴過程細節，其表現方式使人以為對他人進行性侵害是被認可之行為。

其他

其他違反相關法令使用之目的，列為拒絕存取之資訊者，如指導或鼓勵犯罪、偷竊技巧、詐欺、自殺、賭博、毒品及藥物濫用，以及指導製造或使用武器、改造、販賣槍砲、武器交易等。賭博，網路中未確認顧客年齡的賭博網站或教導賭博；鼓勵使用武器，教導改造、使用槍械或販售槍械的網站；鼓勵使用毒品（DR），明示或暗示吸毒可以忘掉所有煩惱。台灣相關語彙有強姦藥丸、FM2等二個語彙。

網路限制級語彙

參考電腦網路內容分級標準，網路限制級語彙的內容屬性可分爲語言、性與裸露、暴力及其他。研究人員就聊天室與色情網站、BBS與線上遊戲，以及成大電算中心蒐集提供的四百四十八個限制級語彙將分述於後。

語言

明顯粗暴的語言，或以語言、文字、對白表現淫穢情態或強烈性暗示，一般成年人尚可接受者。如以言語描述強姦、性挑逗、性虐待、愛撫性器官或性行爲等情節，但未包含脫離常軌的性行爲、明顯性行爲過程及誤導性侵害是被認可之描述。

性與裸露

無性行爲、猥褻意味或渲染男性或女性生殖器外觀者。

暴力

有殘暴、變態等情節且表現方式強烈，但一般成年人尚可接受者。描述性虐待、強迫性性行爲之畫面，但未包含脫離常軌的性行爲、明顯暴露性器官的性行爲及誤導性侵害是被認可之內容；有血腥等情節且表現方式強烈，但一般成年人尚可以接受。例如車禍現場的照片。

其他

其他違反兒童及少年福利法，列爲兒童不宜之資訊者，如指導或鼓勵犯罪、偷竊技巧、詐欺、自殺、賭博、毒品及藥物濫用，以及指導製造或使用武器、改造、販賣槍砲、武器交易等。

青少年與網路限制級語彙

分析開放問卷調查蒐集的網路限制級語彙，以性與裸露最多，其次依序爲暴力、其他以及語言。

按照年級觀察，其中國一學生提供的網路限制級語彙，反映國一青少年對於異性的身體、兩性相處、生理衛生等充滿好奇，對於男女平權、情緒紓解、壓力管理、情緒管理、醫藥衛生常識等部分須待加強。

國二學生提供的網路限制級語彙，與生理衛生、性知識、性態度、性行爲、兩性親密關係互動相關。

高一學生提供的網路限制級語彙，顯示這一階段的青少年需要有關性別認同的正確觀念與教導。

高三學生提供的網路限制級語彙，反映高三學生對於自我意像、自我表現、自我形象與肯定，甚至壓力紓解等觀念與關懷輔導的迫切需要。

將前述有關語言、性、裸露、暴力、恐怖、靈異或毒品等網路關鍵語彙，提供給兩場座談會的出席代表瀏覽，其中家長傾向對所有語彙進行分級處理，甚至也不要讓成年人瀏覽；多數青少年學生也表示希望有所過濾。

按類別來看，絕大部分與會代表都表示對性與裸露或色情語言，感覺比較不舒服；其次是性暴力或恐怖等關鍵語彙，令自己覺得噁心。

少數一兩位以爲，毒品的關鍵語彙因明確涉及非法行爲，所以不會感到好奇或特別。

很明顯地，幾乎所有出席的青少年與家長，都表示前述性與裸露、暴力、色情等語彙，形同網路上的污染源，對好奇者構成引誘，

對不好奇者造成使用網路的困擾；女性出席代表甚至明白表示，有被冒犯不尊重的負面感受。

參加座談會的青少年學生有一半以上都曾接觸過令他們好奇或被冒犯的內容，他們一致以為網路上的內容，可以進行適當的過濾或分級；有兩位沉迷於色情網站導致休學、轉學的男學生，以過來人的身分現身說法，認為不適宜的內容在不明就裡的懵懂歲月接觸，往往影響自己的學習發展。

家長代表也贊同網路進行分級，他們指出，目前電視、電影都可分級，為什麼電腦網路不能進行分級？他們表示，即使分級仍可能有漏洞可鑽，但必須做，因為很重要。

部分家長也表示，青少兒心理還未成熟，過早接觸不適宜的內容，往往造成負面的學習與模仿，令人憂心。

青少年網路分級的建議

在輕鬆坦誠的分享過程，包括青少年與家長代表都肯定網路分級的必要與必然。他們對於限制級的內容分級，有以下建議：

年滿十八歲

多數青少年學生與部分家長抱持著限制級內容最好在年齡滿十八歲以上再接觸的想法。一些青少年表示，有些關鍵語彙從字面一看便可推想，加上現在國中的健康教育或輔導課還沒有教完整的性別衛生知識，到高中護理課才逐漸有所認識，所以限制級內容能在年滿十八歲以上再接觸，比較不會誤導。

年滿十九歲

其次，有大部分家長與青少年學生認為，網路上限制級內容在年滿十九歲以上接觸較合適；一些正確的基本觀念已在高中階段建立，

年滿十九歲後接觸較可分辨。

年滿二十歲

家長代表在瀏覽有關語言、性與裸露、暴力、恐怖、靈異及毒品等關鍵語彙時，以爲限制級內容最好設限在二十歲以上，待青少年身心更成熟、觀念正確時再接觸。

暴力恐怖設定在十二歲

一位青少年學生認爲，性與裸露語言等限制分級可設定在年滿十八歲；而暴力恐怖內容可以設定在年滿十二歲以上，即保護國小學童不接觸到。

年滿十六歲

僅一位女性家長表示，目前孩子比較早熟，包括身體心理各方面皆如此，所以她主張限制級內容分級可設在年滿十六歲以上。

反觀另一場青少年座談會的學生，青少年自己倒不贊同十六歲以上即可接觸限制級內容，他們認爲會造成觀念偏差，有些還會干擾了班上同學的作息，太早接觸並不妥當。

WIN網路單e窗口通報類別

網路霸凌、色情網站氾濫、網路犯罪、動新聞爭議層出不窮、駭客入侵、電腦病毒攻擊事件也天天發生，所耗損的社會成本不容輕忽。

白絲帶WIN網路單e窗口自2010年8月2日開始運作，2011年8月參考第一階段國內通報案例，將兒少不宜網站依據在地通報類型，歸類爲七大類：

1.**網路色情**：包含裸露、煽情、色情圖片／影片／聲音／文字、色情文學、情色聊天室、兒童色情、販賣色情用品、媒介性交易等色情內容。

2.**網路詐騙、竊盜**：分爲網路詐欺、電腦病毒及網路竊盜、侵害版權、著作權、個資等。所謂網路詐欺計有在網路上虛設行號、販賣不實商品、釣魚網站、聊天室等詐騙錢財；而電腦病毒及網路竊盜係指以不法之方式入侵他人電腦竊取、毀壞資料或以阻斷服務之方法癱瘓商務網站；侵害版權、著作權或個資則包括未經授權就在網路販賣盜版軟體、使用他人的著作物。

3.**網路賭博**：計有賭博網站、賭博遊戲或教導賭博等。

4.**毒品及藥物濫用**：分爲毒品、非法藥品。其中毒品部分係指在網路上販賣毒品，教導各種吸毒方式及毒品種植及製作；而非法藥品部分則爲在網路上販賣非法藥品，提供非法藥品相關資訊。

5.**網路暴力**：分爲恐嚇他人、暴力血腥等。恐嚇他人包括在網路上恐嚇他人、侮辱及誹謗、妨害名譽等；而暴力血腥則包含登載或解說任何暴力、血腥、恐怖、霸凌、虐待行爲的影片、圖片。

6.**不當語言**：分爲新聞、非新聞類。新聞類指新聞內容涉及不實、廣告化、誇大、煽色腥之內容；而非新聞類包含網路上發表不實言論、不實廣告、造假言論、詛咒、自殺宣言，或引起他人恐慌，或危害社會秩序言論、煽惑種族仇恨及歧視等。

7.**其他**：有垃圾郵件或以上無法歸類者。其中垃圾郵件包含濫發電子廣告與垃圾郵件。

受理的申訴案件類型中，以網路色情類型爲最大宗，有3,685件（63%），遠高於其次網路詐欺、竊盜（含網路盜版、個資外洩、釣魚網站、交易糾紛等）有723件（12%），網路不當語言（含發布不當新聞、發布不當訊息及網路教唆犯罪）爲566件（10%），而網路暴力（含網路恐嚇、霸凌、血腥、遊戲等）有405件（7%），網路其他申訴有351件（6%），毒品及藥物濫用則有76件（1%），網路賭博有29件（1%）（參考**表9-1**）。

分析案件類型發現，民衆最爲在意及最氾濫的問題仍爲網路上大量的色情內容，其中以禁止播放色情內容爲多，占50%；其次爲限制級色情內容，占24%；色情內容占13%；媒介性交易訊息占8%；兒童少年色情占3%；色情網路遊戲占2%（參考**圖9-1**）。而占申訴類型其次的網路詐騙、竊盜類中，侵害版權、著作權、個資占85%；網路詐欺占13%；電腦病毒及網路竊盜占2%（參考**圖9-2**）。申訴類型中網路不當語言有三，發布不當訊息居首，占52%；發布不當新聞占42%；網路教唆犯罪則占6%（參考**圖9-3**）。

以行政院跨部會專案辦公室WIN網路單e窗口爲例，自99年8月2日上線至7月底申訴量達5,822件。今年6月申訴量相較去年首月上線申訴量，申訴案件成長114%，有更多的民衆發現不良網站，通報至單e窗口（參考**圖9-4**）。

表9-1　99年8月至100年7月WIN網路單e窗口申訴案件處理情形

分類	境內IP	境外IP	無法判別	合計
網路色情	849	2,747	89	3,685
網路詐騙、竊盜	185	520	19	723
網路賭博	5	24	0	29
毒品及藥物濫用	8	66	2	76
網路暴力	75	330	1	405
不當語言	395	164	10	566
其他	179	95	81	351
總案件數	1,696	3,946	202	5,822

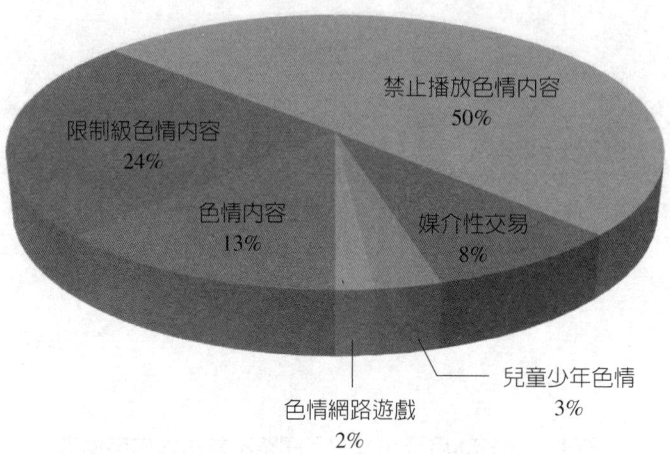

圖9-1　99年8月至100年7月網路色情內容情形

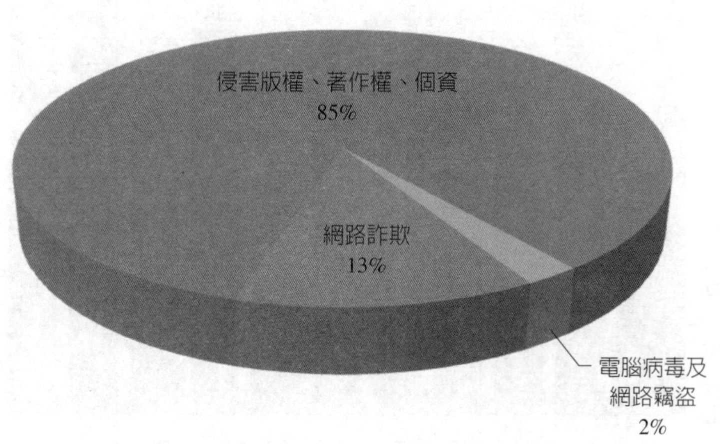

圖9-2　99年8月至100年7月網路詐騙、竊盜類內容情形

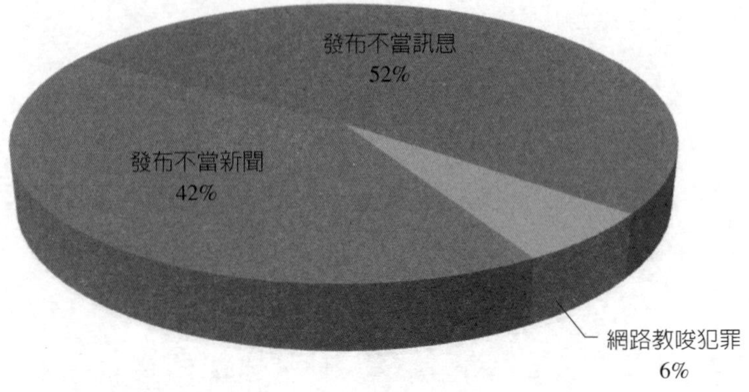

圖9-3　99年8月至100年7月網路不當語言內容情形

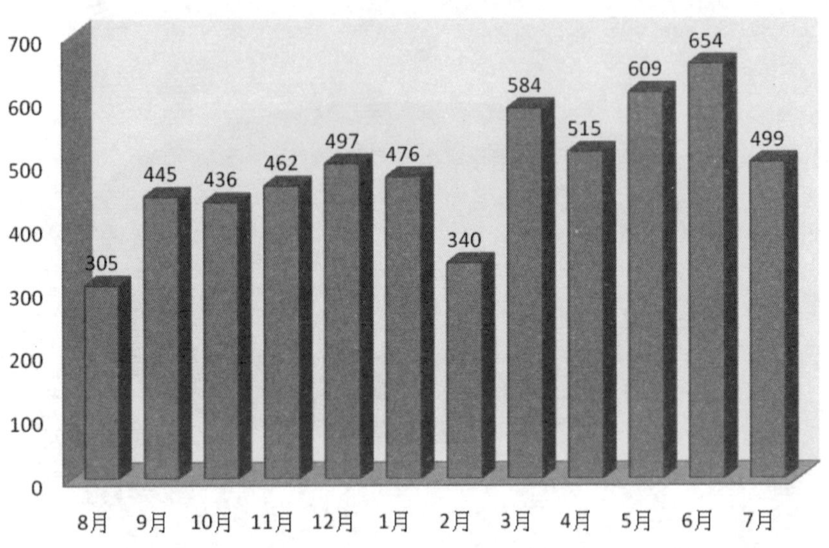

圖9-4　99年8月至100年7月WIN網路單e窗口申訴案量

結論與討論

黃葳威（2005b）參考青少年對網路限制級語彙的好奇程度與不自在程度，分析兩部分平均值，全體國高中青少年對於網路限制級語彙的好奇與不自在程度，參考兩者平均值與先後排序可分爲：

1. **不自在且好奇**：性行爲、性器官、色情交易、色情影像、色情聲音、色情文章、少年色情、情趣用品、髒話等類別。
2. **不自在且不好奇**：性藥品、賭博。
3. **自在且好奇**：色情場所、靈異。
4. **自在且不好奇**：兒童色情、煽情詞彙、人體、車禍、暴力、恐怖、噁心、血腥、毒品。

關於限制級語彙級別，按照兒少不宜的程度輕重依序建議爲：

1. **級別一**：暴力、其他中違反兒童少年福利法，列爲兒童不宜之資訊者，如指導或鼓勵犯罪、偷竊技巧、詐欺、毒品及藥物濫用。不含暴力的性虐待、強烈殘暴行爲之文字、圖片、影片或恐怖之內容。
2. **級別二**：其他中違反兒童及少年福利法，列爲兒童不宜之資訊者，如指導製造或使用武器、改造、販賣槍砲、武器交易等，或靈異之內容。
3. **級別三**：其他涉及違反兒童及少年福利法，列爲兒童不宜之資訊者，如指導或鼓勵賭博，以及指導製造或不當使用性藥品等。
4. **級別四**：語言、性與裸露，以及暴力的性虐待、強烈殘暴行爲之文字、圖片、影片等。

推廣建議

根據研究結果，建議台灣推動社區網路安全教育（internet safety）可以參考的方式分述如後：

1.目標：

(1)使網路安全教育成為社區民間團體與校園社團同儕互動之一環。

(2)使網路安全教育成為社區家庭教育之一環。

(3)使網路安全教育成為數位學習之一環。

2.社區行動：

(1)定期辦理以家長親子為主的全台巡迴網路安全教育與親職教育宣導講座。

(2)定期辦理關懷社區青少年的全台校園巡迴網路安全教育宣導講座。

(3)規劃及促成社區大專院校及中小學資訊或傳播相關課程，列入「網路安全教育」學習主題。

(4)規劃及促成社區大學開設「網路安全教育」終身學習課程。

(5)辦理媒體製作研習營，提供民眾認識及近用的機會。

(6)蒐集、整理、編印推廣資源，提高大家對網路安全教育的認知，並將相關資料置於網路安全教育數位學習平台，推廣網路安全教育相關團體資源與資料。

公部門

1.網路安全與資訊素養的觀念與行動仍須加強。

2.可比照美國保護上線兒童委員會成立研究局，負責評估各種網

站限制級文本，進行優質網站推薦。

3.為顧及偏遠地區與低收入戶家庭的數位落差現象，政府初期宜出資委託研發過濾軟體，提供一般社區家庭免費下載；其餘有經濟能力的家庭可按各自需求再行安裝其特定需要的過濾程式。

4.整合國家通訊傳播委員會、經濟部工業局、教育部成立的「資訊素養與安全推動委員會」，規範相關網路業者自律的防制措施。

5.政府應結合民間社團與學校的力量，進一步推廣「關懷子女，家長上網」的計畫，加強網路安全教育，使親子同步學習成長。

資訊科技業者

1.對資訊內容提供者的規範：資訊內容提供者的「網路分級系統」（Platform for Internet Content Selection，簡稱PICS）為供應網路管理者將所有網站內容自動標籤化技術。此項管理方式與電影分級制度極為相似，相異點在於制訂標準的機關不同。電影分級由政府審核，而網路分級是由網路管理者提供不同標準，而由使用者自行決定要採取何種程度的分級。

2.對ISP業者的規範：對於ISP（Internet Service Provider，網際網路服務提供者）業者，建議區分成人與兒童青少年網路。

3.兒童青少年網路帳號的申請，須具有過濾與拒絕進入限制級內容的網站功能，即可有效防止兒童青少年接觸兒少不宜的網路資訊。

問題與討論

1.請比較歐盟與國際標準網路內容分級協會（ICRA）的界定有何異同？

2.請分享你對限制級語彙的看法？你會如何界定？

3.台灣在地通報兒少不宜網站有哪些類型？

4.請分享你對網路安全的看法？

第十章

數位時代媒介自律規範

- 前言
- 公共利益與語言文化
- 國外媒體性別議題規範
- 國內媒體性別議題規範
- 結論與討論

「又要將律例和法度教訓他們，指示他們當行的道，當做的事。」（出埃及記18: 20）

前言

性別平權已成為世界先進國家推崇的主流價值，根據中華民國憲法第7條規定：「中華民國人民，無分男女、宗教、種族、階級、黨派，在法律上一律平等。」由此可知，性別平等在我國亦是受到憲法保障之基本人權。

國內傳播媒介近二十年分別從報業、廣播、電視陸續開放、解禁，經營自由化帶來商業競爭的壓力，商業媒介所扮演的責任，相對也被賦予重望。

傳播媒介視為可以扮演公共領域的角色之一，不過，隨著大規模工商業組織的興起，市場、廣告，甚至公共關係的包裝，公共關係往往結合了一些公共利益議題，掩蓋原本的商業目的（Habermas, 1989；黃葳威，2004）。在市場（閱報率、發行量、收視率、收聽率）、廣告收入、公關活動的呼應下，傳播媒介成為公共媒介的角色已經變質。民眾被視為消費者，其是否仍不受經濟利益干擾，而能理性辨別共同利益，實令人關心。

新聞局於2009年3月提出「兩性平等宣言」，主張兩性平權須建立在相互尊重與合作的架構。

「兩性平等宣言」，關心媒體產出內容所反映的價值與訊息，是否有助於消除社會在文化、傳統習俗或生活方式所產生的性別差異歧視。

政府部門除運用電影、廣電、平面媒體各項相關獎勵補助政策，

鼓勵業界多方製播正面反映女性與時俱進時代角色的影片或影劇，提供社會反思的機會，建立市民大眾正確的兩性觀念。類似兒少新聞妙捕手網站與婦幼申訴專線，也集結民眾參與監督媒體的關懷，結合媒體自律組織的力量，寄望媒體改進性別歧視的亂象。

其實，除了刻板化、物化女性外，葷腥暗示性言行，過度消費受害人的隱私與情感等，或對特定性別的專業表現刻意污名化，也形同性別歧視。

傳播媒體可被視爲社會文化訊息的產製機構，電視節目（或廣告）若能製播具性別平權意識的內容，秉持多元文化精神，尊重不同性別及性傾向之族群，對於社會性別平權意識之形塑，必有正面助益。

雷蒙．威廉斯（Raymond Williams）在其著作《關鍵字》（*Keywords*, 1976）一書說明，「機構」是一個行動或過程的名詞。機構是我們生活中一些根本的決定元素，不管是政府、學校、警察、家庭、社會、媒體、文化或是運動等等，一再影響我們怎麼去定義所處的社會。因此，機構不只是部分的總和，機構與我們的關係更複雜，不只是一個經濟體或結構體。

每個社會所期待的性別角色不同，社會中的個人從小被制約而遵循男性或女性應有的規範，再經由社會化的過程，被教導爲與其生理性別相符的性別角色。

談到性別議題，有幾個相關名詞須先界定：首先，區分性別認同（gender identity）與性別角色（sex role）的概念：所謂性別認同，是指身爲男性或女性的自我觀念，係人類經由特定文化價值最先學習的觀念，不同文化賦予兩性的特質並不相同（Signorielli, 1993）。

至於性別角色則爲性別認同的結果，即某些專屬於男性或女性的行爲及行動（Durkin, 1985）。經由性別認同所呈現出的性別角色，會再度增強、區分男女不同地位的社會結構。

抱持某一性別優於另一性別的意識型態，便是性別主義

（sexism）；雙性理論（androgyny）表示個人可同時呈現男性化或女性化，富侵略性或溫柔善感端視情況而定（Hacker, 1974; Schaefer, 1984, p. 417）。換言之，性別主義以兩性之間不可改變的生理差異爲論點，雙性理論主張兩性差異不大。

很顯然地，男女兩性有生理上的差別，其中社會文化的期待及所給與的機會亦不同，差別主要在於文化所造成的。

阿圖舍（Louis Althusser）主張，意識型態的國家機器和壓制型的國家機器，前者如家庭，後者如警察，實際上他所談的都是機構。身處資訊社會，「傳播媒體」等同於兼具傳遞文化與經濟交換的機構，但我們所關心的是，傳播群體的工作實踐或規則是否清楚，以及如何呈現在閱聽大眾眼前。

電視媒體中文本的角色和本質，在於眞實和「事實」的再現。但是，經濟決定因素如生產工具的擁有權和控制權，使得當代世界逐漸失去了相對的認同。節目內容究竟在表現哪些事實和眞實？

過去我們以爲家暴是私領域議題，現在已是公認的社會議題；同理，傳播媒體在處理與性別有關的內容時，是否也能展現性別平等、性別友善的空間呢？

公共利益與語言文化

在各國媒體的自律、他律規範中，「公共利益」往往被列爲首要規條，公共利益包括了社會責任、平等、公義、尊重人權、遵守社會道德以及遠離不當動機（如利益衝突、賄賂）等。

基於人權、倫理考量，避免侵犯隱私也是媒體呈現性別議題規範的重要原則。各國媒體，與性別有關的規範中，通常首先出現於基於媒體社會責任、尊重人權、平等考量，所定下的避免歧視、避免侵犯

隱私等。

根據白絲帶關懷協會針對大台北地區青少年所進行的調查發現，青少年獲得兩性性知識、性態度、性行爲的管道，六成以上來自於傳播媒體，包含報紙、雜誌、電影、電視、廣播、網路、光碟、流行音樂等；來自家長、校方、同儕、手足等人際管道均各低於一成。

雖然，台灣青少兒家庭或教師對於類似觀念能否健康正確的分享與傳遞，仍待加強。但不容否認，傳播媒體對於青少兒認識性別關係、如何看待性別議題，的確有重要影響。

學者研究德國電視綜合資訊節目是否影響觀衆對雙性戀、同性戀及刺青的態度。結果發現，收看綜合資訊節目的青少年將會高估社會中同性戀、雙性戀或身上有刺青的人口比例，且以爲社會大衆對前述族群採取較寬鬆的看法，甚至收看綜合資訊節目的青少年，也對這些族群抱持較寬容的態度（Rossler & Brosius, 2001）。這應證了綜合資訊節目內容對青少年會形成涵化效果。

以反諷政治人物爲主的綜合資訊節目內容，也被證實對青少年產生影響。像是讓觀衆將奇特的社會行爲視爲正常，且有前述觀感的青少年易對他人的不幸遭遇感到麻痺，或將複雜的社會問題簡化（Davis & Mares, 1998）；或將偏差的現象視爲正常，混淆了「眞實」政治與「模仿」政治（王泰俐，2004）；或因常觀看反諷政治人物此類綜合資訊節目，而對政治人物產生負面印象（Young, 2004）。

日本學者探討媒體資訊對於性別角色刻板印象的涵化效果（Saito, 2007），媒體資訊傾向減緩使用者對於性別角色的社會變遷影響，整體來看，雖然鬆動了保守派人士對於性別角色的刻板印象，諷刺的是，被視爲比較激進的女權主張者卻傾向接受資訊呈現的現況。

陳正男及譚大純的研究中（1995，1999）重測「媒體性別角色量表」（Lundstrom & Sciglimpaglia, 1977），並對文獻進行回顧，將女性角色構念歸納分爲：女性職業角色、女性權力角色與女性情慾角色三向面（陳虹余，2003）。

劉宗輝（1998）的研究發現，電視中的女主角年齡通常較男主角年輕；相對於男性而言，女性多以家庭角色出現，男性以職業角色出現比例較多；女性在職業角色上的比例偏低，以專門及技術人員所占的比例最高；男性以主管及監督人員比例最高；且女性較常出現的場景爲家中；女性傾向代言家庭用品，譬如清潔用品、化妝品及日常用品等，而男性則代言建築、鐘錶、機器及運動類。

王玲如（1993）的研究中也提到，女性在廣告中所扮演的角色有以下幾種：依賴男人的女性，需要男人指導、鼓勵、獎賞才能完成工作，企求從男人得到呵護、照顧、幸福與安逸；或者是全能的家庭主婦，女性最大的成就與滿足便是做個賢妻良母；或是外表漂亮的女性，喜歡任何增加外表吸引力的東西；或是性感女神，展現誘人的胴體，穿著清涼以引人遐想。

又如「水晶檸檬洗衣粉」的廣告中，丈夫想要體貼妻子，給她一個驚喜，於是拿洗衣粉幫忙洗衣服，妻子發現之後滿心歡喜。這支廣告暗示了「丈夫洗衣服」不是家庭的常態，所以男性偶爾做家事，對女性來說是一種「恩惠」，所以女性的驚奇其實更內化了父權文化的迷思（林秀芬，2000）。

語言（language）形成對話（dialogue），對話形成論述（discourse），而論述則建構了個人／群體對世界的認知。電視節目內容形同一種包含文字、言語、影音符號的語言，不僅形塑閱聽大眾如何看我們自己，並且也形塑我們如何看這個世界。在潛移默化中，也有意無意地引導閱聽人如何看待性別議題。

從法律規範來看，台灣除了民法、刑法外，另以性騷擾防治法、性別工作平等法、性別平等教育法三個法來宣示性別平等的價值。行政院婦女權益促進會陳惠馨委員主張：政府在規劃國家的各項政策時，應該全盤地從性別的觀點思考。對於既存的各種國家法律、政策

與司法制度都要從性別的角度出發，重新檢驗既有的政策是否符合性別平等目標。

傳播學者張錦華（2004）認爲，傳播內容長期缺乏多元文化、人權議題的角度，值得正視。媒體扮演公共領域角色，應留意內容所揭櫫的價值取向。

從個人利益角度出發，公共利益呈現的重點，在賀爾德（Held, 1970）的《公共利益與個人利益》（*Public Interest and Individual Interest*）書中也有陳述（轉引自彭芸，1994，頁180；黃葳威，2008）：

1.**優勢理論**（preponderance theory）：主張個人利益的總和最爲重要，因此採多數決的看法，即任何情況發生，公共利益都不會違背大多數人的利益。
2.**共同利益理論**（common interest theory）：強調利益爲所有人共同想要的，對其喜好爭議不大，譬如交通、能源、水等基本服務；或是一個有秩序的社會所需的，如政府、國防、法律、司法、警察、貨幣系統等。「公共領域」也包含其中，既是民主政治系統中的必需，也爲個人利益體現的場域。
3.**單一理論**（unitary theory）：主張公共利益是由一些較大社會理論或意識型態所分出來的一些具絕對性的規範原則。這與Downs（1962）所說「絕對價值標準」觀點相通。

上述三種理論，其中優勢理論與共同利益理論都強調公共利益是社會大多數人利益的體現，然而，優勢理論並未說明大多數人利益整合的過程，是在衝突與否的情境下整合。而共同利益理論則闡明其爲一有秩序社會所需，人們對其爭議不大，似乎從利益整合和諧性的角度界定公共利益。

其次，優勢理論與共同利益理論的整合結果，會隨不同社會、不同成員、不同時期而有所差異，例如：台灣電子媒介未解禁時期、開放時期、進入數位匯流等階段，其所整合的共同利益，可能不盡一致。

相對地，單一理論因具絕對規範原則，則不容易受到人、事、環境、時間的改變而更改。其與前兩種理論的主要差異在於歷時性。

傳播學者馬奎爾（McQuail, 1992）指出，公共利益常被界定爲對大家都好，但這可能只代表對某些人有益處。當公共利益與傳播媒介相提並論時，主要是考慮社會所認可的傳播利益，包括意見的多樣化、自由化、教育、藝術、資訊、文化認同等。

公共利益是否落實於傳播媒介，可由媒介在結構和表現的五個原則來檢視，這五個原則分別是（McQuail, 1992）：是否足夠自由化、是否呈現多樣化、是否兼顧資訊化、是否兼顧社會秩序和整合的角色，以及是否擔負文化傳遞的功能。

由前述五個原則觀察台灣傳播媒介與公共利益的落實情形，不可否認地，傳播媒介的解禁（如報禁解除、電子媒介頻道開放），多少反映傳播事業牽涉人力、物力等複雜投資，是否仍受制於政經勢力團體，而其受制程度仍影響性別議題傳遞表現，而且這也影響了多樣化、資訊品質、文化傳遞，以及社會秩序與整合的情形。

本章將分別檢視英國、加拿大、澳洲、日本、美國，以及台灣媒體性別議題的法律規範與自律原則。

國外媒體性別議題規範

各國媒體的自律、他律規範中，「公共利益」爲首要核心價值。公共利益包括：社會責任、平等、公義、尊重人權、遵守社會道德以及遠離不當動機（如利益衝突、賄賂）等。基於人權、倫理考量，避

免侵犯隱私也是媒體規範中最重要的部分之一。

先進國家媒體規範，尤其是與性別有關的規範，一般出現於重視媒體社會責任、尊重人權、平等基礎，所定下的避免歧視、避免侵犯隱私的規範條文。

媒體主管機關、媒體自律組織的規範，經常把避免歧視列為優先項目之一，聯合國教科文組織（UNESCO）在2006年出版的「廣電規範指導原則」（Guidelines for Broadcasting Regulation）[1]規範，廣電規範的首要宗旨──民主宗旨（democratic purposes）下有關避免歧視規定（rules preventing discrimination）即指出：廣電節目內容（包含受訪者與節目來賓的觀點），不得因種族、國籍、宗教、性別而歧視他人。

歐洲方面亦有類似規定，2007年時，歐盟將1989年即實行的「電視無疆界」指令修改為「視聽媒體服務指令」（audiovisual media services directive）[2]，修正目的在促進電視傳播之自由流通與新視聽媒體間之平衡、尊重輔助原則及比例原則下保存文化身分之價值及文化多樣性，以建立對視聽媒體服務之共同最低規則。

該指令規定，視聽商業通訊不應有下列情況：「損及對人性尊嚴的尊重」、「包括或促進基於性別、種族、國籍、區域、宗教或信仰、身心障礙、年齡或性別導向所生的歧視。」

英國、加拿大、澳洲、日本、美國等國的媒體他律、自律規範中，也都有類似的規定，以下整理前述五國有關避免歧視和性別的相關規範。

[1]UNESCO網站，http://portal.unesco.org/ci/en/ev.php-URL_ID=22182&URL_DO=DO_TOPIC&URL_SECTION=201.html。

[2]http://ec.europa.eu/avpolicy/reg/avms/index_en.htm。

避免性別歧視

英國

法律層面

1.英國傳播委員會（Office of Communications）的廣電媒體規範（Broadcasting Code）[3]指出，該規範立基於人權法案、歐洲人權公約中的規條——人們享有不因性別、種族、宗教而被歧視的人權。

2.印刷媒體申訴委員會（Press Complaints Commission, PCC）[4]中有關歧視的部分指出，媒體應避免使用含有偏見或不敬語氣，報導當事人種族、膚色、宗教、性別、性別取向或其他身體及心智疾病或殘障。除非確實與報導有關，否則應避免提及當事人種族、膚色、宗教、性別、性別取向，或其他身體或心智疾病及殘障的細節。

自律層面

全國記者協會行爲準則（National Union of Journalists / Code of Conduct）[5]中指出，記者只有在事件與新聞有重大關聯時，才能提及當事人的年齡、性別、種族、膚色、信仰、非婚生子女身分、殘障、婚姻狀態、性傾向等。記者不應發動或處理會鼓勵歧視、嘲笑、偏見、仇恨的上述素材。

---

[3]http://www.ofcom.org.uk/tv/ifi/codes/bcode/。

[4]http://www.pcc.org.uk/cop/practice.html。

[5]http://www.nuj.org.uk/innerPagenuj.html?docid=174。

加拿大

自律層面

加拿大記者協會從業守則[6]：避免歧視，各類報導應避免種族、性別、年齡、殘障或社會地位等刻板印象之影響，犯罪新聞尤應注意。

澳洲

法律層面

澳洲通訊與媒體管理局（Australian Communications and Media Authority, ACMA）的商業電視規範實行守則（Commercial Television Industry Code of Practice）[7]：禁止引發或強化對年齡、膚色、性別、國家或族群出身、殘障、種族、宗教、性偏好的強烈厭惡、輕視、嘲笑。

很顯然地，澳洲進一步以強烈厭惡、輕視及嘲笑，區別性別歧視的不同程度。

自律層面

1.商業電視規範實行守則附錄的建議事項——女性與男性的描繪：在描寫各年齡層的女性與男性時，不應鼓吹不正確、貶低的、歧視的指涉、描寫、刻板印象、不適當的概括（泛論），尤其不應對性別、身體特徵、家庭情況有不適當、非關緊要的強調。言語應避免不必要、且排除在語言使用時對性別，或對男、女有不同對待。澳洲電視媒體自律守則，也可從不正確、貶低、歧視等不同刻板印象程度區分，媒體再現手法也從指涉

[6]http://www.rtnda.org/。

[7]http://www.acma.gov.au/WEB/STANDARD/pc=IND_REG_CODES_BCAST。

（較含蓄）到描寫等不同層次。

2.澳洲媒體協會之原則聲明：第7條「避免歧視」指出，報導不應對種族、宗教、性別、性向、婚姻狀況、殘疾、病痛及年齡有所歧視。然而如該議題事關重大且有關公眾利益時，報社及雜誌社允許相關報導並陳述該刊物的立場。

3.「媒體、娛樂及藝術聯盟」頒訂之「媒體聯盟道德守則」（Media Alliance Code of Ethics）第2條規定，不歧視，不在個人特質上做不必要的強調，包括種族、國籍、性別、年齡、性向、家庭關係、宗教信仰或是身體及心智上的缺陷。

4.《雪梨晨鋒報》（*The Sydney Morning Herald*）頒訂之「道德守則」第7條——關聯性：編採人員不在個人特質上做不必要的強調，例如：種族、國籍、性別、年齡、性向、家庭關係、宗教信仰或生理上的缺陷。

日本

自律層面

1.日本民間放送連盟之放送基準[8]第5條規定：不因人種、性別、職業、境遇、信念等而有差別待遇。

2.產經新聞記者指南：尊重人權：採訪、報導及評論之際，不可有人種、性別、宗教、國籍及職業等差別待遇。

美國

法律層面

美國聯邦傳播委員會（Federal Communications Commission, FCC）對媒體內容的主要管制集中在不雅（indecent）、淫穢

[8] http://nab.or.jp/index.php?What%27s%20New。

（obscene）內容，但媒體自律規範中亦有禁止歧視的相關規定。

自律層面

1.專業記者協會（Society of Professional Journalists）[9]倫理規範：應避免歧視，記者在蒐集、報導及詮釋資訊時應本著誠實、公平及勇氣爲之，避免對種族、性別、年齡、宗教、人種、地理、性別傾向、殘障、外貌或社會地位等有刻板印象。

2.美國公共電視廣播公司（Corporation for Public Broadcasting）的新聞倫理原則[10]指出，公共廣電應給予不同範圍的議題、社群關心的議題發聲空間，找出和呈現多元的來源，包括不同年齡、種族、族群、宗教、性傾向、社會階級、政治與社會的意見等。

此外，聯合國教科文組織廣電規範指導原則的文化與消費者保護（cultural and consumer protection reasons）項目中表示，多數國家爲確保孩童不受到身體或道德上的傷害，而針對暴力、性的描繪、不當言語設限，方式包括：在節目前播出警語、分級制度、設定兒童不宜節目播出時間的分水嶺（watershed）等，如節目分級。

性犯罪、性行爲

各國媒體他律與自律規範，多會針對媒體呈現犯罪與不當內容，包括犯罪、暴力、色情、猥褻等做出規範，當中常見對性犯罪、性行爲、性相關內容的規範。

這些規範通常出於對兒童青少年的保護，或維護社會善良風俗的

[9] http://www.spj.org/。

[10] http://www.cpb.org/stations/radioethicsguide/。

理由，包括規範對性犯罪受害者與嫌疑犯的報導、禁止對暴力色情的煽情與渲染報導、禁止鼓吹違反社會風俗的性行爲與性交易、限制媒體有關性的內容之呈現、限制成人或色情節目的播出時段等等。以下爲各國相關規範的整理：

英國

法律層面

1.英國傳播委員會廣電媒體規範：

(1)應注意在涉及未成年者的性或其他犯罪的報導中，不得提供可能洩漏受害者、目擊者、被告身分的線索。

(2)報導孩童可能爲受害者時，不可使用「亂倫」字眼，以免受害人被指認出來；在報導被告和孩童關係時要特別注意，不可對受害人和被告關係有任何暗示。

(3)除了教育目的之外，性行爲畫面不得在「分級時段」（watershed，兒童不宜節目可以在電視上播放的起始時間）前播放。

(4)分級時段之前播出裸露內容，須文本脈絡中有合理理由。

(5)成人節目只能在晚上十點至凌晨五點半的時段播出。

2.印刷媒體申訴委員會：犯罪新聞報導，未得嫌犯或被告親友同意，不得指認該等親友身分，除非確實與案情有關。對於性侵害案件的被害人，除非有足夠的理由及法律的許可，媒體不得指認遭性侵害受害者，或刊載可能辨識出受害者的資料。

加拿大

自律層面

加拿大電視廣播同業協會（Canadian Association of Broadcasters,

CAB）[11]的CAB暴力問題守則：不得播放任何形式含有不必要的暴力內容；播放新聞公共事務類節目應審慎過濾篩選內容及畫面；不得播出支持、宣揚或美化任何針對女性暴力的節目。

加拿大廣電同業自律對於不得播出性暴力議題的原則，從被動支持、主動宣揚到刻意美化等手法，也顧及不同程度的傳達。

澳洲

法律層面

澳洲通訊與媒體管理局的商業電視規範實行守則中指出電視不宜的內容，包括詳細的性器官裸露、性相關內容、性行爲描述、非經雙方同意的性關係。

自律層面

商業電視規範實行守則附錄的建議事項——女性與男性的描繪：在報導暴力（尤其是性侵害）時要注意，避免提供可能讓犯罪行爲人合理化的解釋，甚至將責任歸於受害者；避免描述不必要的細節。

日本：日本民間放送聯盟之放送基準[12]

法律層面

1.第一章人權部分提及，不給予人身買賣和賣春、買春肯定的態度。

2.第六章表現的顧慮：避免讓人感覺下流、猥褻的不舒服表現。

3.第十一章性表現：

(1)關於性方面，注意不要讓觀衆有困惑、厭惡的感覺。

---

[11]http://www.cbsc.ca/english/codes/cabethics.php。

[12]http://nab.or.jp/index.php?What%27s%20New。

(2)關於性病和生理衛生，必須根據醫學、衛生學以及正確的知識來處理。

(3)即使是藝術作品，也要注意勿在官能方面給人過度刺激，一般作品自然不在言下。

(4)表現性犯罪及變態性慾、性顛倒時，不可給予過度刺激；報導性傾向的少數族群時，要特別注意人權；原則上不使用全裸，表現部分肉體時，要特別注意勿給予下流或猥褻的感覺。

(5)在表演者的言語、動作、姿勢、服裝等方面，要注意勿給予猥褻的感覺。

美國

法律層面

1.美國聯邦傳播委員會有關猥褻不雅節目之規定[13]：

(1)淫穢（obscene）節目全天候禁止播送：淫穢節目並不受憲法第一修正案之保護，且全天候禁止播送。符合下述三項定義者爲淫穢節目：

①一般人依當時的社會風俗標準須發現該節目之全部係訴求淫亂之目的。

②該節目須是以公然違反法律上所定義的方式描述或描寫性行爲。

③該節目全部必須缺乏嚴肅的文學性、藝術性、政治性或科學性的價值。

(2)不雅的節目限制於晚上十點至清晨六點之間播送。美國聯邦傳播通訊委員會對不雅節目定義爲：節目中所呈現的言語或

[13]http://www.fcc.gov/eb/oip/FAQ.html#TheLaw。

內容，涉及性或排泄器官或行爲，公然違反當時的廣播媒體社會風俗標準。

「廣電媒體社會風俗標準」被界定爲：特定節目是否公然違反社會標準，以一地及特定區域爲限，而是以一般視聽大衆且非以個別的抱怨爲準。」

依聯邦法院對不雅內容的釋令，制定不雅節目的法令規定，不雅內容所包含有關性或排泄器官的描述，係以不會引起淫穢爲限，法院已認定不雅節目受到憲法第一修正案的保障，不得完全禁止。但爲避免兒童觀看此類節目，其播送時段可加以限制。

(3)鄙俗（profane）節目限制於晚上十點至清晨六點之間播送。美國聯邦傳播通訊委員會對鄙俗節目之定義爲：「包括意指特定挑起暴力情緒，帶有侮辱的言語，或令人聞之遭受到冒犯之言語。」依此定義，認爲在現場播出節目中單獨使用髒話（f-word）即爲鄙俗，將以個案方式處理可能的褻瀆字句或片語。

2.美聯社媒體編輯（Associated Press Media Editors, APME）的新聞價值與原則聲明（The Associated Press Statement of News Values and Principles）[14]指出，在報導宣稱受性侵害的受害者，以及涉及犯罪或目擊犯罪的兒童時，不得洩漏其身分。

3.華盛頓郵報記者寫作手冊：新聞標準與倫理（standards and ethics）的報導品味（taste）條款指出，《華盛頓郵報》作爲一份尊重品味與莊重的報紙，了解社會對品味與莊重的概念乃經常變動。某些用詞對上一代可能是冒犯，卻可能是下一代所常用的字彙，但《華盛頓郵報》應該避免色慾，除非不使用褻瀆與猥褻用詞不足以彰顯該報導所欲凸顯之重要性，否則《華盛頓郵報》應避免使用；除非獲得本報編輯或總編輯之同意，否則絕對禁止使用猥褻字眼。

以上與性別、性有關的禁止與保護規範，散見於各國媒體他律與自律規範中有關兒少保護、族群尊重、社會新聞之處理條文。

促進性別平等

媒體中的性別議題還有更積極的促進性別平等、性別角色的多元與平等的層次，部分國家的媒體他律與自律組織，即以更積極、前進的態度面對性別議題，將相關規範與目標放入媒體守則中，例如加拿大、英國與澳洲。

加拿大

自律層面

加拿大電視廣播同業協會的CAB性別描繪守則，要求電視和電台節目應注意性別平等的原則。節目內容應反映加國人民生活的廣闊層面（加國特殊的多元文化性）；不得剝削利用女人、男人及兒童的社會角色，亦即不得播放帶有否定或貶抑性的評論。相關內容還包括：

1.守則目標是平等的呈現與描繪女性與男性，反映他們實際的社會和專業成就，以及貢獻，興趣和活動。

2.在處理女性與男性的性別角色描繪時，應尋求拓展所有個人性別角色的多元性。

3.本守則的任何內容不應被理解爲審查、刪減健康的性的描繪。但是，廣電媒體應避免和消除對性相關內容中個人之無正當理由的傷害，及避免促進性仇恨與性墮落；女性也不應受到無端暴力行爲的摧殘。電視媒體和公衆也應參考CAB暴力問題守則

中有關婦女暴力的規範。

4.廣電媒體應敏銳於節目爲兒童提供的性別角色榜樣。在這種情況下，節目製作人應盡一切努力，消除消極的性別角色形象，從而進一步鼓勵發展積極向上的性別角色榜樣。「性化」（sexualization）兒童的節目是不能被接受的，除非是在戲劇的脈絡或處理此議題的資訊節目中。

5.廣電媒體應評估個別節目與總體節目時間表的內容，確保內容的多元化。

6.與電台的表現、節目開發、收購和調度有關的評價，應考慮電台節目時間表的整體安排，和性別描繪議題上的紀錄。

7.本守則符合加拿大權利與自由憲章和廣電法案。

8.沒有條文能預見所有負面的性別描繪狀況，若出現這種情形應以本守則的精神與目的來處理。

英國

自律層面

英國廣播公司（BBC）在其政策與指導原則[15]中指出：英國廣播公司的主要承諾是提供平等機會與多元性給閱聽大衆，包括多元的利益團體，以及性別、年齡、種族、宗教信仰、社會背景、性傾向、政治黨派等。

英國廣播公司承諾要反映英國社會的多元性，促進其員工背景和節目內容的豐富與多元，爲了達成此一目的，英國廣播公司每年都會提出殘障、性別、種族平等計畫，紀律與評估英國廣播公司推動殘障、性別、種族平等的年度成效。

---

[15]英國廣播公司，http://www.bbc.co.uk/info/policies/diversity.shtml

澳洲

法律層面

澳洲通訊與媒體管理局（ACMA）的商業電視規範實行守則附錄的建議事項——女性與男性的描繪指出，在描寫各年齡層的女性與男性時，不應鼓吹不正確、貶低的、歧視的指涉、描寫、刻板印象、不適當的概括（泛論），尤其是：

1.不應對性別、身體特徵、家庭情況有不適當、非關緊要的強調。
2.言語應避免不必要的排除其中一性別，或對男、女有不同對待。
3.在行為、個人或社會的貢獻，以性別為基礎的產品或服務的使用，應避免性別刻板印象的描寫。
4.避免指出一性別劣於另一性別，或某一性別的人在某些領域或任務上，會比另一性別的人優秀。
5.在報導與評論時，認可現今的女性與男性有同樣多元的角色。
6.引用專家與權威代表的角色時，試著達成性別的平衡，例如在運動領域，要凸顯女性的成就。

節目分級

各國媒體的自律、他律規範多以原則性的道德規範為主，若須進一步了解這些規範如何運用在電視節目中，亦可參考電視節目的內容分級規範，本研究以美國與澳洲為例。

美國

自律層面

多年以來，美國的電影業一直採取極其嚴格的分級制度，但是

電視節目卻一直沒有一個統一的規定，隨著大量的暴力、色情和虛幻的影視作品出現在螢幕之上，愈來愈多的家庭和社會管理人員開始抱怨電視劇的這一弊端。於是，在1996年，美國國家電視廣播協會（National Association of Broadcasters）、美國有線電視廣播協會（National Cable Television Association）和美國電影協會（Motion Picture Association of America）開始仿照電影的分級制度，主動在電視節目中加入十五秒鐘的電視節目分級提示。

1997年1月1日，「電視育兒指導方針」（TV Parental Guidelines System）首先被提出，該方針包含兩項要素：年齡與內容，在年齡的基礎上，提供有關該節目適合不同年齡層觀看的資訊。在內容的描述上，包含了暗示性對話（suggestive dialogue）、粗魯或粗鄙語言（coarse or crude language）、性情境（sexual situations）、暴力（violence）。主要是提供基本的節目分級圖示，讓父母了解節目內容中可能有的暴力、性、成人語言或暗示性對話，以判斷該節目是否適合孩子觀看。此節目分級制度適用於多數節目內容，但不包含體育、新聞、宗教、購物節目。

法律層面

1998年3月12日美國聯邦傳播委員會正式通過了「電視育兒指導方針」，並宣布於2000年1月1日以後生產的13吋以上電視機，都必須加裝V晶片（V-chips），V晶片可用來阻擋不適合兒童收看的節目。有線電視或衛星電視的機上盒亦提供了父母過濾電視節目內容的機制，分級圖示（參見**圖10-1**）會於節目一開始時出現於螢幕左上角，且於廣告後通常會再出現該圖示。

圖10-1　電視分級圖示

表10-1　電視育兒指導方針的電視節目分級

	針對對象	分級內容
TV-Y	所有兒童	適合所有兒童。無論動畫或真人演出，節目主題與元素是針對所有年幼兒童所設計，包含二至六歲的兒童，節目內容不會嚇唬年幼兒童
TV-Y7	年齡較大的兒童	專為七歲以上兒童設計。適合已經學到如何分辨真實與虛幻的兒童，節目主題與元素包含輕微的幻想暴力或喜劇暴力，或可能嚇唬七歲以下兒童的內容。父母必須考量節目是否適合七歲以下的兒童
TV-Y7-FV	年齡較大的兒童——幻想暴力	此類節目含有更多的幻想暴力，含有比其他節目更激烈或更好戰的元素
TV-G	一般觀眾	適合所有年齡層的觀眾。但此分級並不代表節目專為兒童設計，可在無人陪伴的情形下，讓兒童觀看此類節目，它的內容很少或沒有暴力、沒有強烈語言、很少或沒有性對話與情境
TV-PG	父母指導建議	此類節目包含的某些素材不適合十四歲以下兒童觀看。主題需要在父母引導下陪伴兒童觀看，內容可能包含：暗示性對話、少數粗魯言語、某些性情境、中度暴力
TV-14	父母強烈警告	此類節目包含的某些素材不適合十四歲以下兒童觀看。父母必須強烈關心監測節目的內容，並警告十四歲以下兒童，不得在無人陪伴下觀看。節目內容可能包含：強烈的暗示性對話、多數粗魯言語、強烈性情境、激烈暴力
TV-MA	成年觀眾	此類節目特地為成年人設計，不適合十七歲以下觀眾收看。節目內容可能包含：粗鄙猥褻的語言、明確的性行為、生動寫實的暴力

資料來源：The TV Parental Guidelines，http://www.tvguidelines.org/ratings.htm。

在TV-PG中還引用了更進一步的二級分類，包括：

1.V（moderate violence）：含有輕微暴力內容。
2.S（mild sexual situations）：含有輕微色情內容。
3.L（mild coarse language）：含有輕微粗俗語言。
4.D（suggestive dialogue）：含有輕微猥褻語言。

在TV-14中也包括上述四種二級分類，但是內容有更強烈的不適宜成分：

1.V（intense violence）：含有激烈暴力內容。
2.S（sexual situations）：含有色情內容。
3.L（coarse language）：含有粗俗語言。
4.D（highly suggestive dialogue）：含有猥褻語言。

在TV-MA中只有三種二級分類：

1.V（highly graphic violence）：含有形象的激勵暴力描寫鏡頭。
2.S（intense sexual situations）：含有激烈的色情內容。
3.L（strong coarse language）：含有極度猥褻、粗俗的語言。

近幾年來又有一個新的級別逐漸被人們所討論，並有望會增加到正式的分級制度中去，這個便是TV-AO（adults only），許多極度色情和暴力的電視節目將被列爲這一級別。

美國的電視分級制度雖已是各國中相當完備詳盡的範例，但還是有一種情況讓家長和電視台無能爲力，那就是電視直播節目中出現的色情和猥褻語言。如果一個預錄的綜藝節目中有人使用了髒話，播出時往往都會用「嗶」（beep）的聲音將它遮掉。

然而，近幾年來愈來愈多的節目來賓，甚至明星都在直播節目中

表現出不雅的行為和粗俗語言，分級制度也無法解決此種問題，只能由官方事後對電視台處以罰款。例如著名的Janet Jackson事件，發生於2004年第三十八屆美式橄欖球超級杯總決賽時，全美直播的半小時賽前表演中，女歌手Janet Jackson被歌手Justin Timberlake當衆撕開衣服而裸露乳房，播出該節目的電視台CBS遭FCC求處五十五萬美元的罰款。

澳洲

自律層面

澳洲電視廣播公司自律規範：

1.一般節目規範：節目裡呈現暴力鏡頭必須有正當理由。新聞、時事及資訊節目不得以聳動的方式處理暴力鏡頭。

2.特別節目法規：兒童節目雖然不應對兒童隱瞞世界的眞相，但仍須給予特別的保護。

3.新聞、時事、資訊節目：除特殊情況外，新聞快報不應在兒童節目時段播放，亦不允許播放暴力鏡頭。

4.電視節目分類：

(1)G普遍級：適合各年齡層觀賞。選擇主題及處理畫面的手法須小心謹愼，盡量讓觀衆的衝擊減至最低。當中有關性、暴力等內容的處理原則如下：

①暴力：有關暴力影片的選擇應非常謹愼，僅能使用輕度的不雅用語以及少量的威脅、恐嚇，且須符合劇情需要方能使用。

②性：有關性活動影片應謹愼選擇，在「普遍級」的時段不應有裸露或任何性的內容。

③語言：影片中的不雅用語應該非常輕微且不頻繁，須符合

劇情需要方能使用。

④毒品使用：謹慎選擇使用毒品的鏡頭，須符合劇情需要且有正當理由方能使用。

⑤裸露：在不是性內容影片外的裸露必須是少量且不詳細的，須符合劇情需要方能使用。

(2)PG父母陪同級：十五歲以下的兒童在父母陪同下可觀賞的節目。週一至週五早上八時三十分至下午四時可播放；此外，每日的晚上七時三十分至早上六時亦可播放。主題可播放輕微恐怖的影片，但是選片必須非常謹慎，且必須確定對兒童身心無劇烈影響。當中有關性、暴力等內容的處理原則如下：

①暴力：影片中的暴力必須輕微及謹慎，並確定對兒童只有輕微的影響，且不能詳細播放暴力內容。

②性：有關性活動的裸露以及內容應少量，並謹慎挑選，須與劇情有關，且必須篩選性對話的內容。

③語言：不雅用語應該輕微且不頻繁。

④毒品使用：謹慎選擇溫和字句，不可鼓勵或提倡使用毒品。

⑤裸露：在不是性內容影片外的裸露必須是少量且不詳細的，須符合劇情需要方能使用。

國內媒體性別議題規範

相較於先進國家傳播媒體有關性別議題的規範制訂，台灣已經有起步，但仍有許多努力的空間。這一節將陳述台灣對於媒體處理性別議題的主要原則。

Fitzgerald（1991）將性侵害行為區分成不同層次，並以連續性的觀點來看性侵害的行為，他認為性侵害是總括性的名詞，包括程度輕微的性別騷擾至最嚴重的性攻擊，其中依情節輕重，區分為五個等級：

1.**性別騷擾**（gender harassment）：傳達侮辱、詆毀或性別歧視觀念的一般性別歧視的語言或行為。
2.**性挑逗**（seductive behavior）：包含一切不受歡迎，不合宜或帶有攻擊性的口頭或肢體上行為。
3.**性賄賂**（sexual bribery）：以利益承諾（例如：僱用、升遷、加分、及格）的方式，要求從事與性有關的行為或與性相關的活動。
4.**性要脅**（sexual coercion）：以威脅懲罰的方式，要求性行為或與性相關的活動。
5.**性攻擊**（sexual assault）：包括強暴及任何具有傷害性或虐待性的性暴力及性行為。

以性騷擾為例，除了民法、刑法對於性侵害、性騷擾、猥褻有所界定外，台灣也以性騷擾防治法、性別工作平等法、性別平等教育法三個法規（簡稱性別三法，見**表10-2**）來規範性騷擾行為，以事前預防與透過申訴解決的利益來處置性騷擾事件。

性騷擾防治法第2條規定：「本法所稱性騷擾，係指性侵害犯罪以

表10-2　性別三法的保障範圍及適用場域

法律名稱	保障範圍	適用場域
性別工作平等法	保障員工工作權	主要處理職場性騷擾
性別平等教育法	保障學生受教權	主要處理校園性騷擾
性騷擾防治法	保障個人人身安全	處理前二法以外之性騷擾（如公共場所）

外，對他人實施違反其意願而與性或性別有關之行為，且有下列情形之一者：一、以該他人順服或拒絕該行為，作為其獲得、喪失或減損與工作、教育、訓練、服務、計畫、活動有關權益之條件。二、以展示或播送文字、圖畫、聲音、影像或其他物品之方式，或以歧視、侮辱之言行，或以他法，而有損害他人人格尊嚴，或造成使人心生畏怖、感受敵意或冒犯之情境，或不當影響其工作、教育、訓練、服務、計畫、活動或正常生活之進行。」

性騷擾含括的範圍由較輕微的言語騷擾、性引誘、性要脅到最嚴重的性侵犯等。以下則一一介紹不同的類型[16]：

1.**性別騷擾**：因性別而有被侮辱、蔑視的感覺。

2.**性引誘、性挑逗或性暗示**：指不受歡迎、不適當或帶有性暗示的口語或肢體動作。例如：講黃色笑話、展示色情圖片。

3.**性索賄**：以索求性服務或與性有關的行為，作為交換權益或處罰的行為。例如：以約會或占便宜作為升遷或加分的條件。

4.**性要脅**：以威脅或懲罰方式來強迫進行性活動。例如：約會強暴。

5.**性侵犯**：指一般的性侵犯、性攻擊與強制性交行為。例如：強暴。

以下整理國內性別議題相關法規，以及在節目表現的規範、自律原則。

性犯罪、性行為

相關條文見諸於「媒體報導對性侵害犯罪事件性騷擾事件暨兒童

[16]逢甲大學學務處諮商輔導中心，http://www.counseling.fcu.edu.tw/talk10.htm。

及少年保護事件之被害人處理原則」：

> 媒體報導性侵害犯罪事件、性騷擾事件暨兒童及少年保護事件，應嚴格遵守性侵害犯罪防治法第13條第1項、性騷擾防治法第12條及兒童及少年福利法第46條第1項規定，不得報導被害人、兒童及少年之姓名或其他足資識別被害人、兒童及少年身分之資訊，被害人已死亡者，亦同。但依法律規定，經有行為能力之被害人同意或犯罪偵查機關依法認為有必要者，不在此限。性侵害犯罪事件之被害人死亡，經目的事業主管機關權衡社會公益，認有報導必要者，不在此限。

性侵害犯罪事件，若被害人與加害人有親屬關係，報導該案件時應隱去加害人之相關資訊。

1. 性騷擾防治法[17]第12條：廣告物、出版品、廣播、電視、電子訊號、電腦網路或其他媒體，不得報導或記載被害人之姓名或其他足資識別被害人身分之資訊。但經有行爲能力之被害人同意或犯罪偵查機關依法認爲有必要者，不在此限。
2. 兒童及少年福利法相關條文第26條、第55條，禁止供應有妨害兒少身心健康之暴力、色情、猥褻、賭博之出版品、圖畫等。
3. 兒童及少年性交易防制條例第33條第1項有關媒體散布播送或刊登促使人爲性交易之訊息[18]：廣告物、出版品、廣播、電視、電子訊號、電腦網路或其他媒體，散布、播送或刊登足以引誘、媒介、暗示或其他促使人爲性交易之訊息者，由各目的事業主管機關處以新台幣五萬元以上六十萬元以下罰鍰。

---

[17] http://info.gio.gov.tw/ct.asp?xItem=27990&ctNode=3181。
[18] http://info.gio.gov.tw/ct.asp?xItem=27989&ctNode=3181。

節目分級

從法律規範來看性別議題，我國電視節目分級處理辦法第4條第1項規定：

「電視節目有下列情形之一，不適合少年及兒童觀賞者，列為『限』級，並應鎖碼播送。描述賭博、吸毒、販毒、搶劫、綁架、殺人或其他犯罪行為細節、自殺過程細節。有恐怖、血腥、殘暴、變態等情節且表現方式強烈，但一般成年人尚可接受者。以動作、影像、語言、文字、對白、聲音表現淫穢情態或強烈性暗示，一般成年人尚可接受者。」

表10-3　電視節目特殊內容例示說明

級別 例示項目		限制級	輔導級	保護級	普遍級
得播出之特殊內容	第4條至第7條各級內容	第4條第1項電視節目有下列情形之一，不適合少年及兒童觀賞者，列為「限」級，並應鎖碼播送。 描述賭博、吸毒、販毒、搶劫、綁架、殺人或其他犯罪行為細節、自殺過程細節。 有恐怖、血腥、殘暴、變態等情節且表現方式強烈，但一般成年人尚可接受者。 以動作、影像、語言、文字、對白、聲音表現淫穢情態或強烈性暗示，一般成年人尚可接受者。	第5條　電視節目無第4條所列情形，但涉及下列情形之一，不適合兒童觀賞者，列為「輔」級。 涉及性之問題、犯罪、暴力、打鬥、恐怖、玄奇怪異或反映社會畸型現象，對於兒童心理有不良影響之虞者。 有褻瀆、粗鄙字眼或對白有不良隱喻者。	第6條　電視節目無前二條所列情形，但涉及爭議性之主題或有混淆道德秩序觀之虞，須父母、師長或成年親友陪同予以輔導觀賞，以免對兒童心理或行為產生不良影響者，列為「護」級。	第7條　電視節目無前三條所列情形，適合一般觀眾觀賞者，得列為「普」級。

（續）表10-3　電視節目特殊內容例示說明

級別 例示項目		限制級	輔導級	保護級	普遍級
	第8條裸露鏡頭處理原則	可保留未暴露生殖器及陰毛之裸露鏡頭。 可保留為劇情需要，且無性行為、猥褻意味或渲染方式，而裸露生殖器及陰毛者。	可視節目內容需要，保留下列不涉及猥褻或性行為之鏡頭： 背面全裸。 透過毛玻璃或其他有相同遮掩效果之全裸。	劇情必要時，得保留下列不涉及猥褻或性行為之鏡頭： 六歲以下兒童全裸。 以裸露上半身為常習者。 背面上半身裸露鏡頭。	
不得播出之特殊內容	性行為、色慾或具性意涵	明顯渲染性行為，屬於猥褻的鏡頭或情節，如誇張的性行為、性行為過程之具體描述、生殖器之撫摸或口交等。 脫離常軌的性行為鏡頭，如雞姦、輪姦、屍姦、獸姦、使用淫具等。 描寫施加或接受折磨、羞辱而獲得性歡樂之情節。 描述強暴過程細節，其表現方式使人以為對他人進行性侵害是被認可之行為。	強暴過程的細節描述。 強烈性暗示的對白、聲音或動作。 從劇中人物之動作可以看出涉及暴力、凌辱、猥褻或變態等性行為者。	令人尷尬、反感之性話題、性暗示或肢體接觸。 有誤導兒童偏差性觀念或對兩性關係不當認知之虞者。 為增加娛樂效果或以戲謔方式呈現之涉及性的話題或內容。	任何涉及性行為、色慾或具性意涵等之內容。
	不當之言語、動作	過度低俗、粗鄙、令人反感之言語、動作一般成年人無法接受者。	低俗、粗鄙、令人反感之言語、動作，對少年身心發展有不良影響者。	強調或一再出現低俗、粗鄙或令人反感之言語或動作，易引發兒童模仿或造成不良示範作用者。 容易被兒童模仿的危險動作（其他雖不容易被兒童模仿，但仍然有可能被少年觀眾模仿的危險動作，則須以影像及聲音發出警告）。	粗鄙、無禮或有不良意含之言語、手勢。 易對兒童身心產生不良作用之言語、動作。

資料來源：國家通訊傳播委員會，http://www.ncc.gov.tw/chinese/law_detail.aspx?site_content_sn=501&law_sn=621&sn_f=621&is_history=0。

促進性別平等

自律層面

行政院新聞局於2009年3月提出「性別平等宣言」[19]。「性別平等宣言」指出，兩性平權是建立在相互尊重與合作的架構上，而不是女權主義的高漲或兩性間的對立。只有兩性和諧共處，社會與國家才能安定。宣言關心媒體產出內容所反映的價值與訊息，是否有助於消除社會在文化或傳統習俗或生活方式所產生的性別差異歧視。

除了關注到媒體新聞或戲劇及其他綜藝節目整體表現，如性別刻板印象、物化女性外，葷腥暗示性言行，或過度消費受害人隱私與情感等負面訊息屢見不鮮。因而，新聞局近年一再運用電影、廣電、平面媒體各項相關獎勵補助政策，鼓勵業界多方製播正面反映女性與時俱進時代角色的影片或影劇，提供社會反思的機會，教育國人正確的兩性觀念。

其次，設立了兒少新聞妙捕手網站與婦幼申訴專線，提供民眾參與監督媒體平台，結合媒體自律組織的力量，敦促媒體改進性別歧視報導的亂象。

實務層面上，邀集兒少及婦女團體與媒體從業人員進行溝通對話，每年透過「兒少新聞媒體識讀教育工作坊」等活動的辦理，就性別角色中的媒體再現、性別議題的媒體操作與如何報導弱勢婦女等議題，進行宣導，期能改善媒體中的性別形象。

運用廣電媒體業者研討會或座談會等方式，鼓勵業者製作節目或報導新聞應力圖避免性別歧視，提升媒體從業人員對處理性別議題與

---

[19] http://info.gio.gov.tw/ct.asp?xItem=46837&CtNode=3178&mp=26。

呈現相關題材的敏感度。

結論與討論

各國媒體主管機關、媒體自律組織的規範中，經常把避免歧視列爲優先項目之一，聯合國教科文組織在2006年出版的「廣電規範指導原則」（Guidelines for Broadcasting Regulation）規範中，廣電規範的第一個目的——民主目的（democratic purposes）下的防止歧視規定（rules preventing discrimination）即指出，廣電節目內容（包含受訪者與節目來賓的觀點），不得因種族、國籍、宗教、性別而歧視他人。

各國媒體他律與自律規範，多會針對媒體呈現犯罪與不當內容，包括犯罪、暴力、色情、不雅等做出規範，當中常見對性犯罪、性行爲、性相關內容的規範，通常出於對兒童青少年的保護，或維護社會善良風俗的理由，包括規範對性犯罪受害者與嫌疑犯的報導、禁止對暴力色情的煽情與渲染報導、禁止鼓吹違反社會風俗的性行爲與性交易、實施電視節目分級等。

整體來看，以避免性別歧視、不正面肯定性騷擾、性暴力與性犯罪、節目分級播出，以及鼓勵、尊重性別平權的價值，爲主要製播原則。

以澳洲爲例，澳洲通訊與媒體管理局（Australian Communications and Media Authority, ACMA）的商業電視規範實行守則（Commercial Television Industry Code of Practice）：禁止引發或強化對年齡、膚色、性別、國家或族群出身、殘障、種族、宗教、性偏好的強烈厭惡、輕視、嘲笑。

澳洲以強烈厭惡、輕視及嘲笑，區別性別歧視的不同程度。

澳洲通訊與媒體管理局的商業電視規範實行守則附錄的建議事

項——女性與男性的描繪指出，在描寫各年齡層的女性與男性時，不應鼓吹不正確、貶低的、歧視的指涉、描寫、刻板印象、不適當的概括（泛論），尤其是：

1.不應對性別、身體特徵、家庭情況有不適當、非關緊要的強調。
2.言語應避免不必要的排除其中一性別，或對男、女有不同對待。
3.在行爲、個人或社會的貢獻、以性別爲基礎的產品或服務的使用，避免性別刻板印象的描寫。
4.避免指出一性別劣於另一性別，或某一性別的人在某些領域或任務上，會比另一性別的人優秀。
5.在報導與評論時，認可現今的女性與男性有同樣多元的角色。
6.引用專家與權威代表的角色時，試著達成性別的平衡，例如在運動領域，要凸顯女性的成就。

除了加拿大、澳洲、美國有與族群、信仰、身心障礙等多元價值結合相關規範條文，其他國家以媒體自律居多。台灣目前推動媒體性別友善空間，建議分不同執行成效再評估是否立法推展：

促成自律

第一階段可以邀請媒體業者、主管機關以及民間團體，進行節目性別議題處理的對話、溝通、說明會。如果沒有成效，便需要進入節目製播規範的研擬評估。

避免兒童性感演出

眼前比較急迫的部分，是如何讓以兒童爲表演主體的節目，不得鼓勵兒童進行不符合其年齡的性感演出。

教育訓練

執行方式除了現有不定期媒體從業人員研習、在職訓練，研習內容可關照媒體中語言、文字、影像、音樂、音效、畫面特效等各元素所傳遞的情節程度：刻板印象形成的性別偏見、性別歧視、性騷擾、性暴力、性犯罪、性賄賂、性威脅、性攻擊等。

鼓勵觀摩

此外，主管機關、媒體機構應多設立鼓勵機制，如鼓勵製播性別友善的節目內容獎助條例，且舉辦性別議題優質節目觀摩活動，讓獲得獎勵的優質節目，與業者彼此分享製播經驗、進行對話。

監看改進

其次，可以整合第三團體的監督力量，進行各類型節目監看與檢討，提供媒體從業人員、婦女、兒少團體、主管機關等多方對話及自律改善的機制。

兼顧數位匯流

第二階段可以邀請各方代表，進入媒體性別議題製播原則探討，這部分還須兼顧媒體與網路匯流的相關呈現可能性。兼顧性別議題在網路平台的呈現，是否也尊重性別平等的價值。

兒少至上，比例原則

即便付諸立法，仍應以鼓勵尊重兒少保護、展現性別平權爲主，之後再以內容呈現的整體比例原則、累犯頻次，進行相關懲處。

現有電視節目分級處理辦法相關條文，可以重新評估數位媒體匯流趨勢，進行修法，以因應時代發展。這部分可以根據網路平台相關案例分析，進行專案研究建議。

定期觀察

這項媒體性別議題計畫以蒐集節目案例爲主，建議今後可以每半年爲期，進行類似案例的質化觀察與分析。

擴及網路，更新法規

除了電視媒體外，建議今後針對國內網路平台性別議題呈現，定期蒐集案例，及時反映並因應媒體內容傳遞形式，而進行修法。

問題與討論

1.請簡述避免性別歧視的性別議題規範有哪些主張？

2.請簡述性犯罪、性行為的媒體性別議題規範有哪些特點？

3.請簡述促進性別平等的媒體性別議題規範有哪些具體做法？

4.請比較各國及我國節目分級制度的特色？

參考書目

中文部分

文崇一（1972）。〈價值與未來〉。《食貨月刊》，1（11），602-605。

方世榮譯，Philip Kotler著（2000）。《行銷管理學》。台北：東華書局。

方紫薇（2002）。〈高低網路沈迷者在自我認同、情緒調整及人際互動上之差異〉。《中華心理衛生學刊》，15（2），65-97。

王玲如（1993）。〈電視廣告中性別角色描繪的研究——台灣與美國的比較〉。未出版，新竹：國立交通大學管理科學研究所碩士論文。

王國維（1995）。〈王國維1877-1929，論教育之宗旨〉（1906，光緒32年），收入《教育古文選》，211-214，上海：上海社會科學院。

王美芬（1998）。《兒童科學觀的理論與研究》。台北：心理。

王維鳴（2001）。《虛擬社群與虛擬經驗、網路練達性、產品知識與產品資訊搜尋成本對消費者認知風險影響之研究——以電腦遊戲軟體為例》。桃園：國立中央大學企業管理研究所碩士論文。

王智姚（2002）。《國小中、高年級學生對能源的認知與態度之研究》。台北：國立台北教育大學科學教育研究所碩士論文。

王泰俐（2004）。〈當模仿秀成為「政治嗎啡」——台灣政治模仿秀的「反」涵化效果〉。《廣播與電視》，22，1-24。

尼爾森媒體季報（2003）。〈綜藝節目女多於男無線綜藝老少鹹宜，有線綜藝各擁死忠觀衆〉。《尼爾森季報》，17，24-27。

朱姣鳳等（1999）。〈政大新聞系最新民調發現：四成高中生曾上色情網路，七成四看了還想再看〉。《新新聞》，642，90-92。

朱美惠（1999）。〈我國大專學生個人特性、網路使用行為與網路成癮關係之研究〉。未出版，彰化：大葉大學資訊管理研究所。

江文慈（1998）。《情緒調整的發展軌跡與模式建構之研究》。台北：國立台灣師範大學教育心理與輔導研究所博士論文。

江文慈（2000）。〈情緒調整模式之驗證與分析〉。《世新大學人文社會學報》，2，117-146。

江文慈（2004）。〈大學生的情緒調整歷程與發展特徵〉。《教育心理學報》，35（3），249-268。

交通部統計處（2003年7月）。《九十二年台灣地區民眾使用網際網路狀況調查報告》。台北：交通部統計處。

行政院新聞局（2003）。《2003廣播電視白皮書》。台北：行政院新聞局。

社區發展季刊（1995）。〈從社區發展的觀點，看社區、社區意識與社區文化〉。《社區發展季刊》，69，1-4。

社區發展季刊（1995）。〈正視兒童、少年問題〉。《社區發展季刊》，72，1-3。

沈明茹（1999）。《情緒與因應方式之動態模式——以高科技研發人員為例》。嘉義：國立中正大學企業管理研究所碩士論文。

李美枝（1989）。《性別角色面面觀——男人與女人的權力暗盤》。台北：聯經。

李德竹（1994）。「由資訊素養研究圖書館資訊服務之意義與內涵」。國科會專案研究計畫。

李淑汝（2001）。《國小學童閱讀漫畫行為相關因素之探討及其與社會真實認知關係之研究》。台中：國立台中師範學院國民教育研究所碩士論文。

李隆盛（2002）。〈教育人員的科技素養〉。《生活科技教育》，35（7），2-6。

李孟崇（2002）。《色情網站資訊對台北市高職生的涵化路徑之研究》。台北：中國文化大學心理輔導研究所碩士論文。

李京珍（2004）。《國民小學學生數位落差現況之研究》。台北：台北市立教育大學國民教育研究所論文。

阮紹薇（2000）。〈電腦網路中「虛擬社群」現象與經營策略之探討〉。《大學圖書館》，4（1），60-80。

吳明清（1983）。《我國青少年價值觀念及其相關因素》。台北：國立台灣師範大學教育研究所博士論文。

吳鐵雄（1996）。《工作價值觀量表之編製研究》。台北：行政院青年輔導委員會。

吳知賢（1997）。《電視卡通影片中兩性知識與暴力內容分析及兒童如何解讀之研究》。台北：中華文化復興運動總會電視文化研究委員會。

吳知賢（1998）。〈電視節目中兩性知識與性內容的探討〉。《視聽教育雙月刊》，39（6），23-32。

吳明烈（2002）。〈全球數位落差的衝擊及終身學習因應策略〉。載於中華民國成人教育學會主編，《全球化與成人教育》，301-329。台北：師大書苑。

吳正峰（2002）。〈從洛克《教育漫話》中的紳士教育及技藝教育觀——談技職教育的全人發展〉。《技術及職業教育》，70，59-62。

吳秀碧（2001）。「國中階段青少年哀傷諮商人員的訓練」，發表於國立彰化師範大學台灣地區國中生生死教育教學研討會。彰化：國立彰化師範大學。

吳青宜（2004）。《運用專題導向學習提昇國小五年級學生資訊素養之研究》。台中：東海大學教育研究所碩士論文。

汪履維（1981）。〈「價值澄清法」的基本理論淺論〉。《輔導與研究》，12，15-22。

林淑梨、王若蘭、黃慧真譯（1994）。《人格心理學》。台北：心理。

林美和（1996）。〈資訊素養與終身學習的關係〉。《社教》，73，7-12。

林美珍（1996）。《兒童認知發展》。台北：心理。

林治平（1996）。〈中原大學實施全人教育之理念與實踐之研究〉。載於林治平主編，《全人教育國際學術研討會論文集》。台北：台北市立圖書館。

林治平（1998）。《QQQQ的人生——全人理念與現代化》。台北：宇宙光。

林玉佩（2000）。〈台灣資訊教育總體檢〉。《天下雜誌——2000年教育特

刊》，52-60。

林秀芬（2000）。《國小學童對電視廣告中意識型態的解讀——以性別刻板印象為例》。新竹：國立新竹師範學院國民教育研究所碩士論文。

林承宇（2002）。〈網際網路有害內容管制之研究〉。《廣播與電視》，18，91-113。台北：國立政治大學廣播電視學系。

林信恆（2002）。《服飾虛擬社群網路外部性探討之研究》。新北市：輔仁大學織品服裝研究所碩士論文。

林玉體（2002）。《西洋教育思想史》。台北：三民書局。

林承宇（2002年1月）。〈網際網路有害內容管制之研究〉。《廣播與電視》，18，91-113。台北：國立政治大學廣播電視學系。

林佳旺（2003）。《國小網路素養課程系統化教學設計之行動研究》。嘉義：嘉義大學教育科技研究所碩士論文。

周苡靖（2004）。《國民小學學生資訊素養之研究——以雲林縣北港鎮各國小為例》。嘉義：南華大學資訊管理學系碩士論文。

周文欽（2006）。《健康心理學》。新北市：國立空中大學。

胡夢鯨（1991）。《從教育合理性的銓釋與批判論教育的合理轉化》。台北：國立台灣師範大學教育研究所博士論文。

紀淑萍（1991）。《在國小實施觀功念恩教學之行動研究》。屏東：屏東師範學院／國民教育研究所碩士論文。

姜文閔譯（1992）。《我們如何思維》。台北：五南。

姜孝慈（1996）。《有線電視頻道使用之研究——論我國「免費頻道」的政策與實際》。台北：中國文化大學新聞研究所碩士論文。

施依萍（1997）。《台灣使用網路行為之研究：網路素養資訊觀層面之分析》。嘉義：國立中正大學電訊傳播研究所碩士論文。

袁之琦、游恒山譯（1990）。《心理學名詞辭典》。台北：五南。

徐瑞珠（1992）。《情緒管理的探索》。台北：桂冠。

倪惠玉（1995）。《國民小學教師科技素養之研究》。台北：台灣師範大學工業科技教育研究所。

孫秀蕙（1996）。〈解讀美容瘦身廣告——以閱聽人分析為主的個案探討〉。《台灣社會研究季刊》，23，219-253。

馬振剛（2007）。《網路世代學童之價值觀與網路社會化學習機制參與之關聯性分析——以大台北地區國小五、六年級學童為例》。台北：國立政治大學廣電所碩士論文。

郭為藩（1972）。〈價值觀論及其在教育學上的意義〉。《國立台灣師範大學教育研究所集刊》，14，39-64。

莊耀嘉（1979）。〈性別角色的刻板化與變遷過程〉。《時報週刊》，103。

莊道明（1998）。〈從台灣學術網路使用者調查解析網路虛擬社群價值觀」。《資訊傳播與圖書館學》，5（1），52-61。

梁欣如（1991）。《影響閱聽人解讀型態之因素研究——電視新聞之神話敘事體為例》。新北市：私立輔仁大學大衆傳播研究所碩士論文。

張春興（1975）。〈價值學習四部曲——價值感、價值觀、價值標準、價值判斷〉。《輔導通訊》，7，8-11。

張錦華（1994）。《傳播批判理論》。台北：黎明文化。

張春興（1995）。《心理學辭典》。台北：東華書局。

張宏哲譯（1999）。《人類行為與社會環境》。台北：雙葉書廊。

張寶芳（2000）。「網路素養」。國立台灣師範大學媒體公民教育國際研討會論文。

張錦華（2004）。「傳播媒體報導弱勢族群的語言建議——從多元文化觀點檢視」。台北：族群與文化發展會議。

張元力（2005）。《虛擬社群之價值共創活動——以BBS社群為例》。台北：國立政治大學科技管理研究所碩士論文。

彭芸（1994）。《各國廣電政策初探》。台北：財團法人廣播電視事業發展基金會。

郭貞（1995）。〈世代分析在傳播行為研究中之應用〉。《傳播研究簡訊》，1，1-3。

郭為藩（1972）。〈價值觀論及其在教育學上的意義〉。《國立台灣師範大學教育研究所集刊》，14，39-64。

陳正男、譚大純（1995）。〈廣告女性角色之衡量——量表建構與實證研究」。《廣告學研究》，6，163-180。

陳正男、譚大純（1999）。〈行銷研究中廣告女性角色的分類與衡量：模式建構與台日實證研究〉。《國家科學委員會彙刊：人文及社會科學》，9（3），474-493。

陳皎眉、江漢聲、陳惠馨（1996）。《兩性關係》。台北：國立空中大學出版。

陳曉開、袁世珮譯（1998）。《N世代：主導二十一世紀數位生活的新新族群》。台北：麥格羅希爾。（原書：Don Tapscott (1998) Growing Up Digital: The Rise of Net Generation. N. Y.: McGrawHill.）

陳世芳（2001）。《國小國語課本負向情緒的調整策略之內容分析——以三、四、五年級為例》。花蓮：國立東華大學教育研究所碩士論文。

陳炳男（2002）。《國小學生網路素養及其相關因素之研究》。屏東：國立屏東師範學院國民教育研究所碩士論文。

陳虹余（2003）。《從電視廣告看海峽兩案的女性角色》。台北：國立政治大學心理研究所碩士論文。

陳怡君（2003）。〈國中生網路使用行為與同儕關係、自我概念之研究〉。未出版，台北：私立中國文化大學生活應用科學研究所碩士論文。

陳怡安（2003）。《線上遊戲的魅力：以重度玩家為例》。嘉義：南華大學社會研究所碩士論文。

許怡安（2001）。《兒童網路使用與媒體素養之研究》。台北：國立政治大學廣播電視研究所碩士論文。

許嘉泉（2003）。《探討國中學生價值觀與線上遊戲經驗的相關研究》。高雄：國立高雄師範大學資訊教育研究所碩士論文。

許智惠（2003）。《報紙運動新聞議題設定效果研究——以2002年世界盃足球賽為例》。台北：國立台灣師範大學運動休閒與管理研究所碩士論文。

傅佩榮（2002）。《轉進人生頂峰》。台北：天下遠見。

黃德祥（1994）。《少年發展與輔導》。台北：五南。

黃明月（1995）。《我國電視卡通影片內容價值取向研究報告》。台北：電視文化研究委員會。

黃佳盛（1997）。《台中市民對鄰里公園植栽綠地滿意度之研究》。台中：國立中興大學園藝學系研究所碩士論文。

黃登榆（1997）。《網路色情現象初探：從閱聽人的角度談起》。台北：國立政治大學新聞學系碩士論文。

黃雅君（2000）。《台北市立國民小學教師資訊素養知能及其相關設備利用情形之研究》。台北：國立台灣師範大學社會教育學系碩士論文。

黃玉蘋（2003）。《國中學生網路使用行為與人際關係、自我概念之關係研究》。高雄：國立高雄師範大學教育學系碩士班論文。

黃俊傑（2003）。《大學通識教育探索：台灣經驗與啓示》，1-12。高雄：中華民國通識教育學會。

黃孝光（2005）。〈從《聖經》看天、人、物、我的全人面向——以〈創世記〉為例〉。載於黃孝光等著，《全人教育面面觀：理念與思維》，3-30。台北：心理。

黃葳威（1999）。《文化傳播》。台北：正中。

黃葳威（2004）。《閱聽人與媒體文化》。台北：揚智。

黃葳威（2005a）。《衝破迷網》。台北：揚智。

黃葳威（2005b）。「台灣網路分級系統之語彙分析」，發表於第七屆網路與資通安全學術研究暨實務研討會。台北：國立台灣師範大學國際會議廳。

黃葳威（2006）。「台灣民眾數位音訊服務DAB需求與自我意象探討」，2006數位創世紀：e世化與數位傳播學術實務際研討會。台北：台北市立圖書館國際會議廳。

黃葳威、林紀慧、呂傑華（2007）。「2007年台灣學童網路使用調查報告」。台北：台灣愛鄰社區服務協會白絲帶工作站。

黃葳威（2008年6月13日）。「基督教媒體與全人發展」，發表於政治大學宗教研究中心。台北：國立政治大學宗教研究中心。

黃葳威（2008）。《數位傳播與資訊文化》。台北：威仕曼。

黃葳威、林紀慧、呂傑華（2008）。「台灣中高年級學童網路安全素養探討」，2008數位創世紀：e世化與多元文化學術實務際研討會。台北：台北市立圖書館國際會議廳。

黃葳威（2009）。〈線上遊戲使用國中生的情緒調整與人際互動探討〉。《2009數位創世紀：e世代媒體與社會責任國際學術實務研討會論文集》，1-38。台北：國立政治大學數位文化行動研究室。

黃葳威（2010）。「2010台灣青少兒上網安全長期觀察」報告，發表於「網路贏家單e窗口啓動」記者會。台北：國家通訊傳播委員會。

黃葳威、林紀慧、呂傑華（2010）。「台灣青少兒上網安全長期觀察報告」，發表於中華白絲帶關懷協會「313華人網安行動：看重網安、全球平安」記者會。台北：衛星公會自律委員會會議室。

黃葳威（2011a）。「台灣青少兒網路使用與自我意象探討」，發表於2011數位創世紀學術實務研討會。台北：台北市立圖書館九樓會議室。

黃葳威（2011b）。「2011白絲帶WIN網路單e窗口週年白皮書」，發表於2011年8月1日白絲帶WIN網路單e窗口上線周年記者會。台北：國家通訊傳播委員會。

葉慶元（1997）。《網際網路上之表意自由——以色情資訊之管制為中心》。台北：國立中興大學法律研究所碩士論文。

葉郁菁（2001）。〈從兒童畫中分析國小學童性別角色之認同〉。《國立台南師範學院初等教育學報》，14，259-292。

勤業管理顧問公司著，劉京偉譯（2000）。《知識管理的第一本書》。台北：城邦文化。

馮燕、王枝燦（2002）。《網路交友與青少年虛擬社會關係的形成》。2002年網路與社會研討會論文。新竹：國立清華大學社會學研究所。

曾淑芬、吳齊殷、黃冠穎、李孟壕（2002）。《台灣地區數位落差問題之研究》。行政院研究發展考核委員會委託之專題成果報告（報告編號：RDEC-RES-909-006）。

曾慶豹（2005）。〈全人教育的價值堅持——論多元社會視野中的信、望、愛〉。載於黃孝光等著，《全人教育面面觀：理念與思維》，31-53。

台北：心理。

曾佩珊（2008）。《Blog社群資訊尋求及知識分享行為影響因素》。台北：國立政治大學新聞所碩士論文。

溫嘉榮（2002）。〈資訊社會中人文教育的省思〉。《資訊與教育》，92，26。

資策會電子商務研究所（2004）。〈2003年我國家庭連網及應用內涵調查分析報告〉。台北：經濟部技術處。

熊杰等（1995）。《電子媒介基本法——專題研究計畫報告》。台北：世新新聞傳播學院傳播研究所。

鄭麗玉（1993）。《認知心理學——理論與應用》。台北：五南。

歐陽教（1995）。《教育哲學導論》。台北：文景。

劉駿洲（1996）。〈電腦網路的社區文化〉。《社教雙月刊》，74，16-19。

劉宗輝（1998）。〈國內電視廣告性別角色描繪之研究〉。未出版，雲林：國立雲林科技大學企業管理研究所碩士論文。

潘正德、魏主榮（2006）。〈全人教育的意涵與研究變項分析〉。《人文與社會》，9，163-196。

錢玉芬、黃葳威（2000）。《網路色情內容及青少年暴露效應之研究》。台北：行政院國科會專題研究報告。

錢玉芬（2002）。〈兩岸三地廣告訴求中的文化價值觀研究〉。未出版，行政院國家科學委員會補助專題研究計畫成果報告（編號NSC90-24126-H-004-020）。

盧怡秀（2001）。《高雄市高中生網路素養及網路使用現況之研究》。高雄：國立高雄師範大學工業科技教育學系碩士論文。

蕭佑梅（2003）。《國民小學學生數位差距之研究》。台北：台北市立教育大學國民教育研究所碩士論文

賴溪松、王明習、邱志傑（2003）。〈全球學術研究網路『網路安全、不當資訊防制及商業機制規劃服務』期末報告〉。教育部電算中心：國家高速網路與計算中心。

鍾聖校（1990）。《認知心理學》。台北：心理。

鍾思嘉、錢玉芬、黃葳威等（2005）。〈優質世界公民通識教育計畫〉。台北：教育部追求卓越國家型計畫。

謝佩純（1997）。《資訊時代下學生網路使用行為與網際素養之研究：以台南市國中學生為例》。台南：南台科技大學資訊傳播研究所碩士論文。

龍應台（1999）。《百年思索》。台北：時報。

韓佩凌（2000）。《台灣中學生網路使用者特性、網路使用行為、心理特性對網路沉迷現象之影響》。台北：國立師範大學教育心理輔導研究所碩士論文。

薛秀（2001）。《國中學生電腦網路使用與親子互動關係之研究——以台北市國中學生為例》。台北：國立師範大學家政教育研究所碩士論文。

戴麗美（2005）。《數位媒體與國小學童價值觀之相關性研究：以大台北地區國小三年級學童為例》。台北：國立政治大學行政管理在職研究所碩士論文。

魏延華（2000）。《高中女學生閱讀少女愛情漫畫與愛情態度之關連》。台北：私立世新大學傳播研究所碩士論文。

顏明仁（2001）。《高雄市國中學生科技認知之研究》。台北：國立台灣師範大學工業科技教育研究所碩士論文。

羅瑞玉（1996）。《國小學生的利社會行為及其相關因素之研究》。高雄：高師大教育學系博士論文。

蘇進財（1990）。《台北市高職學生社會認知研究》。台北：國立台灣師範大學教育研究所碩士論文。

蘇清守（1990）。〈國中學生的助人行為及其在道德教育上的含意〉。《台灣師大教育心理與輔導學系教育心理學報》，23，99-118。

龔仁文總編（2003）。《2003網際網路應用及發展年鑑》。台北：經濟部技術處。

英文部分

ACRL (2000). The information literacy competency standards for higher education.

Association of College and Research Libraries, Chicago, lllinois.http://www.ala.org/acrl/ilcomstan.html

American Association of School Librarians and Association for Educational Communications and Technology (1998). Information literacy standards for student learning: standards and index. Chicago:Ill.: American Library Association; Washington, D.C.: Association for Educational Communications and Technology.

American Library Association Presidential Committee on Information Literacy (1989). Final Report. Chicago: Author. (ERIC Document Reproduction Service No. ED 315 028)

Ang, P. H. (2005). *Ordering chaos: Regulating the internet.* Singapore: Thompson.

Andersen, P. A., & Guerrero, L. K. (1998). *Handbook of communication and emotion: Research, theory, applications, and contexts*. N. Y.: Academic Press.

Anonymous (2008). Leading to greatness through times of change. Retrieved [2008/6/5] from http://www.ambercoaching.com/whole_person_development.html.

Armstrong, A. G., & Hagel, J. (1997). *Net gain: Expanding markets through virtual communities*. Massachusetts: Harvard Business School Press.

Arendt, H. (1958). *The human condition.* London: University of Chicago Press.

Association of College and Research Libraries (2000). *Information literacy competency standards for higher education*, p. 2.

Aufderheide, P. (1986). Music videos: the look of the sound. In Todd Gitlin (Ed.), *Watching television*. N. Y.: Pantheon Books.

Auerback, J. G. (1950). Value changes in therapy. *Personality, 1*, 63-67 N.Y.:Crune & Stratton.

Baker, C., Emmison, M., & Firth, A. (2002). Applications. In A. McHoul & M. Rapley (Eds.), *How to analyze talk in institutional settings*. London: Continuum.

Bandura, A., & Walters, R. H. (1963). *Social learning and personality development*. N. Y.: Rinehart and Winston.

Banfield, F. C. (1955). *Politics, planning and the public interest*. Glencse: Free Press.

Bargh, J. A., & Williams, L. (2007). The nonconscious regulation of emotion. In J. Gross (Ed.), *Handbook of emotion regulation* (pp. 429-445). N. Y.: Guilford.

Baumeister, R. F., Sparks, E. A., Stillman, T. F, & Vohs, K. D. (2008). Free will in consumer behavior: Self-control, ego depletion, and choice. *Journal of Consumer Psychology, 18*, 4-13.

Bawden, D. (2001). Information and digital literacies: A review of concepts. *Journal of Documentation, 57*(2), 218-259. CrossRefWeb of Science

Belk, R. W. (1985). Materialism: Trait aspects of living in the material world. *Journal of Consumer Research, 12*, 265-280.

Berg, C. R. (1989). Stereotyping in films in general and of the Hispanic in particular. paper presented at the 39th Annual Conference of International Communacation Association, May 25-29, San Francisco, CA

Berger, C. R., & Calabrese, R. J. (1975). Some explorations in initial interaction and beyond: toward a developmental theory of interpersonal communication. *Human Communication Research, 1*(2), 99-112.

Berger, C. R. (1979). Beyond initial interaction: Uncertainty, understanding, and the development of interpersonal relationships. In H. Giles & R. N. St Clair (Eds.), *Language and social psychology*. Baltimore, MD: University Park Press.

Berger, C. R., & Bradac, J. J. (1982). *Language and social knowledge: Uncertainty in interpersonal relations*. London: Edward Arnold

Berger, C. R. (1987). Communicating under uncertainty. In Roloff, M. E., Miller, G. R. (Eds.), *Interpersonal processes: New directions in communication research*. Newbury Park, CA: Sage.

Berger, C. R. (1988). Planning, affect, and social action generation. In R. L.

Donohew, H. Sypher, & E. T. Higgins (Eds.), *Communication, social cognition, and affect* (pp. 93-106). Hillsdale, NJ: Lawrence Erlbaum Associates.

Berger, C. R., & Gudykunst, W. B. (1991). Uncertainty and communication. In B. Dervin & M. J. Voigt (Eds.), *Progress in Communication Sciences, 10*, Norwood, NJ: Ablex Publishing.

Berger, C. R. (1995). A plan-based approach to strategic communication. In D. E. Hewes (Ed.), *The cognitive bases of interpersonal communication* (pp. 113-140). Hillsdale, NJ: Lawrence Erlbaum Associates.

Bignell, J. (2004). *An introduction to television studies*. N. Y.: Routledge.

Biocca, F. A. (1988). Opposing conceptions of the audience: The active and passive hemispheres of mass communication theory. In J. A. Anderson (Ed.), *Communication yearbook 11* (pp. 51-80). Newbury Park, CA: Sage

Blumler, J. G. (1979). The role of theory in uses and gratifications studies. *Communication Research, 6*, 9-36

Bock, G. W., Zmud, R. W., Kim, Y. G., & Lee, J. N. (2005). Behavioral intension formation in knowledge sharing: Examining the roles of extrinsic motivators, social psychological forces, and organizational climate. *MIS Quarterly, 29*(1), 87-111.

Braithwaite, D. O., & Thompson, T. L. (1999). *Handbook of communication and people with disabilities: Research and application*. Mahwah, NJ: Lawrence Erlbaum.

Brown, J. D., Greenberg, B. S., & Buerkel-Rothfuss, N. L. (1993). Mass media, sex and sexuality. *Adolescent Medicine: State of the Art Reviews, 4*(3), October, 1993.

Bruce, B. C. (2001). Think like a higher educator: Progressing information literacy. Paper presented at the 2001 international conference on information literacy & lifelong learning, Feng Chia University Library.

Bruce, B. C. (2003). *Literacy in the information age: Inquiries into meaning making with new technologies*. Newark, Del.: International Reading Association.

Bryant, J., & Zillmann, D. (2002). *Media effects: Advances in theory and research*. Mahwah, NJ : Lawrence Erlbaum.

Buerkel-Rothfuss, N. L., & Strouse, J. S. (1993). Media exposure and perceptions of sexual behaviors: The cultivation hypothesis moves to the bedroom. In Greenberg, B. S., Brown, J. D. & Buerkel-Rothfuss N. L. (Eds.), *Media, sex and the adolescent* (pp. 225-247). Cresskill, New Jersey: Hampton Press.

Cacioppio, J. T. (2000). *The Psychosiology of emotion*. In R. Lewis & J. M. Haviland (Eds.), The handbook of emotion. N. Y.: Guilford Press.

Carvin (2000). Mind the gap: The digital divide as the civil rights issue of the new millennium. *Multi Media Schools, 7*(1), 56-58.

Chidambaram, L. (1996). Relational development in computer-supported groups. *MIS Quarterly, 20*, 143-163.

Cohen, A. (1985). *The symbolic construction of community*. N. Y.: Routledge.

Colgan, M. C., & Giardino, A. P. (2005). Internet poses multiple risks to children and adolescents. *Pediatric Annals, 34*(5), 405-414.

Collins,W. A. (1982). School scripts and developmental patterns in comprehension of televised narratives. *Communication Research, 9*, 380-398.

Collister, R. (2001). Revitalising maginalised communities by increasing social capital through holostic education and the lifelong learning strategies of indigenous people. Paper presented at the National Biennial Conferrence of the Australia Curriculum Studies Association, September 29-October 1.

Commission on Higher Education. (1994). Characteristics of excellence in higher education: Standard for accreditation. Middle States Association of Colleges and Schools.

Covey, S. R. (1989). *The 7 habits of highly effective people*. N. Y.: A Fireside Book.

Covey, S. R. (2007). *Leadership: Great leaders, great teams, and great results*.

Amazon: Covey.

Cronin, B. (2002). The digital divide. *Library Journal, 127*, 48.

Csikszentmihalyi, M. (2002). Creating the future: Perspectives on educational change. In Dee Dickinson (Ed.), Horizons for learning. http://www.newhorizons.org/future/Creating_the_Future/crfut_frontend.html

Davenport, T. H., & Prusak, L. (1998). *How organization manage what they know*. Massachusetts: Harvard Business School Press.

Davis, R. A. (2001). A cognitive-behavioral model of pathological Internet use. *Computers in Human Behavior, 17*, 187-195.

Davis, S. & Mares, M. L. (1998). Effects of talk show viewing on adolescent, *Journal of Communication, 48* (3), 69-86.

Deaux, K., & Wrightsman, L. S. (1984). *Social psychology in the 80s* (3rd edition). CA: Brooks/Cole.

Dennis, A. R., Garfield, M., & Reinicke, B. (2008). Towards an integrative model of group development. Indiana University, USA. Sprouts: Working Papers on Information Systems

Department of Communities and Local Government. (2008, October). Online social networks research Report. London: Clicks and Links Ltd.

Dimmick, J., Ramirez, A., Jr., Lin, S. F., & Wang, T. (2007). Extending society: The role of personal networks and gratification-utilities in the use of interactive communication media. *New Media & Society, 9,* 795-810.

Downs, A. (1962). The public interest: It's meaning in a democracy. *Social Research, 29*(1), 1.

Dusek, J. (1996). *Adolescent development and behavior*. Upper Saddle River: N.J.: Prentice Hall.

Tapscott, D. (1998). Growing up digital: The rise of the net generation. N.Y.: McGraw-Hill.

Doob, A. N., & Macdonald, G. E. (1979). Television viewing and fear of victimization: Is the relationship causal? *Journal of Personality and Social*

Psychology, 37, 170-179.

Doubleday, C., Dorr, A., & Kovaric, P. (1990). Age and content influences on children's perceptions of the realism of television families. *Journal of Broadcasting & Electronic Media, 34*(4), 377-397.

Downs, A. (1962). The public interest: It's meaning in a democracy. *Social Research, 29*, 1-10.

Durkin, K. (1985). *Television, sex roles and children: A developmenmtal social psychological account*. Philadelphia: Open University Press.

Dyer, R. (1984). Stereotyping. In R. Dyer (Ed.), *Gays and film* (Revised). N. Y.: New York Aoetrope.

Edmondson, W. (1985). *The age of access: Information technology and social revolution*. London: Croom Helm.

Eisenberg, E., & Moore, B. (1997). Emotional regulation and development. *Motivation and Emotion, 21*(1), 1-5.

Eisenberg, M., & Berkowitz, R. E. (1990). *Information problem-solving: The Big Six Skills approach to livrary & information skills instruction*. Norwood, N.J.: Ablex Pub.Corp.

Ellmann, M. (1968). *Thinking about women*. N. Y.: Harcourt, Brace, & World, Inc.

Evra, J. V. (1990). *Television and child development*. Hillsdale, N. J.: Lawrence Erlbaum Association.

Festinger, L. (1957). *A theory of cognitive dissonance*. Stanford, CA: Stanford University Press.

Fitzgerald, F., Sandra L. S., Nancy B.M., & Janice S. (1988). The incidence and dimensions of sexual harassment in academic and workplace. *Journal of Vocational Behavior, 32*, 152-175.

Fitzgerald, L. F. (1991). Sexual harassment: The definition and measurement of a construct. In Michele A. Paludi (Ed.), *Ivory power-sexual harassment on campus*, 21-44. N. Y.: State Univ. of New York Press.

Finn, S. E., & Tonsager, M. E. (1997). Information-gathering and therapeutic models of assessment: Complementary paradigms. *Psychological Assessment, 9*, 374-385

Flake, C. L. (1993). *Holistic education: Principles, perspectives and practices.* U. S.: Vermont.

Folkman, S., & Lazarus, R. S. (1988). Coping as a mediator of emotion. *Journal of Personality and Social Psychology, 54*, 466-475.

Forbes, Ss., & Martin, R. Aa. (2004). What holistic education claims about itself: An analysis of ho9listic school's literature, paper presented in 2004 American Education Research Association Annual Conference. San Diego, CA.

Foucault, M. (1980). *Power / knowledge: Selected Interviews and other writings*. 1972-1977. N.Y.: Patheon Books.

Fraenkel, J. R. (1977). *How to teach about values: An analytic approach*. N. Y.: Prentice-hall, Inc.

Freud, S. (1900). *The interpretation of dreams. In the complete psychological works of Sigmund Freud*. London: The Hogarth Press, 1962.

Fromm, E. (1956). *The art of loving*. N.Y.: Harper & Row.

Frymier. J., Cunninghan, I., Duckett, B., Link, F., Rimmer, J., & Scholz, J. (1996). *A study of core value and the schools*. Indiana: Phi Delta Kappa.

Gaus, G. F. (1990). *Value and justification: The foundations of liberal theory*. N.Y.: Cambridge University Press.

Gerbner, G. (1969). Towards cultural indicators: The analysis of mass mediated message systems. *Communication Review, 17*, 137-148.

Gerbner, G. & Gross. L. (1976). Living with television: the violence profile. *Journal of Communication, 26*(2), 173-179.

Gerbner, G., & Gross. L. (1978). Cultural indicators: Violence profile no.9. *Journal of Communication, 28*(3), 176-207.

Gerbner, G., Gross, L., Signorielli, N., Morgan, M., & Jackson-Beeck, M.,

(1979). The demonstraction of power: Violence profile No.10, *Journal of Communication, 30*(1), 37-47.

Gerbner, G., Gross. L., Morgan. M., & Signorielli, N. (1982). Charting the mainstream: Television's contributions to public orientations. *Journal of Communication, 32*(2),100-127.

Gerbner, G., Gross, L., Morgan, M., & Signorielli, N. (1986). Living with television: the dynamics of the cultivation process. In J. Bryant & Dolf Zillmann (Eds.), *Perspectives on media effects,* 17-41. Hillsdale, N.J.: Lawrence Erlbaum.

Gigerenzer, G., & Goldstein, D. G. (1996). Reasoning the fast and frugal way: Models of bounded rationality, *Psychological Review, 104*, 650-669.

Gigerenzer, G., Todd, P. M., & the ABC Research Group. (1999). *Simple heuristics that makes us smart*. N.Y.: Oxford University Press.

Gigrerenzer, G., Hoffrage, U., & Goldstein, D. G. (2008). Fast and frugal heuristics are plausible models of cognition: Reply to Dougherty, Franco-Watkins, and Thomas. *Psychological Review, 115*, 230-239.

Goldstein, D. G., & Gigerenzer, G. (1999). The recognition heuristics: How ignorance make us smart. In G. Gigerenzer, P. M. Todd & the ABC Research Group (Eds.), *Simple heuristics that makes us smart* (pp. 37-48). N. Y.: Oxford University Press.

Goldstein, D. G., & Gigerenzer, G. (2002). Models of ecological rationality: The recognition heuristics, *Psychological Review, 109*, 75-91.

Greenberg, B. S., & Brand, J. (1993). Minorities and the mass media. In J. Bryant & D. Zillman (Eds.), *Perspectives on media effects*. Hillsdale, NJ.: Lawrence Erlbaum.

Gross, J. J., & Thompson, R. A. (2007). Emotion regulation: Conceptual foundations. In J. J. Gross (Ed.), *Handbook of emotion regulation* (pp. 3-24). N. Y.: Guilford Press

Gudykunst, W. B., & Hammer, M. R. (1988). Strangers and hosts: An uncertainty

reduction based theory of intercultural adaptation. In Y. Y. Kim & W. B. Gudykunst (Eds.), *Cross-cultural adaptation: Current approaches*. Sage Publications, Newbury Park, CA .

Gudykunst, W. B., & Nishida, T. (1994). *Brudging Japanese / North American differences*. Belmont, CA: Sage.

Gudykunst, W. B. (2004). *Theorizing about intercultural communication*. Newbury Park, CA: Sage.

Habermas, J. (1962, 1989). *The structural transformation of the public sphere: An inquiry into a category of bourgeois society*. Cambridge Massachusetts: The MIT Press.

Hacker, H. M. (1974). Women as minority group: Twenty years later. In Florence Denmark (Ed.), *Who discriminates against women* (pp. 124-134）. Breverly Hills, CA: Sage.

Hancock, T. (1993) Health, human development and the community ecosystem: three ecological models. *Health Promotion International, 8*, 41-47.

Hardy, J. (2006). Speaking clearly: A critical review of the self-talk literature. *Psychology Sport Exercise, 7*, 81-97.

Harris, J. R. (2000). Parents have no lasting influence on the personality or intelligence of their children. In R. L. Atkinson, R. C. Atkinson, E. E. Smith, D. J. Bem & N. H. Sussan (Eds.), *Hilgard's introduction to psychology* (13th ed.). TX: Harcourt Brace.

Hamachek, D. E. (1978). *Encounters with the self* (2nd ed.). N.Y.: Holt Rinehart and Winston.

Harwood, J. (1998). Young adults' cognitive representations of intergenerational conversations, *Journal of Applied Communication Research, 26*, 13-31.

Hawkin, R. P. (1977). The dimensional structure of children's perception of television reality. *Communication Research, 4*(3), 299-320

Hawisher, G. R. & Selfe, C. L. （1997）. *Literacy, technology, and society: Confronting the issues*. Upper Saddle River, N. J.: Prentice Hall.

Hearn, G. N. (1989). Reconciling active and passive conceptions of the television audience: effects of a change in viewing routine. *Human Relations, 42,* 857

Held, V. (1970). *The public interest and individual interests*. N.Y. : Basic Books.

Home Office. (2003). *Campaign evaluation report of child protection on the Internet*. UK: Task Force on Child Protection

Holistic Education Network. (2003). What is holistic education? July 21, 2006 retrieved [2006/07/21] from http: //members.iinet.net.au/-rstack1/introl.htm.

Hooft, M. V., & Swarn, K. (2007). *Ubiquitous computing in education: Invisible technology, visible impact*. Lawrence Erlbaum Associates, Inc.,

Howard, P. N., & Jones, S. (2004). *Society online: the internet in context*. Thousand Oaks, CA: Sage.

Hoy, D. C. (1986). Introduction *Foucault: A critical reader*. Oxford: Blackwell, 1986.

Hsu, K., Grant, A., & Huang, W. V. (1993). The influence of social networks on the acculturation behavior of foreign students, *Connections, 1, 2*, 23-36.

Huang, W. V. (2002). The role of internet in uncertainty reduction and adaptation: Taking Chinese immigrants in Richmond, Surrey, and Vancouver as an example, paper presented at the 3rd annual International and Intercultural Convention, Dec. 6-8, 2002, Taipei County: Tankang University.

Huang, W. V. (2009). The effects of Internet upon Chinese immigrants' attributional confidence. *Taoyuan Journal of Applied English, 2*(2), 102-126.

Huitt, W. (2009). Self-concept and self-esteem. *Educational Psychology Interactive*. Valdosta, GA: Valdosta State University. Retrieved from http://www.edpsycinteractive.org/topics/regsys/self.html.

Hummert, M. L., Garstka, T. A., Shaner, J. L., & Strahm, S. (1994). Stereotypes of the elderly held by young, middle-aged, and elderly adults. *Journal of Applied Gerontology, 49*(5), 240-249.

Hutchby, I. (2006). Analyzing media talk. *In media talk: Conversation analysis and the study of broadcasting* (pp. 17-35). Berkshire: Open University Press.

Ivory, J.D., & Kalyanaraman, S. (2007). The effects of technological advancement and violent content in videogames on players' feelings of presence, involvement, physiological arousal, and aggression. *Journal of Communication, 57*, 532–555.

Johnson, T. J., & B. K. Kaye (1998). Cruising is believing? Comparing internet and traditional sources on media credibility measures. *Journalism Quarterly, 75*(2), 325-340

Jourard, S. (1971). *Self-disclosure: An experimental analysis of the transparent self*. N. Y.: Wiley-Interscience.

Kim, C. H. (2005). A Study of the factors of DMB adoption for Korean Users. Department of Image Media. The Graduate school of Sogang University.

Kahneman, D., Slovic, P., & Tversky, A. (eds.) (1982). *Judgement under uncertainty heuristics and biases*. Cambridge, UK: Cambridge University Press.

Kestenbaum, G. I., & Weinstein, L. (1985). Personality, psychopathology, and developmental issues in male adolescent video game use. *Journal of the American Academy of Child Psychiatry, 24*, 325-337

Kimball, M. M. (1986). Television and sex-role attitudes. In T. M. Williams (Ed.), *The impact of television* (pp. 265-301). Orlando, FL: Academic Press.

Klein, H. S. (1967). *Slavery in the Americas: A comparative study of Virginia and Cuba*. Chicago: University of Chicago Press.

Kotler, P., & Keller, K. L. (2011). *Marketing management* (14th edition). New Jersey: Pearson College Div.

Krugman, D. M., & Reid, L. N. (1980). The public interest as defined by FCC policy makers, *Journal of Broadcasting, 24*, 311-321.

Kuhn, D., Nash, S. C., & Brucken, L. (1978). Sex-role concepts of two-and three-year-olds. *Child Development, 49*, 445-451.

Lang, A. (2006). Motivated cognition (LC4MP): The influence of appetitive and aversive activation on the processing of video games. In P. Messaris & L.

Humphries (Eds.), *Digital media: Transformation in human communication* (pp. 237-256). N.Y.: Peter Lang Publishing.

Lacan, J. (1978). *The four fundamental concepts of psycho-analysis*. N. Y.: W. W. Norton & Co.

Lazarus, R. S. (1999). *Stress and emotion: A new synthesis*. London: Free Association Books.

Lemerise, E. A., & William, F., Arsenio, W. F. (2000). An integrated model of emotion processes and cognition in social information processing. *Child Development, 71*(1), 107-118.

Lecky, P. (1951). *Self-consistency：A theory of personality* (2nd Ed.). Garden City, N. Y. : Island Press.

Lee, J. (1996). Global and multinational advertising. *Journal of Broadcasting & Electronic Media, 40*, 292-296.

Levy, M. R., & Windahl, S. (1985). Audience activity and gratifications: A conceptual clarification and exploration. *Journal of Broadcasting and Electronic Media, 29*, 241- 258

Lippmann, W. (1922). *Public opinion*. N. Y.: Macmillan.

Loges, W. E., & Jung, J. Y. (2001). Exploring the digital divide: Internet connectedness and age. *Communication Research, 28*(4), 536-562. Ball-Rokeach.

Lopes, L. L. (1991). The rhetoric of irrationality. *Theory and Psychology, 1*, 65-82.

Losoya, S., Eisenberg, N., & Fabes, R. A. (1998). Developmental issues in the study of coping. *International Journal of Behavioral Development, 22*(2), 287-313.

Lundstrom. W. J., & Sciglimpaglia D. (1977). Sex role portrayals in advertising. *Journal of Marketing, 41*(July), 72-79

Maccoby, E., & Jacklin, C. N. (1974). *The psychology of sex differences*. Stanford, CA: Stanford University Press.

Makgosa, M., & Mohube, K. (2007). Peer influence on young adults' products purchase decisions. *African Journal of Business Management, 1* (3), 64-71.

Malamuth, N. M., & Briere, J. (1986). Sexual arousal in response to aggression: Ideological, aggressive, and sexual correlates. *Journal of Personality and Social Psychology, 50*(2), 330-349.

Mauss, I. B., Bunge, S. A., & Gross, J. J. (2007). Culture and automatic emotion regulation. In S. Ismer, S. Jung, S. Kronast, C. van Scheve, & M. Vanderkerckhove (Eds.), *Regulating emotions: Culture, social necessity and biological inheritance* (pp. 39-60). London: Blackwell Publishing.

Mayton, Daniel M II. (1992). Spontaneous concern about nuclear war: Value priority differences among rural adolescents. (ERIC Document Reproduction Service NO.ED 314 342).

McAdam, E. K. (1986). Cognitive behavior therapy and its application with adolescents. *Journal of Adolescence, 9*, 1-15.

McClure, C. R. (1994). Network literacy: A Role for Libraries? *Information Technology and Libraries, 13*(2), 115, 11, 1, diagram. (ISSN:0730-200395)

McCracken, J. D., & Falcon-Emmanuelli, A. E. (1994). A theoretical basis for work values research in vocation education. *Journal of Vocational & Technical Education, 10*(2), 4-14.

McCrae, R. R., & Costa, P. T., Jr. (1997). Personality trait structure as a human universal. *American Psychologist, 52,* 509-516

McKay, J. J., & Gaw, B. A. (1975). *Personal and interpersonal communication: Dialogue with the self and with others*. Columbus, OH: Charles E. Merrill

McMillan, D.W., & Chavis, D.M. (1986). Sense of community: A definition and theory. *American Journal of Community Psychology, 14*(1), 6-23.

McQuail, D. (1992). *Media performance: Mass communication and the public interest*. London: Sage.

McRae, K., Ochsner, K. N., Mauss, I. B., Gabrieli, J. J. D., & Gross, J. J. (2008). Gender differences in emotion regulation: An fMRI study of cognitive reappraisal. *Group Processes and Intergroup Relations, 11*, 143-162.

Meadow, C. T., & Yuan, W. (1997). Measuring the impact of information: Defining the concepts. *Information Processing and Management, 33*(6), 697-714.

Mendrinos, R. (1994). *Building information literacy using high technology: A guide for schools and libraries*. Englewood, CO: Libraries Unlimited.

Merton, R. K. (1968). *Social theory and social structure*. N.Y.: The Free Press.

Miller, J. (2007). *The holistic curriculum* (2nd Ed.). Toronto: University of Toronto Press.

Miller, R. (1990). *What are schools for?* Antario : Holistic Education Press.

Morgan, M. (1982). Television and adolescents' sex-role stereotypes: A longitudinal study. *Journal of Personality and Social Psychology, 43*, 947-955.

Morgan, D. L., & Spanish, M. T. (1984). Focus groups: a new tool for qualitative research. *Qualitative Sociology, 7* (3), 253-70

Mulvey, L. (1985). Visual pleasure and narrative cinema. In G. Mast & M. Cohen (Eds.), *Film theory and criticism: Introductory readings* (3rd Ed.). N.Y.: Oxford UP.

Nonaka, I., & H.Takeuchi. (1995). *The knowledge-creating company: How Japanese Companies Create the Dynamics of Innovation*. N.Y.: Oxford University Press.

Norris, P. (2001). *Digital divide? Civic engagement, information poverty and the Internet worldwide*. Cambridge: Cambridge University Press.

Oakley, K. (1951). A definition of man. *Penguin Science News, 20*. Harmondsworth, UK.

O'Briain, M., Borne, A., & Noten, T. (2004). *Joint east west research on trafficking in children for sexual purposes in Europe: The sending countries*. UK: ECPAT Europe Law Enforcement Group.

Ochsner, K. N., & Gross, J. J. (2005). The cognitive control of emotion. *Trends in cognitive sciences, 9*(5), 242-249.

O' Dell, T. (1998) Junctures of Swedishness: Reconsidering representations of the national, Ethnologia Scandinavica.

OECD (2001a). *Understanding the digital divide*. Paris: author.

OECD (2001b). *Education policy analysis 2001*. Paris: author.

Office of Communications. (2008). Social networking: A quantitative and qualitative research report into attitudes, behaviours and use. Retrieved from : http://www.ofcom.org.uk.

Patterson, C. H. (1961). The self in recent Rogerian theory. *Journal of Individual Psychology, 17*, 5-11.

Perse, E. (1986). Soap opera viewing pattern of college students and cultivation. *Journal of Broadcasting and Electronic Media, 30*, 175-193.

Perse, E. M., Ferguson, D. A., & McLeod, D.M (1994). Cultivation in the newer media environment. *Communication Research, 21*(1), 79-104.

Philips, D. P. (1983). The impact of mass media violence on U. S. homicides. *American Sociological Review, 48*(4), 560-568.

Plotnick, E. (2000). Definitions / perspectives. *Teacher Librarien, 28*(1), 1.

Potter,W. J. (1986). Perceived reality and cultivation hypothesis. *Journal of Broadcasting and Electronic Media, 30*(2), 159-174.

Potter, W. J. (1993). Cultivation theory and research: A conceptual critique. *Human Communication Research, 19*, 564-601.

Purkey, W. W., & Schmidt, J. (1987). *The inviting relationship: An expanded perspective for professional counseling*. Englewood Cliffs, NJ: Prentice-Hall, Inc.

Purkey, W. (1988). *An overview of self-concept theory for counselors*. ERIC Clearinghouse on Counseling and Personnel Services, Ann Arbor, Mich. (An ERIC/CAPS Digest: ED304630)

Purkey, W. W., & Schmidt, J. J. (1996). *Invitational counseling: A self-concept approach to professional practice*. Pacific Grove, CA: Brooks / Cole.

Rader, H. B. (1990). Biolographic instruction of information literacy. *College and Research Libraries News, 51*(1), 20.

Rafaeli, A., & Sutoon, R. I. (1987). Expression of emotion as part of the work role. *Academy of Management Review, 12*, 23-27.

Raimy, V. C. (1948). Self-reference in counseling interviews. *Journal of Consulting Psychology, 12*, 153-163.

Rayport, J. F., & John J. S. (1995). Exploiting the virtual value chain. *Harvard Business Review, 73* (November / December), 14-24.

Reardon, K. K., & Rogers, E. M. (1988). Interpersonal versus mass media communication : a false dichotomy. *Human Communication Research, 15*(2), 284-303.

Rheingold, H. (1994). *The virtual community: Homesteading on the electronic frontier*. Reading, Mass: Addison-Wesley.

Rheingold, H. (2000). *The Virtual Community: homesteading on the electronic frontier*. (2nd Ed.). Mass: MIT Press.

Rogers, C. R. (1947). Some observations on the organization of personality. *American Psychologist, 2*, 358-368.

Rogers, C. (1961). *On Becoming aperson; a therapist's vies of psychotherapy*, Boston: Houghton Mifflin

Rommel, J. I. (1997). The role of mother and father in the value socialization process of adolescents. ERIC Document Reproduction Service No. ED 417005.

Rokeach, M. (1973). *The nature of human value*. N. Y. : Macmillan Publishing Co.

Rose, Gregory M., Bush, V. D., & Kahle, L. (1998). The influence of family communication patterns on parental reactions toward advertising: a cross-national examination. *Journal of Advertising, 27*(4), 71-85.

Rössler, P., & Brosius, H-B. (2001). Do talk shows cultivate adolescents' views of the world? *Journal of Communication, 51*(1), 143-163.

Rubin, A. M. (2002). The uses-and-gratifications perspective of media effects. In J. Bryant & D. Zillmann (Eds.), *Media effects: Advances in theory and research* (2nd Ed.)(pp. 525-548). Mahwah, NJ: Lawrence Erlbaum Associates, Inc.

Russell, J. A., & Snodgrass, J. (1987). Emotion and the environment. In D. Stokols & I. Altman (Eds.), *Handbook of environmental psychology*. N.Y.: John Wiley & Sons.

Ryan, E. B., Short, E. J., & Weed, K. A. (1986). The role of cognitive strategy training in improving the academic performance of learning disabled children. *Journal of Learning Disabilities, 19*, 521-529.

Saarni, C. (1999). *The development of emotional competence*. N. Y.: Guilford Press.

Saarni, C. (2001). Epilogue: Emotion communication and relationship context. *International Journal of Behavioral Development, 25*(4), 354-356.

Saito, S. (2007). Television and the cultivation of gender-role attitudes in Japan. *Journal of Communication, 57*(3), 511-531.

Schaefer, R. T. (1984). *Racial and ethnic groups* (2nd Ed.). 55, 65-67. Boston: Little Brown and Company.

Schaefer, R. T. (1990). *Racial and ethnic groups* (4th Ed.). Boston: Little, Brown & Company.

Schiamberg, L. B. (1988). *Child and adolescent development*. N. Y.: Macmillan.

Schiffman, L. G., & Kanuk L. L. (2000). *Consumer behavior* (7th Ed.). Upper Saddle River, NJ: Prentice Hall.

Schooler, L. J., & Hertwig, R. (2005). How forgetting aids heuristics inference. *Psychological Review, 112*, 610-628.

Shaffer, D. R. (2000). *Social and personality development* (4th Ed.). Belmont, CA: Wadsworth & Thompson Learning.

Shannon, C., & Weaver, W. (1949). *The Mathematical theory of communication* Urbana: University of Illinois Press.

Shrum, L. J. (1996). Psychological processes underlying cultivation effects:

Further tests of construct accessibility. *Human Communication Research, 22* (4), 482.

Signorielli, N. (1993). Television and stereotype. In J. Van Evra (Ed.), *Television and children development*. Hillsdale, NJ: Lawrence Erlbaum

Storey, J. D. (1991). History and homogeneity: Effects of perceptions of membership groups on interpersonal communication. *Communication Research, 18*(2), 199-221.

Strack, F., & Deutsch, R. (2004). Reflective and impulsive determinants of social behavior. *Personality and Social Psychology Review, 8* (3), 220-247.

Strack, F., Werth, L., & Deutsch, R. (2006). Reflective and impulsive determinants of consumer behavior. *Journal of Consumer Psychology, 16*, 205-216

Strongman, K. T. (1987). *Psychology of emotion* (3rd Ed.). Chichester, N. Y.: Wiley

Sun, S., & Lull, J. (1986). Music videos the adolescent audience for music videos and why they watch. *Journal of Communication, 36*(1), 117-127.

Tapscott, D. (1998). *Growing up digital: The age of net generation*. N. Y.: McGraw-Hill.

Teicher, J. (1999). Integrating technology into the curriculum: an action plan for smart internet use. *Association for Supervision and Curriculum Development Educational Leadership Magazine, 56*(5). http://www.cybersmart.org/news/1999_02.asp.

Todd, R. J. (1999). Back to our beginnings: Information utilization, Bertram Brookes and the fundamental equation of information science. *Information Processing and Management, 35*, 851-870.

Todd, P. M., & Gigerenzer, G. (2000). Precise of simple heuristics that makes us smart. *Behavior and Brain Science, 23*, 727-741.

Thompson, J. B. (1995). The theory of the public sphere. In O. Boyd-Barrett & C. Newbold (Eds.), *Approaches to media: A reader* (pp. 252-259). London: E. Arnold.

Toner, J. (2009). Small is not too small: reflections concerning the validity of Very Small Focus Groups (VSFGs). *Qualitative Social Work, 8*(2), 179-192.

Triandis, H. C. (1979). Values, attitudes, and interpersonal behavior. *Nebraska Symposiium on Motivation*, 195-259.

Troy, A. S., & Mauss, I. B. (in press). Resilience in the face of stress: Emotion regulation ability as a protective factor. In S. Southwick, D. Charney, M. Friedman & B. Litz (Eds.),*Resilience to stress*. Cambridge University Press.

Turock, B. J. (1995). Who will drive mational information policy in the 21 Century? *Journal of Information, Communication and Library Science, 2*(1), 4-10.

Tyner, K. R.(1998). *Literacy in a digital world:teaching and learning in the age of information*. Mahwah, NJ: Lawrence Erlbaum Associates Publishers

Van Maanen, J., & Kunda, G. (1989). Real feelings: Emotional expression and organizational culture. In L.L. Cummings & B.M. Staw (Eds.). *Research in organizational behavior* (Vol.11, pp. 43-103). Greenwich, CT: JAI Press.

Vandebosch, H., Roe, K., & Van den Buick, J. (2006). Moon and media: Lunar cycles and television viewing.*Media Psychology, 8*(3), 287-299.

Watkins, S. C. (2009). *The young and the digital: What migration to social-network sites, games, and anytime, anywhere media means for our future*. Boston: Beacon Press.

Webber, S. & Johnston, B. (2000). Conceptions of information literacy: New perspectives and implications. *Journal of Information Science, 26*(6), 381-397.

Webster, J. G., Phalen, P. F., & Lichty, L. W. (2006). *Ratings analysis: The theory and practice of audience research* (3rd Ed.). Mahwah, N. J.: Lawrence Erlbaum

Westby, S. (1981). Effects of adult commentary on children's comprehension and inferences about a televised aggressive portrayal. *Child Development, 52*, 158-163.

William, J. (1990). *The principles of psychology* (2nd Ed.). Chicago: Encyclopædia Britannica, c1990

Williams, R. (1976). *Keywords: A vocabulary of culture and society*. London:Tontana.

Wilson, C. C., & Gutierrez, F. (1985). *Minorities and media*. Beverly Hills: Sage.

Wober, J. M. (1978). Televised violence and paranoid perception: The view from Great Britain. *Public Opinion quarterly, 42*, 315-321.

Wood, D., Bruner, J., & Ross, G. (1976). The role of tutoring and problem solving. *Journal of Child Psychology and Psychiatry, 17,* 89-100.

Wurlitzer, N. (2004). Developing a positive self-image. Retrieved from: http://www.bremercommunications.com/Self-Image.htm

Young, D. G. (2004). Late-night comedy in election 2000: Its influence on candidate trait ratings and the moderating effects of political knowledge and partisanship, *Journal of Broadcasting & Electronic Media, 48*(1), 1-22.

Zack, M. H.(1999). Management codified knowledge. *Sloan Management Review, 40*(4), 45-58.

Zillmann, D., & Bryant, J. (1982). Pornography, sexual callousness, and the trivialization of rape. *Journal of Communication, 32(*4), 10-21.

Zillmann, D., & Bryant, J. (1985). Selective exposure phenomana. In D. Zillmann & J. Bryant (Eds.), *Selective exposure to communication* (pp. 157-190). Hillsdale, NJ: Lawrence Erlbaum.

Zillmann, D., & Bryant, J. (1988). Effects of prolonged consumption of pornography on family values. *Journal of Family Issue, 9,* 518-544.

Zillmann, D., & Vorderer, P. (Ed.) (2000). Media entertainment: The psychology of its appeal. *LEA's communication series* (pp. 1-20). Mahwah, NJ, US:Lawrence Erlbaum Associates Publishers, xi, 282 pp.

網路部分

大紀元華府日報（2005）。〈孩子們上網安全嗎？父母不瞭解的東西可能傷害孩子們〉。取自：http://www.epochtimes.com/gb/4/11/3/n708261.htm。上網日期：2005年2月25日。

內政部（2003）。〈中華民國九十年台閩地區國民生活狀況調查摘要分析〉。取自http://www.moi.gov.tw/W3/stat/home.asp。上網日期：2009年8月29日。

中國江蘇新聞網（2005）。〈未成年人上網安全堪憂 美國一半家庭過濾網路〉。取自： http://news.jschina.com.cn/gb/jschina/news/node7782/node7789/userobject1ai691099.html。上網日期：2005年3月2日。

玉磊譯（2007年5月10日）。〈看美國Web2.0族群的「階級」劃分〉。取自：http://news.csdn.net/n/20070510/103801.html。上網日期：2008年4月1日。

台灣蕃薯藤。http://survey.yam.com。

江政達（2003年6月26日）。〈台灣首次網路生活型態報告發布〉。取自：資策會FIND網http://www.find.org.tw/0105/news/0105_news_disp.aspx?news_id=2735& SearchString=入口網站。上網日期：2008年4月1日。

行政院新聞局（2004）。〈分級保護做得好，閱讀資訊沒煩惱，守護您寶貝的網路空間——台灣網站分級推廣基金會成立〉。取自：http://info.gio.gov.tw/ct.asp?xItem=20354&ctNode=2530。上網日期： 2005年3月22日。

行政院主計處全球資訊網（2003）。http://www.dgbas.gov.tw/database.htm。

吳明隆（2000）。〈資訊社會變革中教師應有的體認與作法〉。取自：http://163.27.103.130。上網日期：2004年11月5日。

吳啓銘（2000）。〈價值觀探索〉。取自：http://guidance.ncue.edu.tw/c3_j201.shtml。上網日期：2008年3月8日。

吳若蕾（2006年10月05）。〈調查顯示美國色情網站數量居全球之首〉。取自：http://big5.ce.cn/xwzx/gjss/gdxw/200610/05/t20061005_8836682.shtml。上網日期：2008年3月8日。

李宗祐（2010）。〈不爽碎念　子砍母9刀　辯稱扭打不慎殺傷警：卸責之詞〉。取自：http://tw.nextmedia.com/applenews/article/art_id/32961316/IssueID/20101114。上網日期：2010年11月14日。

邱翊庭（2001）。〈線上遊戲燒燒燒〉。《電子商務時報》，取自：http://www.ectimes.org.tw/searchshow.asp?id=382&freetext=線上遊戲&subject=。上網日期：2008年3月8日。

林修卉、陳大任（2007年12月21日）。〈立院重罰為兒少把關，網路立法強制分級〉，中時電子報。

李怡慧、黃盛柏（2009年10月14日）。〈開心農場算老幾？Facebook的FarmVille勇奪全球人氣王〉。取自：http://mepopedia.com/forum/read.php?187,2198（http://tw.news.yahoo.com/article/url/d/a/071221/4/qb3s.html）。

周倩（2009）。〈中小學網路素養與認知〉。取自：http://www.eteacher.edu.tw/1_literacy.asp。上網日期：2009年4月2日。

紅泥巴村（2005）。〈兒童上網安全〉。取自http://www.hongniba.com.cn/safe/trouble/Default.htm。上網日期：2005年3月14日。

孫治本（2007）。〈網路與高虛擬化程度的社會〉。取自：http://www.cc.nctu.edu.tw/~cpsun/sun-internet-virtu.PDF。上網日期：2009年4月2日。

教育部創造力白皮書，http://www.hyivs.tnc.edu.tw/creative/pa2.htm。

教育部（1999）。《教育部史》。取自http://history.moe.gov.tw/milestone.asp?YearStart=81&YearEnd=90&page=14。上網日期：2005年5月30日。

軟體產業通訊網站（2002）。〈加強推動數位內容產業方案預期 2006 年產值 3700 億元〉。取自：http://cisanet.wh.seed.net.tw/08softnews/softnews_01.htm。上網日期：2005年3月11日。

梁玉芳（2003年11月20日）。〈台灣兒童人權連五年不及格〉。《聯合報》。取自：http://nts1.nta.tp.edu.tw/~k2301/1News/2001/11/58.htm。上網日期：2003年11月2日。

陳世運（2001年2月14日）。〈網路世界以成人網站最具人氣〉，取自：資策會FIND網站http://www.find.org.tw/0105/news/0105_news_disp.aspx?news_id=1285&SearchString=入口網站。上網日期：2005年3月11日。

陳世運（2001年12月13日）。〈交友類型網站與聊天室網站深受網友喜愛〉。取自：資策會FIND網站，http://www.find.org.tw/0105/news/0105_news_disp.aspx?news_id=1900&SearchString=入口網站。上網日期：2005年3月11日。

許家華譯（2010年5月6日）。〈聊天內容被看光！用戶抱怨隱私不保，Facebook搶修程式錯誤〉，取自：http://news.cts.com.tw/cnyes/money/201005/201005060466745.html。

黃純敏、蔡志強（2003）。「知識經濟時代國小學童應具備的數位素養之研究」，2003年資訊素養與終身學習社會國際研討會：資訊素養的教學典範，國家圖書館、中華資訊素養學會主辦。

黃祥祺（2003）。〈由台灣網路世代消費者行為看未來無線遊戲發展模式〉。《數博網》。取自：http://www.find.org.tw/0105/focus/0105_focus_disp.asp?focus_id=235。上網日期：2009年3月12日。

程慶華（2004）。〈為保護兒童上網安全，歐盟再度斥鉅資〉。取自：http://gb.chinabroadcast.cn/3821/2004/12/10/110@387406.htm。上網日期：2004年12月9日。

黃葳威（2005b）。「台灣青少兒網路安全素養調查報告」，發表於「繫上白絲帶，關懷e世代」記者會，台北市：立法院會議室。見政大數位文化行動研究室與白絲帶工作站「媒體探險家」教學網站http://elnweb.creativity.edu.tw/mediaguide/。

黃葳威、林紀慧、梁丹青（2006）。「2006台灣青少兒網路世代調查報告」，發表於「繫上白絲帶，關懷e世代」記者會，台北市：中國文化大學國際會議廳。見政大數位文化行動研究室與白絲帶工作站「媒體探險家」教學網站http://elnweb.creativity.edu.tw/mediaguide/。

黃葳威、林紀慧、呂傑華（2007）。「2007台灣青少兒網路使用調查報告」，發表於「網路陷阱多，交友要謹慎」記者會，台北市：中國文化大學國際會議廳。見政大數位文化行動研究室與白絲帶工作站「媒體探險家」教學網站http://elnweb.creativity.edu.tw/mediaguide/。

許雅筑（2010）。〈Kinect體感電玩全美開賣〉。取自：http://tw.news.yahoo.com/article/url/d/a/101105/19/2gbp4.html。上網日期：2010年11月5日。

傅佩榮（2002年4月）。〈關於青年價值觀的省思〉。《國家政策論壇》，第二卷第四期。取自http://www.npf.org.tw/monthly/00204/theme-070.htm。上網日期：2009年4月2日。

陳百齡（2004）。〈網際網路的「接近使用」問題〉。取自：國立政治大學新聞系http://www.lib.nccu.edu.tw/mag/20/20-1.htm。上網日期：2004年08月25日。

創世紀市場研究顧問公司（2003年9月23日）。〈台灣即時訊息服務市場現狀〉。取自：http://www.find.org.tw/0105/cooperate/cooperate_disp.asp?id=94&SearchString=即時訊息。

番薯藤熱門網站2005年4月排行。http://hot.yam.com/pop2005/site_4_4.html。

曾國華（2009年10月14日）。〈人事局：公務人員上班玩開心農場違法〉。取自：http://news.rti.org.tw/index_newsContent.aspx?nid=219520。

葉蔭榮（2005）。〈反思：全人發展的詮釋〉，取自：http://www.edb.gov.hk/FileManager/TC/Common/20051103_wholepersondevelopment.doc。

新聞局廣播電視事業處（2004）。取自：http://gio.hyweb.com.tw/ct.asp?xItem=14673&CtNode=2025&mp=1。

經濟部技術處產業電子化指標與標準研究計畫／資策會ACI-FIND網站（2000）。〈網際網路對人類社群生活的影響〉。取自：http://www.find.org.tw/find/home.aspx?page=news&id=668。上網日期：2005年3月11日。

經濟部技術處產業電子化指標與標準研究計畫/資策會ACI-FIND網站。〈2004年3月底止台灣上網人口〉。取自：http://www.find.org.tw/find/

home.aspx?page=many&id=79。上網日期：2005年3月11日。

經濟日報（2004）。〈「莫讓網吧毀了孩子」系列報導之五：美國政企共管網路安全〉。取自：http://www.ce.cn/cysc/it/xwy/hlw/t20040212_319087.shtml。上網日期：2004年2月10日。

新聞局廣播電視事業處（2004）。http://gio.hyweb.com.tw/ct.asp?xItem=14673&CtNode=2025&mp=1

新聞前線（2005）。〈啓動網站內容分級，守護兒少上網安全〉。第178期女性電子報。取自：http://forum.yam.org.tw/bongchhi/old/tv/tv177.htm。上網日期：2005年2月25日。

資策會（2004）。〈2004年我國家庭上網調查〉。取自：http://mag.udn.com/mag/dc/storypage.jsp?f_MAIN_ID=3&f_SUB_ID=529&f_AR_ID=5455。上網日期：2005年3月11日。

歐盟（1996）。「網路上非法與有害內容」（illegal and harmful content on the internet）。取自：http://www.cordis.lu/en/home.html。上網日期：2005年3月11日。

歐盟（1996）。〈視聽與資訊服務中有關未成年與人性尊嚴保護綠皮書（Green Paper on the Protect of Minors and Human Dignity in Audiovisual and Information Service）〉。取自：http://www.cordis.lu/en/home.html。上網日期：2005年3月11日。

蔡淑如（2003年11月5日）。〈9月分700萬網友曾造訪社群〉。取自：資策會FIND網站，http://www.find.org.tw/0105/news/0105_news_disp.aspx?news_id=2881 &SearchString=社群網站。上網日期：2005年3月11日。

蔡淑如（2003年11月2日）。〈台灣網站型態使用行為分析報告〉。取自：資策會FIND，http://www.find.org.tw/0105/news/0105_news_disp.aspx?news_id=2884&SearchString=入口網站。上網日期：2005年3月11日。

蔡淑如（2004年10月17日）。〈台灣聊天室論壇類型網站研究〉。取自：資策會FIND網站，http://www.find.org.tw/0105/news/0105_news_disp.

aspx?news_id=2861 & SearchString=論壇類型網站。上網日期：2005年3月11日。

潘明君（2004年4月9日）。〈由「2003年家庭連網應用調查」分析線上遊戲族群特性〉。取自：資策會FIND網站，http://www.find.org.tw/0105/howmany/howmanydisp.asp?id=78&SearchString=線上遊戲用戶。

鄭淳憶、沈怡惠（2006年3月15日）。〈從網路成癮症談青少年網路人際關係〉。《網路社會學通訊期刊》，33。取自http://www.nhu.edu.tw/~society/e-j/53/53-06。上網日期：2009年4月2日。

聯合報大陸新聞中心（2005年8月11日）。〈大陸下令 網路遊戲用真名〉。取自：http://udn.com/NEWS/WORLD/WOR1/2837598.shtml。上網日期：2009年4月2日。

賽門鐵克防毒軟體網（2004）。〈未成年子女的網路安全〉。取自：http://www.symantec.com/region/tw/homecomputing/article/childsafety.html。上網日期：2009年4月2日。

新聞傳播叢書 8

數位時代資訊素養

作　　者／黃葳威
出 版 者／威仕曼文化事業股份有限公司
發 行 人／葉忠賢
總 編 輯／閻富萍
執行編輯／吳韻如
地　　址／新北市深坑區北深路三段 260 號 8 樓
電　　話／(02)8662-6826
傳　　真／(02)2664-7633
網　　址／http://www.ycrc.com.tw
E-mail／service@ycrc.com.tw
印　　刷／鼎易印刷事業股份有限公司
ISBN／978-986-6035-08-1
初版二刷／2015 年 10 月
定　　價／新台幣 380 元

＊本書如有缺頁、破損、裝訂錯誤，請寄回更換＊

國家圖書館出版品預行編目(CIP)資料

數位時代資訊素養 / 黃葳威著. -- 初版. -- 新北市：威仕曼文化, 2012.02
面；　公分（新聞傳播叢書 ;8）
ISBN　978-986-6035-08-1（平裝）

1.資訊素養 2.網路素養

528.45　　101001691